사랑과 성공은 기다리지 않는다

조안 리 지음

문예당

사랑과 **성공**은 기다리지 않는다

사랑과 성공은

기다리지 않는다

차 례

사랑과 성공은

기다리지 않는다

과분한 사랑에 대한 작은 답례

세월은 언제나 너무 빠르다. 무시로 찾아드는 망설임과 회의를 물리치느라 이를 악물고 집필한 나의 자전적 에세이 ≪스물셋의 사랑 마흔아홉의 성공≫을 세상에 내보낸 지가 벌써 일 년이나 되었다.

잠시라도 일선에서 물러나 그 동안 지친 심신을 쉬게 하면서 밀렸던 공부나 하고 싶어했던 나의 바람은 '역시' 물거품이 되어버려 어느 해 못지않게 정신없이 보냈던 일 년이었다.

출간 일주년이 되었다는 사실조차 문예당의 발행인인 권은정 씨가 조촐하게나마 자축연이라도 열자며 내 집무실의 문을 노크했을 때에야 깨닫게 되었을 정도였다.

일 년 전의 그날 나는 마지막 원고를 출판사에 넘기며 그렇게 생각했었다. 이건 나의 처음이자 마지막 저서가 되리라고.

그러나 언제나 그렇듯이 현실은 상상을 능가한다. 더이상은 한 단어도 더 쓸 수 없을 만큼 깨끗하게 소진되어 버린 나를 사람들은 강연회로 끌어내어 무슨 말인가를 더 해보라고 했다.

그러나 그렇게 가진 강연회의 연단이 늘 어색하고 버겁기만 했던 것은 아니다. 새로운 경험은 늘 세상에 대해 새롭게 눈뜨게 한다. 강연장에서 마주친 많은 사람들로부터 예전의 내가 미처 깨닫지 못했던 새로운 사실들을 깨닫게 된 것이다.

숙대에서의 강연이 끝난 뒤의 일이다. 그 강연은 숙대 부설의 모 연구소에서 초청한 강연이었는데 방청석은 재학생들과 교수들은 물론 외부인들까지 몰려와 빽빽이 들어차 있었다. 강연 직후에 질의응답 시간이 따로 마련되어 있었지만 너무도 시간이 짧았고 그나마 대개 공적인 성격의 질문들만이 나와 무언가 미진한 느낌을 안은 채 강연을 끝낼 수밖에 없었다.

그러나 행사를 마무리한 다음 조촐한 다과회를 열고 있을 때였다. 앳되어 보이는 여대생들 몇몇이 쭈뼛거리며 내 곁으로 다가와서는 낮은 목소리로 이렇게 묻는 것이었다.

"선생님, 사실은 저도 졸업을 하자마자 유학을 가려고 하는데 겁이 많이 나요, 미국에는 아는 사람이 한 명도 없거든요."

"지금의 애인과 사귄 지가 벌써 3년도 더 됐는데 집에서 반대가 너무 심해요. 어떻게 하면 좋지요?"

"저도 선생님처럼 사회활동을 통해서 능력 있는 여성으로 인정받고 싶어요. 그런데 내년 가을에는 결혼을 해야 돼요. 벌써 양가에서 그렇게 결정을 해버렸거든요. 어느 것을 택해야 되지요? 일을 해야 되나요, 결혼을 해야 되나요?"

"내년 2월이면 졸업이에요. 하지만 아직도 뭘 어떻게 해야 되고 어떻게 살아야 할지 막막하기만 해요."

그렇게 사적이고 내밀한 질문을 내게 건넸다는 것은 그들이 나를 무척이나 신뢰하고 있다는 징표이다. 나는 그 사실에 대해서 가슴 따뜻해지는 고마움과 동시에 묵직한 책임감을 느껴야 했다. 그러나 가슴을 터놓은 대화나 책임 있는 조언을 하기에는 너무나 짧은 시간이었다. 그것이 가슴 아팠다. 그리고 동시에 무척이나 놀랐다. 내가 매스컴들의 선정적인 보도태도와 이미지메이킹에 너무 오염되어 있었던 탓일까? 나는 적어도 '신세대'라고 통칭되는 젊은이들은 매사에 자신만만하고 발랄하고 진취적이리라고만 믿어 왔었는데 그날 내가 만나 본 그들은 그렇지만은 않은 것 같았다. 한마디로 너무도 용기가 부족한 것처럼 보였다. 그것은 내 가슴을 무척이나 아프게 했다. 그리고 그런 그들에게 인생의 한 선배로서 혹은 친구로서 용기를 줄 수 있는 이야기를 들려주는 것이 나의 의무가 아닐까 하는 생각을 했다.

지난 일 년 동안의 내게 있어서 강연회를 통한 대화보다 더욱 강렬했고 감동적이었던 체험은 독자들이 보내준 편지를 읽는 일이었다. 나는 아직도 내가 받은 첫번째 편지를 기억한다. 올해 스물셋이 된 서울대 여학생인 J양의 편지였다.

벅찬 마음을 누를 길 없어 이렇게 펜을 듭니다. 아마도 선생님의 책 출판 이후의 첫 팬레터가 되지 않을까 생각되네요. 선생님의 인생 역정은 그야말로 마음속에서는 커다란 꿈을 지니고 있지만 대학 4년생으로 사회에 첫발을 내디딘 제게 다가온 그 막막함을 '희망'으로 바꿀 만한 것이었습니다. 지금의 제 심정은, 책을 단숨에 읽어버린 제

심정은, 마치 인생의 스승을 만난 듯합니다. 아마도 현실에 순응치 않고 생에 부대끼며 살고픈 여성의 동지애라고 할까요?(J, 서울 서초동)

J양은 태어나서 처음으로 써보는 팬레터라고 했다. 나 역시 생전 처음으로 팬레터라는 것을 받아 본 셈이었다. 대중가요 가수나 영화배우 같은 사람들이나 받는 것인 줄로만 알았던 팬레터라는 것을 받아드니 기분이 묘했다. 어색하기도 하고 설레이기도 하고 민망하기도 하고……. J양은 이틀 후 또다시 편지를 보내주었다. 이번에는 내 마음에 위안이 될 좋은 곡들이라면서 음악이 녹음된 테이프까지 동봉하여. CD로 살까 했지만 너무 바쁘실 테니까 차 안에서라도 들으시라고 테이프를 샀다는 살가운 마음씀씀이와 함께.

나는 너무도 고마워서 어떻게 해서든 시간을 내어 짤막한 답장이라도 보내주어야지 하고 생각했었다. 그러나 웬걸! 팬레터의 답장을 쓴다는 것이 그리 녹록지만은 않은 일이라는 것이 곧 드러났다. 그 다음 날부터 팬레터라는 것이 막무가내로 쏟아져 들어오기 시작한 것이다. 지난 일 년 동안 내가 받은 팬레터는 무려 수백 통에 이른다. 나는 그분들께 일일이 답장을 보내지 못했다. 그래서 뒤늦게나마 이런 자리를 빌려서 감사의 마음을 표시할 수밖에 없음을 안타깝게 생각한다.

사실 ≪스물셋의 사랑 마흔아홉의 성공≫을 집필할 당시에는 그러한 책을 쓰고 펴낸다는 것이 어떠한 사회적 의미를 지니게 될지에 대해서 그다지 깊이 생각을 해보았던 것은 아니다. 그 책의 집필은 나를 위한 것이었다. 마흔아홉이라는 어떤 인생의 갈림길에 서서 내 삶을 한번 정리해 보고 싶었을 뿐이다. 더불어 성직자로서의 켄에 대한 명예회복과 남편으로서의 켄에 대한 내 마음 깊은 곳으로부터의 감사의 표시가 그 책을 통하여 이루어질 수 있다면 더없이 좋을 것이라는 막연한 생각으로 시작했던 것이다.

그러나 막상 책이 출판되고 그 책에 대한 반향으로 해일처럼 밀려드는 팬레터들에 휩싸이게 되자 그러한 생각이 얼마나 소박한 것이었던가를 깨닫게 되었다. 그 책은, 나의 의지와는 무관하게, 그리고 나 자신조차도 깜짝 놀랄 만큼, 커다란 사회적 반향을 불러일으켰던 것이다. 그것은 결코 예기치 못했던 일이었다. 그리고 대단히 다행스럽게도 그 반향들은 아주 바람직한 방향으로 내닫고 있었다.

내가 받은 팬레터들 중에서 가장 많은 내용을 담고 있는 것은 용기에 관련된 것이었다.

…… 하지만 선생님의 책을 읽고 많은 용기를 얻었습니다. 무엇이든 하면 된다는 용기와 신념을 가지고 생활하면 안 되던 일도 의외로 잘 풀릴 수 있다는 것을 배웠습니다. 이런 용기를 가지기 이전에 먼저 제 자신을 한번 생각해보는 것도 잊어서는 안 된다는 것도 느꼈습니다. 선생님이 저보다 훨씬 어려운 여건에서도 모든 일을 잘 해결해 나가시는 것을 보면 용기를 얻게 됩니다.(대구 K대학교 3학년)

어제 오늘 이틀에 걸쳐서 그 책을 다 읽었습니다. 울기도 하고 감탄하기도 하면서 그 책을 읽는 동안 참 많이 깨달았습니다. 이 책은 앞으로 저의 삶에 지침서가 될 것 같습니다. 지금까지 저는 아무 노력 없이 큰 대가를 바란 것입니다. 노력하지 않고서는 성공할 수 없다는 것을 배웠습니다. 선생님, 감사합니다. 선생님께서 이 책을 쓰지 않으셨다면 전 붕어빵 대학생이 되어 앞으로 남아 있는 2년을 그냥 그렇게 시간만 허비하며 보냈을 것입니다.(C, 경남 울산)

사랑과 성공은 기다리지 않는다

스무 해, 겨우 그것을 살았는데도 인생이 허무하게 느껴진다면 어리석은 건지 거짓말인 건지. 뛰어넘을 수 있을 듯한데 어느새 주저앉아 있는 나를 수없이 발견하면서 저는 저의 무능함에 실망했고 세상에 배신감을 느끼곤 했어요. 하지만 ≪스물셋의 사랑 마흔아홉의 성공≫을 읽으며 도전하고 싶은 욕망이 되살아났어요. 이 세상과 멋진 한판 승부를 벌이고 싶어요. 언젠가 제가 선생님처럼 스스로 성공했다는 자신이 들면 선생님을 찾아가고 싶네요, 감사하고 싶을 테니까.(J, K교육대학교 1학년)

용기를 얻었고 그래서 더없이 고맙다는 편지를 써준 것은 대학생들뿐만이 아니었다. 현재 중학교 3학년에 재학중인 S양은 사업가라는 직업에 커다란 매력을 느꼈다면서 장문의 앙케이트를 보내오기도 했고, 미국 텍사스 주의 휴스턴에서 고등학교에 다니고 있는 K양은 하루 만에 두 권을 다 읽었다면서 앙증맞은 독후감을 보내오기도 했다. "제가 이 편지를 드렸다는 것은 물론 만나뵙게 되어도 모든 걸 부모님께 비밀로 했으면 좋겠어요. 이유는 그냥, 혼자 흔들리지 않고 앞가림 해나가는 모습을 보여드리고 싶어서요."라는 귀여운 추신까지 덧붙여서(재미있는 사실은 K양이 편지를 보내오기 며칠 전에 그녀의 어머니로부터도 편지를 받았다는 사실이다).

뿐만 아니라 이미 결혼하여 단란한 가정을 꾸리고 있는 주부들로부터 받은 편지는 젊은이들로부터 받은 것과는 또 다른 감동을 주었다.

"여자란 그저 남편 잘 만나 뒷바라지 잘하고 애들 잘 키우고 살림 잘하는 게 최고야."라는 이야기에 반박을 하면서도 어쩔 수 없이 그렇

게 살아야 하는 것이 순리인 줄 알던 제 삶에 선생님의 글은 하나의 희망을 던져 주었습니다.(J)

　　처음엔 뭔지 모를 당혹감으로 내 자신이 누구에게 배신이라도 당한 듯 어쩔 줄 몰라 했답니다. 왜냐하면 저도 올해 마흔아홉 살이며 역시 카톨릭 신자이고 두 딸아이의 엄마이기 때문이지요.(……) 아주 보잘것없는 인생의 낙오자였음을 새삼 느끼며 내 삶의 후회스러움에 치를 떨고, 그러는 나 자신을 저주하고 원망하며 주님께 용서를 빌어 보았지만, 가슴속은 역시 답답함으로 가득하고 여사님과 마주 앉아 내 삶을 처음부터 말씀드리며 한없이 울고 또 울고 싶었답니다.(H, 관악구 봉천동)

　나는 이런 내용의 편지들을 읽으며 참으로 그 책을 쓰기를 잘했구나 하고 스스로 흐뭇해했다. 지극히 개인적인 동기에 의하여 집필된 책이기는 하지만 결과적으로 그것이 많은 사람들에게 용기와 자극을 주고 삶을 열심히 받아들이도록 만들었다면 그보다 더 기쁘고 보람 있는 일이 또 어디 있겠는가? 뜻하지 않았던 축복을 많은 사람들에게 나누어 주고 나 역시 그 축복의 세례를 흠뻑 받은 느낌이었다.
　그러나 용기와 도전만이 삶의 전부는 아닐 것이다. 때로 모든 시름을 접어두고 편하게 마주앉아 이런저런 사는 이야기나 주워섬기며 한가로운 시간을 보내는 것도 분명 삶의 빛나는 순간들 중의 하나가 아닐 것인가?
　오랫동안 잊고 있었던 그런 순간들을 내게 새삼스럽게 일깨워 준 편지들도 많았다. 대개는 동년배의 독자들로부터 받은 편지들이 그

러했는데, 거기에는 지상에서 웬만한 세월을 흘려보낸 사람들끼리
만 나누어 가질 수 있는 넉넉한 여유로움 같은 것들이 담뿍 담겨져
있어, 나로 하여금 무방비 상태의 편안한 웃음을 베어 물게 하곤 했
다.

　　저는 선생님과 똑같은 나이이고 혼자서 남편 없이 20년을 딸 넷을
두고 살아간답니다. (……) 아무튼 꿋꿋하고 당당하게 사시는 것 정
말 박수쳐 드리고 싶습니다. 저는 늘 등산을 다닙니다. 일요일은 물론
이고 주중에도 혼자서 배낭을 메고 다닙니다. 그런데 요즈음 들어서
그렇게 쓸쓸할 수가 없네요. 내일은 관악산 팔봉을 올라 볼까 합니다.
애들 교육시키고 살 집만 있으면 우리 등산이나 다니고 삽시다. 외기
러기끼리.(K,구로구 고척동)

　　외람된 말씀이지만 한 가지 부탁 말씀 드릴게요. 이제는 길 신부님
저만큼 접어두시고 평범한 마흔아홉 살의 여자로서 생활 한 번 꾸려
보세요. 국제비즈니스 같은 것보다 몇 배 보람있고 재미있는 새 생활
이 있으니까요. 무슨 뜻인지 아시겠죠? 김치도 담가보고 집안도 꾸며
보고 친구들 모아 놓고 수다도 떨고 백화점 세일쇼핑도 하고 저녁밥
맛있게 지어놓고 남편도 기다려 보고…… 남은 25년 이렇게 살아보시
는 게 어때요? (……) 하늘나라에 계신 길 신부님, 어머님, 아버님 다
"잘 했구나"하실 거예요.
　　*추신:식사 많이 하세요. 사진 보니까 그 모습으로는 75살 힘들어
요.(O, 양천구 목동)

홀로 낯을 붉히게 만드는 뜨거운 찬사들도 순식간에 편안한 웃음

을 터트리게 하는 넉넉한 조언들도 모두가 다 내게는 과분한 사랑일 뿐이었다. 이 자리에서 고백건대 나는 마치 연애편지를 뜯어 보는 단발머리 소녀와도 같은 심정으로 되돌아가 독자들이 보내준 편지들을 읽고 또 읽으며 지난 일년을 행복하게 보냈다. 그 중에서도 나를 가장 기쁘게 했던 것들 중의 하나는 켄에 대한 독자들의 사랑이었다.

　너무도 괜찮으신 신부님. 환속이 전혀 속돼 보이지 않은 분. 정말 멋진 분이셨습니다. 저라도 그런 맑고 순수하시고 넓으신 사랑을 지니신 분이라면 어찌 사랑을 느끼지 않을 수 있었겠습니까? 더구나 그 모든 사랑이 깊은 신앙심 안에서 승화된 것이라면 누군들 욕을 할 수 있겠습니까? 절대절명의 순간에서조차 하느님의 뜻을 저버리지 않으시고 그분 뜻에 순명하고자 하시는 모습에서 저는 또 다른 예수님을 뵙는 것 같았습니다.(이역만리 영국에서 한 카톨릭신자이자 주부가)

　이젠 삶이 두렵지 않아요. 저도 한때의 당신처럼 혼자 그늘 속에 있기를 좋아하고 사람들 만나기를 좋아하지 않았지만 이제는 삶을 만끽하며 적극적인 태도로 살아가겠어요. (……) 당신과 신부님께선 참으로 지혜로운 사람들임에 틀림없습니다. 진정 주님께서 바라는 바가 무엇인지 아셨으니…… 당신과 신부님, 성미 양, 현미 양을 위하여 영적 선물을 드립니다.
　로사리오 기도 3번
　주모경 5번
　희생 1번
　(K, 대구시 대명동)

많은 사람들의 가슴속에 켄이 태어났고 되살아났음을 확인하게
되는 것은 편지들을 통해서만이 아니었다.

책이 출간된 지 얼마 지나지 않아서의 일이다. 성심여대 학장으
로 재직중이신 김재순 수녀님과 우연히 마주치게 되었는데, 그분을
뵙자마자 '덜컹' 하고 내 가슴이 내려앉는 것이었다. 하긴 교단의
입장에서 보자면 그다지 반길 만한 일이 아니었던 켄과 나의 사랑
이야기를 수십 년이나 지난 다음에 책으로 써냈으니 제발이 저릴
수밖에. 그러나 먼저 환히 웃으며 말을 건넨 것은 수녀님이셨다.

"조안, 책 정말 잘 봤어요!"

"아, 예. 마땅히 제가 보내드렸어야 하는 건데…… 죄송합니다."

"아니에요, 나, 조안한테서 받는 것보다 훨씬 멋진 분한테서 선
물을 받았는걸요?"

저자로부터의 증정보다 더 멋진 분으로부터의 증정이라…… 나
는 감을 잡을 수가 없었다.

"무슨…… 말씀이신지?"

"추기경님께서 제게 선물해 주셨어요."

"네?"

"추기경님께서 무척이나 감명을 받으셨던가 봐요."

"…… !"

그 이야기를 전해 들었을 때의 기쁨이란! 죄스러움과 자격지심
으로 내 가슴 위에 엷게 깔려 있던 살얼음들이 한꺼번에 확 녹아버
리는 느낌이었다. 그 후로도 여기저기서 들려오는 말들을 종합해
보건대 아마도 신부님들이나 수녀님들 사이에서도 내 책이 꽤나 화
제를 불러일으켰던 모양이다.

무엇보다도 기쁜 것은 그분들이 그 책을 통해서 자신들의 옛동료

이자 선배인 켄을 가슴 가득 끌어안을 수 있게 되었다는 점이다. 길 잃은 한 마리의 어린 양이라고 여기고 체념해버렸었는데 알고 보니 꼭 그렇게만 생각할 수도 없는 일이었구나 하고 새삼스럽게 그분의 가치를 되새겨 본 것이라고나 할까? 켄에게 지고 있다고 생각했던 아주 커다란 빚을 탕감해버린 듯하여 하늘이라도 날 것 같은 기분이었다.

이로써 내가 그 책을 집필하면서 세웠던 내 나름대로의 소박한 목표들은 모두 다 성취된 셈이다. 나 자신의 삶을 정리해 본 다음 앞으로 나아갈 바를 가늠해 볼 수 있었고, 켄의 명예를 회복시켰으며 많은 사람들의 가슴속에서 다시 살아나게 할 수 있었으니.

그러나 그 책이 던져준 파장은 결코 '내 나름대로의 소박한 목표' 안에서만 안주할 수는 없을 만큼 넓고도 깊은 것이었다. 그 파장은 놀라웠고 부담스러웠으며 두려움조차 느끼게 만든다. 자신이 집필한 책 때문에 되돌아오는 반응들을 접하고서는 스스로 깜짝 놀라 어찌해야 좋을지를 몰라 허둥대야만 했던 내 모습이라니!

책표지에 사진이 실렸었고 텔레비전에도 몇 차례 출연하였던 탓에 얼굴을 알아보는 분들이 많아 곤란하고 민망했던 적이 한두 번이 아니다. 반갑게 웃는 얼굴로 인사말을 건네고 악수를 청해 오는 그분들을 바라보면서 나는 그 독자층의 폭넓음에 놀라고 말았다.

올봄 미국에서 있었던 현미의 브라운 대학 졸업식장에서는 추적추적 비가 내리는데도 불구하고 기어코 내게로 달려와 악수를 청하는 학부형들이 있었다. 내가 화들짝 놀라 어떻게 미국에서까지 그 책을 구해 읽을 수 있었느냐고 되묻자 그분 대답이 감동적이었다.

"좋은 걸 한국에서만 구할 수 있다면 너무 불공평하잖아요? 한국에 있는 친척이 너무너무 좋은 책이라며 보내줬어요. 여기 교포

사랑과 성공은 기다리지 않는다

17

사회에서도 선생님 책은 베스트셀러라구요."

하긴 내가 받은 팬레터 중에서는 까마득히 먼 나라의 우체국 소인이 찍혀 있는 것들도 많았다.

전 한국에서 이대 비서학과를 나와 외국인 회사에서 비서로 일하다 그 회사의 독일인과 결혼까지 하여 지금은 이곳 독일에서 두 아이의 엄마로 지내고 있습니다. 제 남편은 저와의 나이 차이가 스무 살이어서 이제 곧 정년퇴직할 때가 다 되었습니다. 그렇지 않아도 요사이 스스로에게 적지 않은 갈등을 겪고 있는 시기였는데 조안 리 씨의 책을 읽고 많은 것을 정리해 볼 수 있었습니다. 타국에서 우리 글로 씌어진 아름다운 문장과 감명 깊은 내용을 접하게 해주셔서 제게 커다란 위안과 즐거움을 주셨다는 것을 알려드리고 싶었습니다.(O, 독일)

삶에는 더 넓은 지평이 있다는 심오한 켄 신부님의 가르침을 여기 지구 반대편의 지독한 고독 속에서 상처받은 짐승처럼 웅크린 채 살아가고 있는 사람이 오늘도 나직이 읊조리고 있음을 기억해 주십시오. 영혼의 아름다움이 빼어나신 분, 자랑스러운 한국인, 그리고 가뭄에 단비처럼 허물어져 가던 제 영혼에 힘찬 용기를 뿌려 주심에 감사드리며 천주님의 가호를 빕니다.(M.J, 영국)

선생님의 책은 제가 여태껏 친구들에게서 받아본 선물 중 가장 귀중한 선물입니다. 저는 선생님의 책에서 많은 힘을 얻게 되었습니다. 그래서 생각되는 것은 내가 이 책을 번역할 수 없을까 하는 것입니다. 저뿐만 아니라 중국에 있는 많은 사람들도 이 책을 통해 한민족의 우수한 여성을 알게 되고 힘을 얻게 될 것이 아닌가 하는 생각으로 당돌

하게 부탁드리는 것입니다.(O, 중국)

　남성 독자들도 의외로 많았다. 군복무 중에 짬을 내어 편지를 보내온 젊은이도 있었고, 막혀버린 사업의 진로에 낙담하여 조언을 구하는 청년실업가도 있었으며, 단 한 번도 수석 자리를 놓치지 않고 치달아온 자신의 엘리트적 삶이 갑자기 허무하게만 느껴진다며 한숨을 길게 내쉬던 젊은 법조인도 있었다.

　그들의 대부분을 나는 편지를 통해서 만났다. 그들 중의 몇몇은 어렵사리 대면할 기회를 만들어서 함께 이야기를 나누기도 했다. 그러나 그러한 만남의 과정을 통해서 내가 느껴야 했던 것은 뿌듯함도 자랑스러움도 아닌 책임감이었다. 아무래도 나를 너무 과대평가하고 있다는 느낌을 떨칠 수가 없었다. 사실 나 스스로를 꽤나 어리숙한 여자라고 생각하고 있다. 허점도 많고 결점도 많으며 언제나 모자란 인간이라고 여기고 있는 것이다.

　그러나 내 책을 통하여 나를 알게 된 독자들은 그렇게 생각하지 않았다. 그들은 나를 용감한 투사로, 완벽한 사업가로, 삶의 달인으로 받아들이면서 자신들의 걱정과 근심과 막막함을 해결해 달라는 식으로 접근해 왔던 것이다. 너무도 과분한 사랑이었다. 그리고 부담스러운 기대였다. 책을 쓰고 출판한다는 것이 어떠한 사회적 의미를 가질 수 있는가에 대하여 전혀 무지했던 내가 뒤늦게야 깨달은 두려움이었다.

　지난 일 년 간 독자 여러분들이 보내준 과분한 사랑의 바다에 빠져 허우적거리다가 간신히 얻게 된 작은 깨달음이 하나 있다. 여느 사람들에게는 이미 상식에 속하고 있는 것을 이제야 깨닫게 된 나의 우매함이 스스로도 한심스럽다. 그러나 늦깎이의 깨달음은 그것이 늦었던 만큼 더욱 진지하게 다가왔다.

내가 얻은 깨달음은 간명한 것이다. ≪스물셋의 사랑 마흔아홉의 성공≫을 집필할 때의 나는 사인(私人)이었다. 그러나 그 책이 출판된 다음의 나는 이미 공인(公人)이다!

얼마 전에 우리 동네에 있는 한 아구찜 집에 가서 저녁식사를 한 적이 있다. 처음 가본 집이었는데 주인 아주머니가 아주 후덕하게 생기신 분이었다. 그런데 반찬그릇 따위를 상 위에 얹어 놓으시던 그분이 내 얼굴을 빤히 쳐다보시더니 반색을 하며 알은체를 하시는 게 아닌가?

"어머, 조안 리 씨 아니세요? 맞죠? 어머머, 이 동네 사세요? 하긴 한강이 내려다보이는 서재를 갖고 계시다고 쓰셨길래 혹시 이 동네 사시는 게 아닌가 했더니…… 너무너무 반가워요!"

"네, 반갑습니다."

"책, 너무너무 재미있게 잘 읽었어요. 나 원 참…… 내가 이 나이가 되어가지고 밤을 꼬박 새우면서 얼마나 웃고 얼마나 울었던지…… 그나저나 다음 책은 언제 나오는 거예요?"

"네?"

"아, 다음 책을 또 쓰셔야죠! 기다리는 사람들이 얼마나 많은데!"

"……!"

늦깎이의 작은 깨달음을 얻은 다음의 일이었기 때문이었을까? 그 아구찜 집 아주머니의 지나가는 말 한마디가 내 마음에 깊숙이 들어와 박혔다. 어쩌면 또 다른 책을 한 권쯤은 더 써야 할지도 모르겠다고 생각한 것은 그때였다. 그랬다. 그렇게 생각했다. 그리고 그것은 나의 권리라기보다는 차라리 의무에 가까운 것일지도 모르 겠다고.

이 책 ≪사랑과 성공은 기다리지 않는다≫는 그렇게 하여 씌어지 기 시작했다. 집필의 동기부터가 지난번 책과는 사뭇 다르다. 지난 번 책이 나와 켄을 위해서 씌어졌다면 이번 책은 오로지 독자들을 위해서 씌어졌다. 이런 방식을 통해서라도 내게 쏟아부어 주셨던 독자 여러분들의 과분한 사랑에 자그마한 답례를 할 수 있기를 바라 는 내 마음의 발로에서였다.

나 개인적으로는 이 책을 쓰는 동안 내내 '나는 어떤 사람인가' '진정한 나만의 철학은 무엇인가' 하는 문제를 깊이 생각해 볼 수 있는 기회를 가질 수 있어서 좋았다. 이 책은 어떤 다른 사람과의 관계 내에서의 조안 리, 어떤 비즈니스와의 관계 내에서의 조안 리 가 아니라, 오직 자신의 내면을 응시하고 자신의 삶을 한 차원 더 높은 것으로 고양시키고 싶어하는 자로서의 조안 리가 쓴 책이다. 그런 뜻에서 어쩌면 이 책이야말로 내 최초의 저서라고 해야 하는 것이나 아닌지.

독자들이 이 책을 통하여 적어도 자신의 삶만큼은 열심히 살아 내려고 끊임없이 안간힘을 다하고 있는 한 인간의 모습을 목격할 수 있게 된다면 내게는 더 바랄 나위가 없겠다.

이 얄팍한 책 한 권을 그 동안 독자들이 보내주신 과분한 사랑에 대한 작은 답례로서 보내드리려 한다고 말씀 올리려니 나도 모르게 얼굴이 붉어진다. 그러나 또한 어찌하랴. 내가 보여줄 수 있고 마음 을 다한 선물 또한 이것뿐인 것을.

지난 번의 책 ≪스물셋의 사랑 마흔아홉의 성공≫을 집필할 때와 마찬가지로 이번에도 문예당 편집부의 도움이 컸다. 빼어난 구성감각과 유려한 문장력을 고루 갖춘 그들은 여러 모로 허술하고 모자라는 나의 원고를 다듬느라 무척이나 고생이 많았을 것이다. 이 자리를 빌어 그들에게도 마음으로부터의 감사의 말씀을 전한다.

　　아무쪼록 마음이 가난한 자가 드리는 작은 정성이라고 여기시고 흔쾌히 받아 주시기만을 바랄 뿐이다.

　　　　　　　　　　　　　　　　　　1995년을 보내며
　　　　　　　　　　　　　　　　한강이 내려다보이는 서재에서

　　　　　　　　　　　　　　　　　　　　조안 리

사랑은 노력으로 완성된다

나는 그 '사랑에 빠진다'는 표현이 마음에 들지 않는다.
빠지다니? 그런 피동형의 행동양식으로
무엇을 이룰 수 있을 것인지 지극히 의심스러울 따름이다.
사랑은 '하는' 것이다.

"정말 영화 속에서나 있을 법한 사랑이야기네요. 한
국판 《가시나무새》 같아요. 《가시나무새》는 픽션이지만
조안 리 씨의 이야기는 논픽션이니 사실 그 감동의 진폭이란 비교
도 할 수 없는 것이겠지요."

"사랑을 쟁취하기 위하여 그토록 용감하고도 치열하게 투쟁하셨
다니…… 그저 부럽고 존경스러울 따름입니다."

"운이 좋았다는 생각은 안 드세요? 켄같이 멋진 분을 만날 수 있
으셨다니, 또, 그분과 결혼까지 하실 수 있으셨다니. 두 분은 정말
천생연분이었던 것 같아요, 어쩌면 그렇게 잘 어울리는 한 쌍이 있
을 수 있죠? 그저 하루하루 티격태격 아등바등 살아가고 있는 우리
들 입장에서 보면 두 분의 사랑이야기는 솔직히 어느 먼 나라의 동
화처럼만 느껴지기도 한답니다."

사랑과 성공은 기다리지

23
……
않는다

《스물셋의 사랑 마흔아홉의 성공》이 출간된 이후 많은 사람들이 내게 그렇게 이야기하는 것을 들었다. 그런 이야기를 듣고 있어야 할 때의 나의 표정이란 대개 난감함에 휩싸여 어색하게 굳어져 있기 마련이다. 어떤 표정을 짓고 무슨 이야기를 해주어야 할지 모르겠다. 고작해야 살짝 낯을 붉히며 네, 그러셨어요…… 하고 말꼬리를 사릴 수밖에.

그러나 그렇게 말꼬리를 사리며 화제를 돌려버렸다고 해서 내가 그 모든 이야기들에 전적으로 동의하고 있었던 것은 아니다. 오히려 무언가 이게 아닌데, 그런 식으로 생각해서는 안 되는데, 하는 이의(異意)의 몸짓이 가슴속에서 또렷이 느껴지곤 했었다.

운명적이고, 영화 같고, 천생연분이고, 너무도 아름다웠다…… 는 식의 이해는 나와 켄의 사랑이야기에 대한 전체적 조망과는 적지 않은 괴리를 품고 있다고 생각하기 때문이다. 그리고 나는 그러한 식의 이해에 대하여 내가 품고 있는 이의를 분명히 밝혀야 한다고 생각한다.

결코 의도했던 바는 아니었다. 그러나 결과적으로 《스물셋의 사랑 마흔아홉의 성공》이라는 책을 통하여 표현되어 있는 우리의 사랑이야기는 독자들로 하여금 그들 자신의 사랑을 바라보는 시각을 적지 않게 굴절시켰다는 것이 나의 생각이다. 굳이 잘못을 따진다면 아마도 나밖에 책임을 질 사람이 없을 듯하다. 나 스스로 나의 사랑이야기에 도취된 나머지 좋았던 순간만을 기억하고 또 그것을 지나치게 로맨틱하게 기술했었던 것이리라(하긴 자신의 사랑이야기를 회고하면서 로맨틱해지지 않을 사람이 또 어디 있으랴!).

그래서 그 책을 읽고 난 독자들은 얕은 찬탄의 한숨을 내쉬면서 그렇게 넋두리하게 되었던 것이다. 정말 영화 속에서나 있을 법한 사랑이야기야. 어쩌면 그렇게 멋진 사랑을 할 수 있었을까? 나도 이렇게 운명적인 사랑의 상대를 만났어야 하는데! 세상에는 정말 천생연분이라는 것이 따로 존재하나 봐…… 그리고 그 넋두리의 맨 끝은 전혀 얼토당토 아니한 자기비하의 감정이 되어버리곤 한다. 이 사람들의 사랑에 비한다면 지금 내가 하고 있는 사랑이라는 것은 도대체 얼마나 초라하고 볼품없는지.

아니다. 그렇지 않다. 내가 하고 싶은 이야기는 이것이다. 우리의 사랑이야기가 영화 속에서나 있을 법한 이야기 같다고 말한다면 나는 이렇게 대답하겠다. 아니다. 그것은 현실 속에서 실제로 일어났던 이야기일 뿐이다.

우리의 사랑은 운명적이었다고 이야기한다면 나는 고개를 젓겠다. 아니다. 그것을 만들어 나간 것은 우리였다. 설사 운명이라는 것이 존재한다고 해도 그 운명이라는 것 자체를 만들어낸 주체는 우리였다.

우리가 지독하게도 잘 어울리는 한 쌍이었다고 말한다면 나는 웃을 수밖에 없다. 스물여섯 해라는 나이 차이가 있고 태어난 국적이 다르며 결혼과 양립할 수 없다는 신품(神品)이 둘 사이를 가로막고 있는 한 쌍이 잘 어울린다고? 결코 어울릴 수 없는 한 쌍을 뽑는 콘테스트라도 있다면 오히려 그 쪽으로 참가하는 것이 훨씬 낫지 않겠는가?

그러나 그래도 당신들은 행복하지 않았느냐고 묻는다면, 나는 기꺼이 고개를 끄덕이겠다. 우리는 행복했다. 그럼에도 불구하고 우리는 서로 사랑하였으므로 행복했다. 그리고 그 사랑은 철저한 노력 위에서만 가능했다.

사랑은 노력이다. 나는 그렇게 생각한다. 노력이 없는 사랑은 허

사랑과 성공은 기다리지 않는다

구에 불과하다고 나는 생각한다. 만일 누군가가 내게 운명처럼 다가와 꿈결처럼 감미롭게 진행되다가 영화처럼 아름답게 끝을 맺는 사랑에 대하여 이야기한다면 나는 현실에서의 이야기가 아닌 동화 한 편을 들은 것으로 치부해버리고는 귀를 씻겠다.

사랑이란 그렇게 호락호락한 서정시가 아니다. 그것은 고통과 외로움과 회의와 번민과 두려움으로 점철되어 있는 장편소설이다. 용기가 필요하고 투자가 필요하고 싸움이 필요한 처절한 전장이다. 오직 사랑만이 가져다 줄 수 있는 평화와 행복은 그렇게 피와 눈물을 말리는 자신과의 싸움을 통해서만 우리에게로 온다. 그 평화와 행복조차 결코 영속적인 것이 아니다. 그것을 유지하고 발전시키기 위해서는 더 많은 노력을 필요로 한다.

요컨대 사랑은 끊임없는 노력으로만 유지시킬 수 있는, 더 없는 강렬함과 섬세함을 동시에 요구하는, 인간정신의 가장 치열한 표현형태 중의 하나이다.

젊은이들은 이야기한다. 누군가와 미친 듯이 사랑에 빠질 수 있었으면 좋겠다고. 나는 그 '사랑에 빠진다'는 표현이 마음에 들지 않는다. 빠지다니? 그런 피동형의 행동양식으로 무엇을 이룰 수 있을 것인지 지극히 의심스러울 따름이다. 사랑은 '하는' 것이다. 주체적으로, 최대한의 노력을 기울여서, 혼신을 다 바쳐, 전력투구로!

그러므로 노래를 부르듯이 사랑타령을 하는 사람은 많아도 실제로 사랑을 할 수 있는 사람은 그렇게 많지 않다. 사랑이란 예쁜 여자나 멋진 남자를 보고 한눈에 반하여 빠져드는 한순간의 심리상태 따위와는 본질적으로 다른 것이다. 그것은 하나의 '위대한 능력'이다. 인간정신의 가장 빛나는 운동형태들 중의 하나이다.

그리고 반복하지만, 최대한의 노력 위에서만 그 유지와 발전이

가능하다. 가령 어떤 사람들이 아주 오랜 세월 동안 서로를 진실로 사랑하면서 지냈다고 한다면 우리는 그들을 존경해도 좋다. 그들은 '위대한 능력'을 가지고 있고 그 능력을 십분 발휘하며 살았던 사람들이기 때문이다.

'사랑의 성취' 혹은 '사랑의 완성'이라는 문제에 대해서도 나는 조금 혹독하다 싶을 만큼의 견해를 가지고 있다. 사랑을 이룬다는 것은 어떤 것인가? 결혼을 말하는 것인가? 많은 사람들이 내게 이렇게 이야기했다.

"정말 기적 같은 일이에요. 로마교황청에서 탄원을 받아들여 혼인승낙서를 발부해 주다니. 그렇게 해서 이룬 사랑이니 얼마나 좋으셨겠어요? 그토록 서로를 원하신 끝에 결혼까지 하셨으니 그 이후의 나날들이야 행복할 일밖에 더 있겠어요?"

축복의 말씀들이니 고맙기는 하다. 그러나 곰곰히 생각해 보노라면 조금쯤은 허황된 느낌이 드는 것을 어찌할 수 없다. 결혼한다는 것이 과연 사랑을 이루는 것인가? 정확한 숫자는 알 수 없지만 아마도 우리가 살고 있는 이 세상에서는 매일매일 수천 쌍의 부부들이 탄생되고 있을 것이다. 그리고 그들 모두는 서로 함께 사는 것이 행복하리라고 생각해서 결혼을 한다. 결혼하는 그 순간에는 사랑을 이루었다는 생각에 더없이 행복해하리라. 틀림없이 나와 켄이 꽃도 축가도 하객도 없이 치러야 했던 그 쓸쓸한 결혼식에서 느꼈던 것보다는 훨씬 더 행복해할 것이다.

그러나 매일매일 탄생되고 있는 그 수천 쌍의 부부들이 모두 다 사랑을 이루었고 그래서 행복하게 지내고 있다고는 도저히 상상할 수가 없다. 오히려 세월이 흐를수록 이러지도 저러지도 못해 '그냥' 살아가고 있는 부부들이 훨씬 더 많다. 더 극단적으로 말하자면 날이 갈수록 막무가내로 이혼율이 급증하는 것은 세계 공통의 추세이다. 바로 결혼이 사랑의 성취는 아니라는 움직일 수 없는 반증이다.

결혼이라는 행위는 사랑의 한 과정에 불과하다. 지금까지의 사랑과는 다른 형태의 사랑이 필요하다는 것을 알리는 일종의 출발선이라고도 볼 수 있다. 그리고 결혼 이후의 사랑은 한층 더 높은 차원의 노력을 필요로 한다. 보다 더 굳건한 믿음을 가져야 하고 보다 더 섬세한 배려를 필요로 하며 보다 더 합리적인 협동을 요구하는 것이다. 그렇게 따진다면, 조금은 부담스러운 명제가 될 수밖에 없겠지만, 사랑은 완성될 수 있는 것이 아니다. 오직 보다 나은 성취를 위하여 함께 앞으로 나아가려는 노력의 과정일 뿐이다.

나는 과연 어떤 상태에 이르러야 사랑이 완성되었다고 말할 수 있을 것인지 가늠이 되지 않는다. 다만, 누군가를 사랑하고 있다면, 그 사랑을 조금 더 발전시키고 가꾸어 아름답게 꽃피울 수 있도록 내가 할 수 있는 최대한의 노력을 기울이는 것만이 확실한 선택이라고 믿을 뿐이다.

우리의 사랑도 그랬다. 우리는 우리의 사랑을 보다 더 아름답게 꽃피우기 위해서 각자가 할 수 있는 최대한의 노력을 기울였다. 그러는 과정에서 무언가가 자신의 뜻과는 맞지 않아 홀로 고독한 눈물을 흘린 적도 있었다. 자신의 일에 너무도 몰두해 상대방에 대한 배려가 터무니없이 소홀했음을 깨닫고는 깊은 회한으로 가슴 저린 밤을 지새운 적도 많았다. 내가 왜 하필이면 이 사람을 선택하여 이렇게 견디기 힘든 고통을 받아야만 하는가 하는 위험한 회의 속에서 고뇌한 적도 없지는 않았을 터였다. 그랬다. 그런 것이 사랑이다. 그런 모든 장애와 난관에 부딪히며 함께 혼신의 힘을 다하여 나아갈 길을 터 나가는 것, 그것이 사랑이라는 이름을 가진 처절한 노력의 모습들인 것이다.

　운명처럼 다가와 꿈결처럼 감미롭게 진행되다가 영화처럼 아름답게 끝을 맺는 사랑? 단언컨대, 그런 사랑은 이 지상 위에 없다. 조악한 싸구려 예술품(키취)에서나 볼 수 있는 풍경일 따름이다. 필요한 것은 사랑에 대한 몽환적인 꿈꾸기가 아니다. 사랑에 대한 의지와 선택과 용기이다. 그리고 그것을 가능케 하는 지속적인 노력이다. 사랑은 오직 노력을 통해서만 이루어질 수 있는 것이다.

작은 사랑의 기술들

내가 아닌 상대방의 입장에 서서 생각해 주는 것이야말로
사랑의 가장 기본적인 기술(art)이다.
그 기술을 우리는 '배려'라고 부른다.

사랑하는 사람들이 흔히 저지르기 쉬운 과오는 상대
방을 내 식으로 재단하려 드는 것이다. 물론 그 기본적
인 의도는 선의에 기초해 있다. 저렇게 저 사람 식으로 하는 것보다
는 이렇게 내 식으로 하는 것이 더 좋을 텐데…… 하고 생각하는 것
이다.

그러나 그런 선의에서 나온 행동이라고 하더라도 그 행동의 지속
적인 강요는 결과적으로 상대방을 불편하게 만들 뿐 사태의 발전적
해결과는 전혀 동떨어진 결과만을 낳는 경우가 많다.

미국에 있을 때의 이야기이다. 어떤 계기로 한 미국인 부부와 친
구처럼 허물없이 지내는 사이가 되어서 때때로 함께 부부동반의 외
식을 즐기곤 했었다. 그들 부부는 평상시에는 무척 사이가 좋았지
만 우리와 함께하는 외식 때에는 언제나 말다툼을 벌이곤 했는데

매번 그 꼬투리가 되었던 것이 바로 남편의 테이블 매너였다.

"이봐요, 마이클, 제발 그 테이블에 턱 좀 그만 괴고 앉아 있을 수는 없어요?"

"여보, 포크로 접시를 긁지 말아요. 시끄럽잖아요."

"제발 음식을 소리내서 씹지 말아요. 창피하지도 않으세요?"

아내인 리즈의 지적은 모두 옳았다. 남편인 마이클은 테이블에 턱을 괴고 앉아서 식사를 했고, 때때로 포크로 접시를 긁어 듣기 싫은 소리를 냈으며, 음식 씹는 소리가 유난히도 요란했다. 하지만 우리들은 속으로 저 부부 또 시작이로군 했을 뿐 별다른 반응을 보이지 않았다. 그들 부부와의 외식이 한두번째가 아니었기 때문이다. 리즈의 지적에 시큰둥하기는 마이클도 매한가지였다. 그저 저 마누라 또 잔소리군 하는 표정으로 계속 우적우적 음식을 씹어넘기고 있었을 뿐이다. 화가 나서 좌불안석인 것은 오직 그의 아내인 리즈뿐이었다.

며칠 후 나는 리즈와 커피를 마실 기회를 가졌다.

리즈는 잔뜩 속이 상한 표정으로 입을 뗐다.

"조안, 나 정말 속이 상해 죽겠어요. 다른 건 다 정말 괜찮은 사람인데 왜 테이블 매너만은 그 모양인지 몰라! 아무리 얘기를 해도 소용이 없다니까요."

나는 리즈의 신경을 건드리지 않기 위해 편안한 미소를 지어보이며 말했다.

"집에서도 그래요?"

"그럼요! 매번 식사 때마다 그러는걸요. 그 버릇이 어디 가겠어요?"

"아니, 내 말은, 집에서 식사할 때도 리즈가 그렇게 그 버릇을 지적하냐구요?"

"집에서야 포기했죠. 어떻게 매번 식사할 때마다 그 소리를 하겠어요? 그랬다간 아마 내가 미쳐버릴 거예요."

"그럼 외식할 때도 자꾸 그런 얘기하지 마세요."

"네? 아니, 조안! 그게 무슨 말이에요?"

"왜 마이클의 테이블 매너를 자꾸 문제삼는 거죠?"

"창피하잖아요! 딴 사람들이 보고 뭐라고 그러겠어요, 다 큰 어른이?"

"누가 창피한 거예요? 마이클이? 아니면 리즈가?"

말문이 막힌 리즈가 잠시 멍한 표정이 되어 나를 쳐다보고 있었다.

"리즈 얼굴이 깎이는 게 싫은 거예요. 저 여자 남편은 왜 저 모양인가, 그런 소리를 듣게 될까 봐…… 그렇지요?"

"…… 그렇게 생각할 수도 있겠네요. 하지만 창피는 어디 나만 당하나요? 마이클이 더 당하지!"

"마이클한테도 그런 이야기했을 거 아니에요. 당신은 당신의 테이블 매너를 부끄러워해야 한다고. 그러니까 마이클도 그 사실을 알고 있는 거예요. 그런데도 그걸 고칠 수 없는 거죠. 그러니까…… 포기하세요. 그저 나는 테이블 매너가 나쁜 남편과 살고 있다, 이렇게 생각하고 그 사실을 받아들이는 거예요. 그게 마이클한테는 훨씬 편할 테니까. 물론 리즈에게도 그렇고."

물론 나쁜 테이블 매너는 고치는 것이 좋다. 그러나 이렇게 당연한 명제도 누구의 입장에서 생각하느냐에 따라서는 조금씩 다르게 받아들이게 된다. 마이클은 아마도 그 나쁜 테이블 매너 때문에 자신이 하고 있는 비즈니스에서 알게 모르게 많은 불이익을 당할 것이다. 그러나 그런 사실을 명확히 인식하고 있으면서도 어떤 이유에서인지 고칠 수가 없다면 할 수 없는 일이다.

반면 나쁜 습관을 고치기가 쉽지 않은 사람한테 '당신이 그렇게 행동하면 내가 너무나 창피하다' 는 이유로 매번 신경질을 부리고 닥달을 해댄다면 그것은 옳지 못한 일이다. 그렇게 해봤자 나아질 것이 아무것도 없다. 결코 쉽지는 않은 일이겠지만 차라리 그 사실을 받아들이는 것이 훨씬 더 현명하다. 그렇게만 해준다면 적어도 남편인 당사자는 훨씬 더 편안한 마음으로 식사를 즐길 수 있게 될 테니까.

바람직한 방향으로의 전환이라는 것도 누구의 입장에서인가를 분명히 해야 한다. 그것이 상대방의 입장에서가 아니라 내 입장에서의 '바람직함' 이라면 그 바람직함으로의 전환시도는 사랑이라고 할 수 없다. 마음에 안드는 원피스 대신 마음에 드는 투피스로 바꿔 입는 것과 무엇이 다른가? 사랑하는 사람은 원피스도 아니고 투피스도 아니다. 그는 내가 '그의 입장에 서서' 생각해 주어야 하는 사람이다. 내가 아닌 상대방의 입장에 서서 생각해 주는 것이야말로 사랑의 가장 기본적인 기술(art)이다. 그 기술을 우리는 '배려' 라고 부른다.

배려는 상대방을 내 마음에 들게 뜯어고치려는 시도여서는 안 된다. 설사 그 시도의 방향이 '객관적으로' 바람직한 것이라 할지라도. 배려는 상대방을 있는 그대로 인정하고 그가 그의 본성을 잃지 않는 상태에서 할 수 있는 가장 좋은 일을 하도록 도와주고 격려해 주는 것이어야 한다.

여기 콜라병처럼 생긴 상대방이 있다. 나는 그가 나와 마찬가지로 사이다병처럼 생겼으면 좋겠다. 그래서 그를 사이다병으로 만들기 위해서 주무른다? 사랑이라는 이름으로? 우악스럽게? 그래서는 안 된다. 자칫 잘못하다가는 콜라병 자체가 깨져버릴 수도 있다. 상대방을 우그려뜨리거나 깨트리는 행위는 사랑의 실천이 아니지 않는가. 콜라병을 있는 그대로 사랑할 줄 알아야 한다. 콜라병 자체의 아름다움을 깨닫기 위해 노력해야 한다.

병의 몸체가 꼭 밋밋하고 투명해야 될 필요는 없다. 멋진 몸매를 뽐내고 있는 반투명의 병…… 한 송이 장미꽃을 꽂아놓기에 훨씬 더 어울리는 병은 나와 같은 사이다병이 아니라 그와 같은 콜라병이라는 사실을 흔쾌히 인정하는 일이야말로 사랑의 시작인 것이다.

상대방의 고질적인 잘못을 자꾸 문제삼기보다는 그만의 장점을 발견해서 그것을 최대한 발휘할 수 있도록 격려해 주는 것. 이 자그마하나 엄청난 위력을 발휘하는 사랑의 기술을 우리는 너무 자주 잊거나 방기해버리면서 살고 있다.

결혼하기 전에는 느끼지 못했었다. 그런 것을 느낄 만한 정신적인 여유도 없었을 뿐더러 무엇보다도 내가 경제를 중심으로 꾸려지는 실제의 살림살이라는 것에는 한심할 정도로 무지하기 마련인 그 또래의 아가씨들과 조금도 다를 바 없었기 때문이리라. 그러나 결혼이 요구하는 것은 달콤한 몽상가가 아니라 질박한 생활인이다.

신혼의 단꿈이 서서히 잦아들 무렵이면 누구나 맞딱뜨리지 않을 수 없는 문제가 있다. 뭘 먹고 살지? 생활은 어떻게 하지? 집은 어떻게 마련하지? 요컨대 경제적인 능력의 문제가 전면에 떠오르게 된다.

그것이 가장 중요한 문제라고 말한다면 우리의 삶이라는 것이 너무도 비참해보인다. 그러나 가장 중요한 문제는 아닐지라도, 가장 절박한 문제인 것만은 에누리 없는 사실이다. 이 문제가 해결되지 않으면 그보다 더욱 중요한 문제가 있다고 해도 그 문제에 대한 접근 자체가 봉쇄되어버리기 때문이다.

솔직히 말해서 신혼 초기까지만 하더라도 나는 그 또래의 다른 여자들과 조금도 다르지 않은 막연한 경제관념만을 가지고 있었다. 어찌 되었건 결혼을 했고, 그래서 남편이 생겼으니, 어떻게든 생활은 꾸려 나가겠지, 하는 생각 말이다. 이 생각의 밑바닥에는 '남편은 돈을 벌어 와야 한다'는 고정관념 같은 것이 짙게 깔려 있다.

그러나 나의 경우, 현실은 전혀 그렇지가 못했다. 현실은 '어떻게든 되겠지' 하고 눈과 귀를 막고 앉아 있는 나를 향하여 귀청이 터져나가라고 고래고래 소리를 질러댔던 것이다. 은행의 잔고는 거의 바닥에 다 닿아가는데 돈이 생길 대책이라고는 아무것도 없는 상황에 한 번이라도 처해 본 기억이 있는 사람이라면 내 말이 어떤 감정 상태를 뜻하는 것인지 너무도 잘 알 것이다.

가슴은 답답하고 자존심은 몹시도 상하는데, 눈앞은 캄캄하고, 누구에게랄 것도 없는 원망이 부글부글 끓어올라, 고래고래 소리라도 질러대지 않으면 당장에라도 미쳐버릴 것만 같은 상태. 그런 상태에서 내릴 수 있는 결론이란 하나밖에 없다. 바로 '내가 돈을 벌어 와야지'이다. 사실 그것은 추론과 선택 끝에 도출된 결론 따위는 아니다. 선택의 폭이라곤 전혀 없이 강요된 실천지침이다. 가만히 앉아서 굶어 죽을 수야 없는 노릇이 아닌가?

그렇게 해서 나는 이른바 '직업전선'이라는 곳에 뛰어들었다. 그 상세한 내역들은 《스물셋의 사랑 마흔아홉의 성공》에 자세히 기록해 놓았으니 이 자리에서 다시 거론할 필요는 없다고 본다. 다만 자신의 일을 찾아나가고 그것을 성취시켜나가는 과정에서 느끼게 되는 기쁨에 대해서는 몇 마디 부연하고 싶다.

일을 한다는 것은 좋은 일이다. 좋은 일일 뿐더러 필수불가결한 것이기도 하다. 그것이 가져다주는 경제적 대가는 논외로 치더라도 그렇다. 일은 보람과 성취감과 자신감을 주며 자신의 자아를 실현시키는 데 있어서 반드시 필요한 인간조건의 필수항목들 중의 하나인 것이다.

한국으로 돌아온 다음에도 '내가 돈을 벌어 와야 하는' 상황에는 변함이 없었다. 나는 아주 기꺼운 마음으로 그 일을 했다. 비즈니스라는 것에 대하여 조금씩 눈을 떠가고 있던 시점이었다. 켄 역시 취직을 하거나 직접 사업체를 만들어 운영함으로써 '돈을 벌어 와야 하는' 자신의 역할(가장의 역할?)을 다하려 무진 애를 썼다. 그러나 불행하게도 결과는 언제나 좋지 못한 쪽으로 기울곤 했다. 대차대조표는 언제나 아귀가 맞지 않았고, 그 차액은 자신의 호주머니를 털어서라도 메꾸어야만 했다.

그것은 어쩌면 당연한 일이었을지도 모른다. 켄은 '자신의 이익을 취하는' 일에서 가장 멀리 떨어져 있었던 사람이다. 그는 평생에 걸쳐 어떻게 해서든 '다른 사람들에게 무언가를 베풀고자' 끊임없이 노력하였던 사람이었다. 그런 그가 이재에 밝을 리가 없다. 오죽했으면 수학적 계산에는 무척 밝은 그가 그 숫자들 앞에 달러 표시〔$〕만 붙어 있으면 그 계산들을 모두 다 그르쳐버렸을까? 그리고 그런 일을 겪을 때마다 그가 자괴감과 미안함 때문에 의기소침해져서 침울해하고 있던 모습이라니!

그런 모습을 몇 차례 되풀이 하여 지켜봐야만 했던 나는 이내 결심을 굳혔다. 결심을 굳히기까지가 어려웠지 그 다음에는 오히려 더없이 홀가분한 심정이었다.

"켄, 내가 하는 이야기 고깝게 듣지 않겠다고 약속해요."

"무슨…… 이야기를 하려고 그러는 거요?"

"당신이 하고 있는 사업 이야기요."

켄의 얼굴 위로 그답지 않은 먹구름이 얼핏 스쳐갔다.

"오, 조안, 정말 미안해요…… 이번에 잘못된 것은 어떻게 해서든 내가 만회할……."

"아니에요, 당신을 탓하려고 하는 이야기가 아니에요. 당신은 정말 너무 애쓰셨어요. 당신이 할 수 있는 최선을 다 했다구요. 내가 드리고 싶은 말은…… 이제는 그만하셨으면 좋겠다는 것뿐이에요."

"그만…… 하라고?"

"네! 이제 돈을 벌기 위한 일에 당신의 시간과 노력을 들이지 마시라는 말씀이에요. 혹시 이런 말 듣고 기분이 상하실지도 모르겠지만…… 당신은 그런 일과 너무도 안 어울려요."

사실이었다. 내가 판단하고 있는 한 그랬다. 그는 평생을 '어떻게 하면 남을 좀 더 도울 수 있을까?' 하는 생각만으로 보낸 사람이다. 그런 사람과 비즈니스라니…… 부조화와 불협화음도 그만하면 챔피언감이다.

한동안 고개를 숙이고 눈을 감은 채 생각에 잠겨 있던 켄은 안쓰러움이 담뿍 담긴 목소리로 입을 뗐다.

"하지만 그러면 당신 혼자서…… 너무 힘들잖소?"

"아니에요! 나한텐 이 일이 딱 맞아요! 아시겠어요? 난 이 일을 하는 게 너무너무 즐겁다고요. 그리고 내가 벌어오는 돈이…… 충분하다고는 못 해도 모자라지는 않잖아요? 이제부터 우리 집의 경제문제는 나한테 맡겨주세요. 나 혼자 얼마든지 해낼 수 있다고요!"

내 목소리는 과장된 명랑함과 자신감으로 다소 들떠 있었으리라.

"그러면…… 당신한테 다 맡기고 나면…… 나는 뭘하고?"

"켄, 그게 무슨 말씀이세요? 당신에겐 당신만이 할 수 있는 일이 있잖아요. 당신이 이 세상 누구보다도 잘 할 수 있는 일이요!"

그 즈음에서 켄은 이미 내가 무슨 일들을 거론하고 있는지 눈치채 버렸다. 인정 많은 그의 눈매에 소년의 미소가 번져드는 순간이다. 계속 말을 잇는 내 얼굴에도 평화로운 미소가 번져났으리라.

"지금 한미재단에서 벌여놓으신 일들이 있잖아요, 심장병어린이 돕기 운동 말이에요! 어디 그뿐인가요? 대학에 나가서 강의도 하시는 거예요. 시간강사 자리면 어때요? 어차피 돈이나 경력 때문이 아니라 당신이 좋아서 하는 일인데!"

"하지만…… 지금도 그 일은 하고 있는데?"

"아니에요, 그렇지 않아요. 지금 벌여놓고 계신 사업들 때문에 언제나 신경이 쓰이셔서 그 일에 전념할 수가 없으셨잖아요! 이제부터는 그러실 필요가 없어요. 그 일에 전념하시는 거예요. 그런 일들이야말로 당신이 하고 싶어 하시는 일이고 또, 당신이 이 세상 누구보다도 가장 잘하실 수 있는 일들이잖아요!"

켄의 얼굴에는 완연한 평화가 깃들어간다.

"정말…… 그래도 될까?"

"그럼요! 또 있어요. 아이들을 좀 돌봐주시는 거예요. 물론 지금도 잘 하고 계시지만 조금 더 신경을 써주시란 말이지요. 사실…… 난 그애들한테 언제나 빚을 지고 있는 느낌이에요. 명색이 엄마인데 제대로 얼굴을 마주할 시간도 없이 살고 있으니…… 당신이 육아문제와 교육문제를 전적으로 떠맡아 주신다면…… 그보다 더 좋은 일이 어디 있겠어요? 마침 아이들도 나보다는 당신을 더 따르니까…… 그게 저를 도와주시는 길이기도 해요."

켄의 얼굴에는 이제 고마움과 더불어 자신감이 넘쳐난다.

"정말이지 그런 일이라면 내가 자신이 있소!"

"그래요! 그런 일에는 당신이 최고잖아요!"

"오오, 조안!"

내 손을 꼭 움켜쥔 그의 손아귀에서 나는 사랑을 느꼈다. 내 눈과 한치도 어긋남이 없이 마주친 그의 눈동자에서 나는 사랑을 느꼈다. 그의 손아귀는 말하고 있었다. 당신이 나를 얼마나 사랑하고 있는지 느낄 수 있소. 그의 눈동자는 말하고 있었다. 당신을 끔찍이도 사랑하오.

이로써 생활의 가장 절박한 요구인 경제문제를 둘러싸고 있을 수 있었던 우리 두 사람 사이의 갈등과 번민은 깨끗이 해결되었다. 어떠한 실체적인 근거도 없이 그저 막연히 '남편은 돈을 벌어 와야 한다'고 생각하고 있었을 때부터 '나도 벌면 되지 뭐'로 발전했다가 결국에는 흔쾌히 '나만 벌면 어때?'에까지 도달하기에는 적지 않은 세월과 결코 녹록지 않은 내면의 갈등이 필요했던 것이 사실이다.

그러나 생각의 중심을 내가 아닌 상대방에게 두고, 그가 자신의 기질과 재능을 마음껏 발휘할 수 있는 분야가 무엇인가를 냉철히 따져서, 그로 하여금 자기 자신의 삶을 마음껏 살도록 '배려'해 주기로 마음먹는다면 그다지 어려운 일도 아니다. 일반적으로 '남편은 가장이고 가장은 경제를 책임진다'는 사실이 내게 도대체 무슨 상관인가? 나는 '일반적인' 남편과 결혼한 여자가 아니다. 나뿐만 아니라 그 어떤 여자도 '일반적인' 남편과 결혼하지 않는다. 중요한 것은 '나의' 남편이다. 그리고 그 남편은 특수하고 개별적이며 구체적인 존재이다.

만약 일반적인 통념에 기대어서만 사태를 바라본다면 문제는 심각해진다. 속된 말로 '저 치는 남편이라는 작자가 돈도 못 벌어 오고 도대체 뭐하는 거야!' 하는 식으로 생각하기 시작하면 그 갈등과 원망과 후회와 미움은 끝도 없이 확장될 뿐이다. 그 점은 상대방의 입장에서도 마찬가지이다. 켄이 만약 일반적인 통념에 비쳐 나를 바라본다면 '저 여자는 어떻게 마누라라는 게 도대체 집에 붙어 있길 하나 애들을 따뜻하게 보살피길 하나…… 뭐 제대로 하는 게 없어!' 하고 생각할 수도 있다는 이야기이다.

그러나 우리는 그렇게 하지 않았다. 생각의 중심을 상대방에게 맞추려고 노력했다. 상대방을 위해서 '배려'라고 불리는 사랑의 실천을 했다는 것이다. 상대방의 단점을 끌어안고 보듬어주는 대신 그의 장점을 칭찬하고 격려해 주는 것. 테이블 매너? 그게 좀 나쁘다고 해서 무슨 커다란 재앙이 닥치는 것도 아니다. 경제적 무능? 그게 뭐 어쨌다는 말인가? 대신 켄은 주체할 길 없이 넘쳐나는 사랑의 실천자이고 아이들의 둘도 없는 친구이자 스승이었으며 나에게는 더할 나위 없이 다정다감했던 남편이었다. 그것으로 충분하지 않은가?

내가 켄에 대한 배려로써 일반적인 남편들에게 부과되어 있는 경제적인 의무로부터의 해방을 선사했다는 사실을 가지고 우쭐할 생각은 추호도 없다. 겸양의 미덕을 발휘해서가 아니다. 내가 그에게 베풀었던 배려보다는 그가 나에게 베풀었던 배려가 너무도 크고 넓었기 때문이다. 만약 내가 비즈니스우먼으로서 조금이라도 성공했다고 할 수 있다면 그 성공의 절반 이상은 켄으로부터 연유된다. 이것은 조금도 과장이 아니다. 켄을 중심으로 한 가족들로부터의 절대적인 지지와 격려가 없었더라면 나는 그토록 미친듯이 일에 파묻혀 살 수는 없었을 것이다.

그는 나로 하여금 하고 있는 일에 자부심을 느끼도록 해주었다. 나뿐만 아니라 아이들에게도 그렇게 가르치곤 했다. 엄마가 하고 있는 일은 아주 중요한 일이야. 사회적인 의의도 아주 큰 일이란다. 물론 아주 어렵긴 하지만 엄마는 언제나 그 어려운 일을 잘 처리해 내곤 하지…… 그러면서 그는 두 눈을 또랑또랑 뜨고 바라보고 있는 아이들에게 (아마도 너무 복잡해서 잘 알아듣지도 못할 일들을) 꼼꼼하게 설명해 주곤 했다. 덕분에 아이들도 엄마를 무척 자랑스럽게 여겼고 그것이 내게 또다른 힘이 되어주곤 했다.

내가 너무도 정신없이 밀어닥치는 일들 때문에 제풀에 지쳐 자신감을 잃어갈 때면 그는 나보다도 더욱더 열을 내어 그 일의 중요성을 일깨워 줬고 용기를 북돋워 주곤 했다. 무슨 소리야? 당신은 이 세상에서 제일가는 비즈니스우먼이라구! 당신이 못 할 일은 이 세상에 없어! 당신은 틀림없이 잘 해낼 거라니까! 그렇게까지 말해주는데 내게 다른 선택의 길이 뭐 있겠는가? 그럼요, 해낼 거예요, 하면서 지친 몸을 추스려 세우는 수 밖에는.

그의 격려와 지원이 얼마나 굳건하고 드세었는가 하면, 때때로 주저앉아버리거나 엄살을 피우고 싶은 마음이 들더라도, 차마 그런 말을 입밖에 낼 수가 없어 차라리 그냥 이를 악물고 일에 다시 달라붙어버리는 게 낫겠다 싶을 지경이었다. 그런 뜻에서 말하건대 이 세상에는 저 혼자 단단해지는 강철은 없는 법이 아닌가 싶다.

나는 일기쓰기에는 꽤나 게으른 편이지만 일지쓰기에는 제법 열심이다. 나의 일을 시작하고 나서부터 계속된 일이니 어쩌면 '열심'이라는 표현보다는 그냥 '습관'이라고 부르는 것이 더 어울릴 것도 같다.

그 일지라는 것이 별것은 아니고 그저 그날 하루 해치워야 될 일들과 해치운 일들을 수첩 같은 것에 적어 놓은 것이다. 그 일지가 때때로 큰 도움이 된다. 깜빡 잊고 생활하기 쉬운 중장기 계획들이나 나의 실수로 그르친 일들을 되새겨 보는 데 아주 유효한 기제인 것이다.

작년에 ≪스물셋의 사랑 마흔아홉의 성공≫을 집필할 때도 그 일지들이 아주 요긴하게 사용되었다. 그런데 요즘 들어 지나간 세월의 윤곽선들이 일목요연하게 들여다보이는 그 일지들을 뒤적여 볼 때마다 어쩔 수 없이 젖어드는 느낌이 있다. 어떻게 이렇게 살 수가 있었을까? 무언가에 좀 씌어서 살아갔던 게 아닐까? 정말 해도 해도 너무 했구나…… 그런 느낌이다. 바로 그 일지에 흔적으로 남아 있는 나의 비즈니스 생활이라는 것이 너무도 빡빡하고 융통성 없게만 보여지는 까닭이다.

한 달이면 평균 열흘이 넘게 외박을 했다. 해외로 출장을 가거나 일이 밀려 집에 들어가지도 못하고 직장에서 밤샘작업을 했다는 뜻이다. 어떤 때는 내리 한 달 이상을 일본으로, 미국으로, 유럽으로 싸돌아다니며 일에 매달렸던 시절도 있었다.

조금 우스운 표현이 될지도 모르겠지만 내가 생각해 봐도 '참 이런 여자를 누가 데리고 살았나' 하는 탄식이 절로 나온다. 그때는 몰랐었다. 그때는 그렇게 사는 것이 당연하다고 느꼈었던 것 같다. 그러나 세월이 흘러 이제 와 뒤돌아보니…… 해도 해도 너무했다는 생각이 든다.

내가 그렇게 살 수 있었던 것은 내 남편이 다른 누구도 아닌 바로 켄이었기 때문이었다. 그는 언제나 활짝 웃는 낯으로 그 모든 것을 이해해 주었고 허용해 주었으며 격려해 주었다. 그러나 세월이 흘러 뒤늦게야 철이 들어서 하는 생각인데, 속으로는 조금쯤 서운해 하지 않으셨을까 싶다. 아니 어쩌면 많이 서운해 하셨을지도 모르겠다. 틀림없이 그랬을 것이다. 그러나 그럼에도 불구하고 그는 늘 그렇게 말했었다. 그럼! 다녀와야지, 비즈니스인데! 자, 집에는 내가 있으니까 아무 걱정말고 어서 다녀오도록 해요. 그러면 철없는 나는 언제나처럼 신바람이 나서 여행가방을 꾸리면서 즐거워 했다. 그래요, 금방 갔다올게요, 아이들 잘 좀 부탁해요!

내 기억 속의 그 '금방'은 그야말로 '금방'이었다. 그러나 일지 속의 그 '금방'은 한 달이면 열흘이었고 일 년이면 넉 달이었으니…… 이제 와서는 아무 소용도 없는 말이 되겠지만…… 가슴이 아프다.

내가 그에게 '경제적 의무로부터의 자유'를 선사해 주었다면 그는 나에게 '모든 자유'를 선사해 주었다. 내가 그에게 베푼 배려가 한 줄기 맑은 시냇물이었다면 그가 나에게 베푼 배려는 깊이를 알 수 없는 드넓은 바다였다. 그 바다가 너무도 넓고 아름다웠기 때문에 나는 마음껏 나의 일을 하고 나의 삶을 살 수 있었다. 그러나…… 사랑을 너무 흠뻑 받으면 오히려 응석만 느는 어린아이와도 같은 심정이랄까? 그가 조금 더 나를 통제해 주었더라면 오히려 더 낫지 않았을까 하는 생각도 가끔은 든다.

"켄? 저예요. 어쩌죠? 오늘도 너무 일이 밀려서……."

1980년대 초반의 어느 날이었다고 기억한다. 정신없이 일을 하다 보니 시계가 밤 열 시를 막 넘긴 것을 뒤늦게야 깨닫고 집으로 전화를 했다. 그런 전화를 해야 할 때의 미안한 마음이야 여느 아내들 못지 않았으리라.

"어디요? 아직도 회사요?"

"네, 밤을 꼬박 새워도 될까말까 해요. 그래서 드리는 말씀인데…… 내일 아침 일찍 브리핑을 해야 되니까 차라리 여기서 일을 하다가 그냥 회의장소로 직행하는 것이 시간상으로도 맞겠고 해서…… 저 그냥 여기서 일하다가 잠깐 눈붙이고…… 괜찮으시겠어요?"

묵직하고 깊은 한숨이 전화선을 통하여 전해져 왔다.

"…… 조안, 그렇게 일하다가는…… 건강을 잃어요."

"죄송해요, 하지만…… 이번 일은 어쩔 수가 없네요. 워낙 시일이 촉박한 상태에서 위임받은 일이라…… ."

"내가 그리로 가지."

"네?"

"조안은 일하고, 나는 조안 곁에서 그걸 지켜보다가 자겠소. 당신 화장품과 갈아입을 옷도 갖고 가리다. 뭐 다른 거 필요한 건 없소? 옷을 안 갈아입을 건가?"

나는 너무도 고맙고 미안해서 뭐라고 대답해야 될지를 알 수 없었다.

"아니에요, 그러실 필요까지 없어요. 집에 못 들어가는 것만도 미안한데 괜히 당신까지 편히 못주무시게…… ."

"조안, 무언가 착각하고 있는가 본데, 이건 나를 위해서 하는 일이오."

"네?"

그는 어느새 한숨 같은 것은 싹 가신 명랑한 음성으로 유쾌하게 말을 받았다.

"당신이 보고 싶어서 그러는 거야. 오늘 아침에 헤어진 다음에는 아직 한번도 못 봤잖소! 나는 그렇게 참을성이 강한 인간은 못 되는 모양이야, 하하하……."

그는 정말로 화장품과 옷을 챙겨가지고 나의 일터로 왔다. 그리고는 소파에 비스듬히 누워 내가 일하는 뒷모습을 지켜보다가 스르륵 잠이 들었다.

나는 밤을 꼬박 새워 일을 말끔하게 마무리짓고, 그가 가져다 준 화장품으로 새롭게 화장을 하고, 아침 회의장소에 어김없이 도착하여 성공적인 브리핑을 했다.

그리고는 두고두고 그 일을 잊지 못하여 친구들에게 자랑을 했다. 글쎄 내가 집에 못 들어간다고 전화를 하니까 아예 자기가 온 거 있지? 내 화장품까지 챙겨들고 말이야. 친구들은 부러워 했다. 일하는 아내를 이해해 주고 그것을 전적으로 밀어 주는 남편이란 모든 아내들의 꿈이기도 하다.

그러나…… 물론 이것은 지금에 와서야 드는 생각이지만…… 그것이 꼭 좋은 결과만을 낳았다고는 말할 수 없는 측면도 있다. 그 일이 있은 이후로 나에게서는 사업상 출장이나 외박을 해야만 할 때마다 느껴왔던 일말의 미안함 같은 감정들이 차츰차츰 사위어가게 되었으니까. 그리고 그 결과가 바로 저 일지가 말해 주듯 집에서 자는 날보다 밖에서 자는 날이 오히려 더 많은 기형적인 생활형태가 정착된 것이었으니까.

다시 한번 이야기하지만 이것은 사랑을 너무 많이 받고 자란 아이의 응석어린 투정이다. 만일 그 때 켄이 이렇게 반응했었으면 어땠을까 상상해 본다. 당신, 가정생활이 직장생활보다 하위에 속한다고는 생각하고 있지 않겠지? 밤을 새우고 외박을 해야만 처리할 수 있는 일이라면 그런 일은 맡지 않는 게 좋겠소. 해외출장을 가야만 하는 것이야 어쩔 수 없는 노릇이지만 회사에서 일을 하느라고 외박을 하는 경우란 만들지 맙시다. 들어오시오. 아니면 내가 차를 갖고 나가 당신을 태워오리다…… 그랬다면 어땠을까?

아마도 조금은 속상해 했겠고, 조금쯤은 실랑이도 벌였겠지만, 결국엔 그의 말을 좇아 집으로 들어왔을 것이다. 그리고 그렇게 하는 것이 우리들의 가정생활을 좀 더 윤택한 것으로 만들었을 것이다. 그러나…… 그는 그렇게 하지 않았고 나는 그런 일들을 당연하게 받아들이기 시작했다. 그의 배려가 너무도 크고 깊었던 '탓'이라고 해야 할까? 그럴 수는 없다. 내가 너무 어리고 자기중심적인 인간이었던 '탓'일 게다. 그러나 나는 내가 그런 인간이라는 사실조차 깨닫지 못하고 있었던 때이니 아무래도 그가 한마디쯤 더 해서 나를 통제해 주었더라면…… 그만두자. 흰 머리카락이 내비치는 여인이 응석을 부리자니 얼굴만 뜨거워질 뿐이다.

그는 나를 자기가 원하는 대로 조형하기를 거부했다. 그가 나 때문에 앓았을 가슴의 고통을 생각해 본다. 그가 나를 있는 그대로 받아들이고 나를 나로서 꽃피우도록 하기 위하여 쏟았을 노력에 대하여 생각해 본다. 나도 그를 내가 원하는 대로 조형하기를 거부했다.

내가 그이 때문에 앓았던 가슴의 고통을 되새겨 본다. 내가 그를 있는 그대로 받아들이고 그를 그로서 꽃피우도록 하기 위하여 쏟았던 노력에 대하여 가늠해 본다. 그 고통의 깊이와 노력의 크기가 사랑의 질량이다. 우리 두 사람이 갖고 있었던 사랑의 질량을 각각 양쪽 저울대 위에 올려 놓으면 천칭은 형편없이 기울어져 버린다. 그 기울음이 내 가슴을 아프게 한다. 언젠가 내가 이런 사실을 깨닫고 마음 아파할까 봐 걱정해서였을까? 그는 늘 이렇게 말했다.

"받는 사랑보다는 주는 사랑이 훨씬 더 행복한 법이라오."

만약 그렇다면 그는 이 세상의 그 누구보다도 많은 행복을 누렸던 사람이리라. 그러나 그렇게 생각을 고쳐먹는다 해도 때를 놓쳐 치유받을 수 없는 가슴아픔은 별로 누그러질 기세가 아니다.

나는 이렇게 이야기하고 싶다. 지금 누군가를 사랑하고 있는 사람들에게. 사랑하고 있다고요? 더 많이 사랑하세요. 당신이 받는 것보다 훨씬 더 많이. 그 사람의 입장이 되어 그 사람이 하고 있는 일을 훨씬 더 잘할 수 있도록 도와주세요. 뜨거운 가슴? 그런 것은 오래가지 못한답니다. 그 사람을 위한 배려에 온 힘을 쏟아 주세요. 아주 작은 배려라도 좋아요. 그 작은 배려들이야말로 사랑의 실체랍니다. 때로는 엄청난 질량으로 천칭을 기울여버리는. 그리고 사랑의 천칭이라는 시소에서는 낮은 쪽에 앉게 되는 것이 훨씬 더 편안하고 행복한 일이랍니다.

둘만의 시간을 가져라

바로 지금, 감사하고 기뻐하는 마음으로
당신들 둘만의 시간을 가지세요.
그럴 수 있는 시간이 무한정 남아 있는 것은 아니랍니다.

이른바 '연애'라는 것을 하고 있는 사람들에게는 이처럼 싱거운 말이 없을 것이다. 둘만의 시간을 가지라구? 그렇게 당연한 이야기를 왜 하나? 그렇지 않아도 둘만 있지 못해 안달복달을 해대는 것이 연인들인데.

연인들은 그렇다. 어떻게 해서든지 시간을 만들어내어 둘이 만난다. 만나서 무엇을 할 것인가는 그다지 문제가 되지 않는다. 그저 둘이 함께 있는 것만으로도 충분히 행복하니까. 어찌 할 수 없는 상황이 되어 여러 사람들 틈에 섞여 앉아 있어도 남들 몰래 눈길을 마주치는 것만으로 마냥 행복해지는 사람들이니 더이상 할 말도 없다.

그러나 연애가 사랑의 전부는 아닐 것이다. 이른바 '연애감정'이라는 것도 유통기한이 있다. 연애감정이라는 것은 사랑이라는 것이

포괄하고 있는 길고 변화무쌍한 과정들 중에서 매우 특이하게 빛을 발하는 하나의 과정일 뿐이다. 이 과정이 지나고 나면 결코 빛난다고는 할 수 없는 허름한 시간들이 사막처럼 펼쳐져 있다. 특히 결혼이라는 과정까지를 통과하고 난 사람들에게 있어서 그 사막은 따분할 만큼 지루하거나 자신도 모르는 사이에 망각해버릴 만큼 일상화되어버리기 십상이다.

이 글은 그런 사람들에게 조금이라도 도움이 될까 해서 씌어지고 있다. 감정도 대화도 지리하게 내리쬐는 태양빛에 질려 자꾸만 메말라 가는 사람들에게 나는 이야기한다. 둘만이 보낼 수 있는 시간을 가지세요, 라고.

가장 좋은 방법은 취미를 공유하는 것이다. 취미란 무엇인가? 의무가 아닌 일이고, 대가(특히 경제적인)를 바라는 일이 아니고, 그저 '좋아서' 하는 일이다. 그런 취미를 공유한다는 것은 대단히 중요한 일이다. 그 취미를 통하여 대화를 발전시킬 수 있고, 무언의 동의를 이끌어낼 수 있으며, 순수한 즐거움을 함께하는 기쁨을 나눌 수 있기 때문이다. 같은 취미를 가지고 있는 커플은 대단히 행복한 커플이다. 서로 다른 취미를 가지고 있었으나 이제부터는 함께할 수 있는 취미를 만들려고 노력하는 커플은 가상한 커플이다.

상대방의 취미생활에 대하여 몰이해와 경멸밖에 건네줄 것이 없는 커플은 불행한 커플이다(프로야구에 미친 남편과 그런 남편을 경멸하고 있는 아내의 경우를 상상해 보라). 그런 커플에 대해서는, 대단히 외람된 표현이 되겠지만, 애초부터 잘못된 경우라고밖에는 달리 할 말이 없다. 처음부터 취미를 공유하거나 공유하려고 노력할 수 있는 사람과 결합해야 한다(나는 취미의 공유 여부를 행복한 결혼조건의 핵심적인 항목들 중의 하나라고까지 생각하고 있는 사람이다).

일단 공유할 수만 있다면 그것이 어떤 종류의 취미이든 상관없다. 한가한 일요일 오전에 마루에 마주앉아 바둑을 즐기는 커플도 보기 좋고, 록 콘서트이든 오페라 무대이든 상관없이 공연만 있으면 신바람이 나 두 손을 맞잡고 달려가는 커플도 보기 좋다. 일요일만 되면 인사동 거리를 헤매이며 전시장 순례를 하는 커플도 아름답지만, 반짝이는 은륜 위에 몸을 신고 통일로를 달리는 커플도 아름답다. 무엇이건 좋다. 두 사람이 함께 그 일을 하는 것을 즐거워할 수 있다면 그 일을 함께하면서 그들은 생활의 압박으로부터 잠시 벗어나 '놀이'에 몰두하는 어린아이들처럼 기쁘고 달뜬 숨결을 내뿜을 수가 있는 것이다. 그러는 동안 서로에 대한 이해가 더욱 깊어지고 또다시 생활에 몰입할 수 있는 힘을 얻게 되는 것이다.

우리의 경우는 공유하고 있는 취미가 너무도 많았다. 지나칠 정도로 운이 좋았던 것이다. 아니, 어쩌면, 공유하고 있는 취미가 너무 많았기 때문에 서로를 사랑할 수 있게 되었는지도 모른다. 등산과 여행과 독서와 수영과 영화감상과…… 그 중의 어느것 하나를 함께하기에도 주말은 언제나 짧았고 그 짧은 여가들을 우리는 핥듯이 알뜰하게 공유했다. 사회생활을 하면서 어쩔 수 없이 받아야만하는 스트레스들을 속시원히 풀어버리는 시간이다.

그러나 스트레스는 외부로부터만 받는 것이 아니다. 자기 자신으로부터 받는 스트레스도 있고 가장 사랑하고 있는 사람과의 관계로부터 받는 스트레스도 있다. 아무리 상대방을 이해하려고 노력하고 그를 위해 배려한다 해도 끝끝내 어쩔 수 없는 감정의 앙금들이 뽀얗게 피어오르는 순간들이 있다. 이럴 경우, 우리의 경우에만 해당될지도 몰라 섣불리 일반화시키기에는 주저가 뒤따르지만, 내가 옳다 네가 옳네 따지고 드는 것은 그다지 현명한 방법이 아니다. 논리만으로는 감정을 설복시킬 수 없다. 그럴 때의 비상구이자 탈출구가 바로 취미이다.

"켄, 우리 이런 이야기는 그만두고……."

"산에나 갈까요?"

"어머, 어떻게 아셨어요?"

"하하하, 그걸 모르면 내가 조안의 남편이 아니게? 자, 갑시다!"

"어디로요?"

"북한산!"

"또 북한산이에요?"

"또 북한산이라니? 북한산에 루트가 얼마나 많은 줄 알아요? 내가 특별히 오늘을 위해서 개척해 둔 루트가 있지! 갑시다, 볼 만할 거요!"

그는 언제나 산행과 여행을 위해 철저히 준비해 두는 사람이었다. 완벽한 독도법으로 인도어 클라이밍을 마쳐 놓아 언제나 훌륭한 가이드 산행을 할 줄 알았고, 치밀한 사전조사로 여행의 즐거움을 배가시킬 줄 알았던 사람. 그를 따라 배낭을 짊어지고 산행에 오르면 답답하고 묵지근했던 가슴은 어느새 산바람에 슬슬 다 씻겨나가기 마련이다. 이마에 송글송글 땀이 맺히고 가쁜 숨이 단김을 토해낼 때면 도대체 언제 무슨 일을 가지고 그렇게 티격태격했던가 하는 것조차 까맣게 잊어버린다. 그리고 산을 내려올 때면 이미 가슴속에는 뿌듯함과 감사와 사랑이 넘쳐나 발갛게 상기된 얼굴 위로 평화가 내려앉아 있곤 했다.

독서도 마찬가지이다. 함께 같은 책을 읽고 그 책의 내용과 감상에 대하여 이야기를 나눈다는 것은 서로의 입장을 이해하는 데에는 물론이고 삶의 또 다른 지평, 더 넓은 지평을 바라보게 하는 데에도 절대적으로 좋은 영향을 끼친다. 우리의 경우에는 각자 책을 읽은 다음 토론하는 방법 이외에도 함께 같은 책을 들여다보면서 서로 번갈아가며 소리내어 책을 읽는 방법을 쓰기도 했다.

이럴 때는 단편이나 콩트 혹은 짤막한 에세이 같은 것들이 제격이다. 우리에게 가장 애용되었던 작가는 헤밍웨이(E. Hemingway)였다. 간결하고 드라이한 문체로 삶의 가장 내밀한 실존적 문제들을 솜씨 있게 다룬 작가로는 그만한 이가 없다는 것이 우리의 어설픈 문학평론가적 입장(?)이다.

"어떤 배경에서 진행되는 이야기인지 감이 잡히오?"

헤밍웨이의 명단편 〈흰코끼리 같은 언덕들(Hills like White Elephant)〉을 소리내어 읽은 다음에 펼쳐지는 이야기들이다.

"글쎄요…… 주인공인 이 두 남녀는 이별을 앞둔 애인들 같지 않아요?"

"그렇지? 헤어지자는 말은 한마디도 안 나왔지만 그런 느낌이 짙게 깔려 있지요? 남자가 모두가 잘 될 거야라는 말만 되풀이하는 것을 보면. 이 사람들…… 혹시 원치 않는 아이를 임신한 것이 아닐까?"

"사랑하기 때문에 정사를 나눴고 그래서 임신을 하기는 했지만 무언가 영 마뜩치 않은 분위기가 두 사람 사이를 가로막고 있어요. 그게 뭘까요? 결혼을 해서 보금자리를 만들기에는 경제적인 어려움이 있어서?"

"꼭 그런 실물경제적인 이유보다는 내면의 문제에서 찾아야 할 것 같소. 이 남자는 묶이기 싫어하는 남자 같고…… 또 딱히 이 여자만을 사랑해야 되겠다고 생각하고 있는 것 같지도 않잖소?"

"그래요, 여자도 그걸 또렷이 느끼고 있구요. 비록…… 아마도 자존심 때문에 그 사실을 털어놓지는 않지만. 대신 엉뚱한 화제를 찾아내서 그 대화 속에서 말꼬리를 잡고 늘어지는 거죠. 나, 이런 감정, 어떤 건지 알아요."

"하하하 날더러 들으라고 하는 소리 같구료? 조안도 그런 감정을 느낄 때가 있다고? 그게 어떤 때요? 내게 이야기해 주구료."

대화는 이런 식이다. 아이들이 잠든 다음 붉은 포도주 잔을 사이에 두고 시작한 독서와 대화는 이렇게 끝없이 이어진다. 하나의 예술작품에 대한 감상에서 시작한 토론은 그 주인공이 되어 감정이입으로 이어지기도 하고 전혀 엉뚱하게도 우리들 각자의 삶에 대한 이야기로 확장되기도 한다.

부부 사이에 이런 대화가 존재한다는 것은 매우 유익하고도 필수적이다. 상대방이 무엇을 어떻게 받아들이고 있는가, 특정문제에 대하여 반응할 때 더욱 도드라지게 나타나는 상대방의 개성은 어떤 것인가, 하는 문제에 관심을 갖게 되고 그 관심은 필연적으로 상대방에 대한 보다 깊은 이해로까지 나아가게 마련이다. 때로는 그때까지 몰랐던 상대방의 깊은 감수성에 감탄하게도 되고 때로는 빨리 해결할수록 좋은 묵은 오해들을 발견하게 되기도 한다.

대화의 부재는 부부 사이에 발생할 수 있는 최악의 상태에 대한 전주곡에 다름아니다. 어떠한 이슈라도 좋으니 공통의 이슈를 찾아내어 대화를 계속해야 한다. 그런 측면에서는 독서만큼 좋은 취미도 없다.

이쯤에서 이렇게 반문하시는 분들도 계실 것 같다. 좋지요, 같이 독서를 하고 산행을 하고…… 하지만 도대체 시간이 없는걸요. 애들 뒤치다꺼리하고 집안청소라도 한번 하고 나면 초죽음이 되는 게 우리의 살아가는 모습이에요. 독서토론은커녕 상대방이 요즘 뭐하고 사는지에 대해서조차 이야기를 나눌 시간이 없다구요.

그러나 노력하지 않아도 저절로 될 일이라면 굳이 이런 이야기를 꺼낼 필요가 어디 있겠는가? 아무리 바쁘더라도 '굳이' 시간을 내어 함께 노력해야 된다는 뜻이다.

켄의 경우는 주말을 철저히 즐기는 스타일이었다. 간혹 내가 직장에서 처리하지 못한 일거리를 집으로 가지고 들어오면 그는 그 일거리를 빼앗아버렸다. 그럴 때면 그의 그 부드러운 목소리에도 약간의 엄격함이 내비치기 마련이다.

"잊었어요, 조안? 주말의 조안은 내 꺼예요. 주말까지 조안을 일거리들에게 빼앗길 수는 없다구요. 자, 샤워나 하고 화장부터 지워요."

켄은 나의 화장한 얼굴을 그다지 좋아하지 않았다. 특별히 내가 화장하는 것을 싫어한 것이 아니라 그냥 모든 종류의 화장을 싫어했다. 천성적으로 자연주의자였던 사람에게는 그야말로 자연스러운 일이다. 그러나 비즈니스 상 많은 사람들을 대해야 하는 여자가 최소한의 화장조차 하지 않고 있다면 그 또한 실례가 된다. 그런 사정을 모를 리 없는 그는 주중에는 나의 화장에 대해서 아무런 언급도 하지 않았다. 대신 주말만은 예외였다. 주말만은 화장 안한 얼굴의 나와 함께 시간을 보내고 싶어했던 것이다. 그는 언제나 그것을 '자신의 권리'라고 이야기했다.

그러나 주말을 함께 보낸다고 해서 '둘만의 시간'을 갖게 되지는 않는다. 아이들 때문이다. 오랜만에 집에 있는 부모를 갖게 된 아이들은 그 동안 같이 안 놀아 준 것에 대한 앙갚음이라도 하려는 듯 살갑게 달라붙어 떨어지려 하지 않기가 일쑤이다. 그러니 어쩌면 좋은가? 켄의 해결책은 단도직입적이고 간단했다.

"성미야, 현미야! 오늘밤에는 아빠가 엄마하고 함께 다른 곳에 가서 자고 와야겠다."

"여행가시는 거예요?"

"아니, 여행은 아니고 그냥 하룻밤 호텔에서 묵고 올 생각이야."

"왜요?"

"엄마랑 단둘이 있고 싶어서."

"왜 단둘이 있고 싶은데요?"

"사랑하는 사람하고는 때때로 단둘이 있는 시간이 필요하단다."

"피! 그럼 우리는요?"

"성미야, 오늘 낮에는 아빠하고 단둘이서 그네를 손질했지? 그리고 현미, 저녁때 아빠하고 단둘이 산책을 했잖아. 엄마하고도 그런 시간이 필요하단다. 이해할 수 있겠니?"

"치! 무슨 얘긴진 알겠지만 그래도 같이 가고 싶은데…… ."

"안돼, 이건 엄마 아빠만의 권리야. 너도 나중에 사랑하는 사람이 생기면 그렇게 하렴. 그러니까 오늘은 할머니하고 놀다가 너희들끼리 자는 거야? 엄마하고 아빠는 내일 오후에 돌아올게."

매주 그럴 수는 없다. 그러나 적어도 계절에 한 번 이상은 그렇게 했다. 처음에는 입을 삐쭉거리며 앙탈을 부리던 아이들도 횟수를 거듭할수록 태도를 변화시켜 나갔다. 나중에는 제법 어른스럽게 '오늘 근사한 시간 보내고 오세요!' 하면서 손까지 흔들어 댔으니까.

그렇게 아이들 앞에서 두 사람이 사랑하고 있다는 것을 직접 보여주는 것도 나쁘지 않다. 아니 나쁘지 않은 정도가 아니라 아주 바람직한 것이라고 나는 생각한다. 자신들 앞에서 자연스럽게 포옹하고 키스를 나누는 부모들을 바라보며 자라나는 것이야말로 아이들의 정서를 안정시키는 데 커다란 역할을 한다는 것은 이미 오래 전에 증명된 학설이다.

때때로 우리가 아이들마저 제쳐놓고 집에서 탈출(?)하여 하룻밤쯤을 보내고 오던 곳은 다름아닌 워커힐이었다. 호텔 본관은 아니고 그 뒤편에 위치하고 있던 단독주택형의 빌라였는데 그곳이 이를테면 우리의 '단골 러브호텔'이었던 셈이다. 러브호텔에 들었다고 해서 꼭 사랑을 나누어야(make love) 되는 것은 아니다. 그저 둘만의 시간을 갖기 위해 꽉 짜여진 생활의 공간인 집을 떠나 어딘가에 와 있다는 것만으로도 분위기는 충분히 로맨틱해진다.

값싼 붉은 포도주 잔을 사이에 두고 도란도란 이야기를 나누는 것만으로도 그 옛날 서로에게 눈이 멀었던 연인시절로 되돌아갈 수 있다. 그런 둘만의 시간을 가지려는 노력이야말로 권태와 매너리즘에 빠지기 쉬운 부부생활에 활력을 보장해 준다.

그런 날 새벽이면 우리는 어김없이 호텔을 빠져나와 그 앞에 펼쳐져 있는 한강의 모래사장을 거닐곤 했다. 내가 채 스무 살도 되지 않았던 여대생 시절, 그가 한겨울의 새벽을 깨우며 나를 인도했던 바로 그 한강변의 모래사장을. 중년의 부부가 되어 다시 서로의 손을 꼭 잡고 되찾곤 했던 그 한강변의 모래사장은 여전히 아름다웠다. 아니, 그 동안 함께해 온 세월의 무게가 더해져서, 더욱더 아름다웠다. 더없이 로맨틱했던 그 시절을 회상하며 아무 말도 없이 그곳을 거니노라면 가슴 저 깊은 곳에서는 뿌듯함과 행복이 물결처럼 일렁인다.

그래, 조안. 벌써 10년도 더 전의 일이야. 그때는 어찌해야 좋을지 몰라 가슴만 태웠던 소녀가 이제는 두 딸을 둔 어머니가 됐네?

사랑과 성공은 기다리지 않는다

그때 네 손을 잡고 '내가 발견한 모래사장을 보여주겠다'며 이리로 데려다 준 바로 그 사람하고 부부가 되어서 말이야. 지나온 세월을 돌이켜보면 힘든 일도 많았지만…… 그래, 잘해 왔어! 너도 잘해 왔지만 지금 네 곁에 여전히 서 있는 이 사람도…… 잘 봐, 이제는 검은 머리카락보다도 흰 머리카락이 더 많아졌지만 아직도 이 사람 속에는 그때의 그 사랑하던 모습이 고스란히 다 남아 있잖아?

연애라는 것을 하고 있을 때에는 로맨틱해지지 않을 방법이 없다. 무슨 일을 하건 그 모든 것이 로맨틱하기 마련이다. 그러나 결혼하고 나서도 로맨틱해지기는 쉽지 않다. 생활에 쫓기고 일상에 눌려 그런 분위기를 만들어낼 엄두조차 못내고 살게 되는 것이다. 바로 그렇기 때문에 때때로 로맨틱해지려는 '노력'을 기울여야 한다. 그럴 때 과거의 로맨틱한 사건이 있었던 장소를 다시 찾아보는 것은 무척 훌륭한 방법이다. 로맨틱해지기가 힘들다면 로맨틱했던 상황을 함께 회고해 보기라도 해야 하는 것이다. 그런 노력이 두 사람 사이를 부드럽게 만든다. 그런 노력이 서로에 대한 사랑을 더욱 묵직하게 만들고 두텁게 만든다.

편지를 쓰는 것도 좋은 일이다. 아니, 편지를 쓰다니? 매일 같은 지붕 아래 같은 이불을 덮고 잠을 자며 살아가는 사람한테 무슨 편지를 써? 그러나 바로 그렇게들 생각하고 있기 때문에 같은 집에서 사는 사람으로부터 받는 편지는 감동적인 것이다.

켄은 워낙 편지쓰기를 좋아하는 사람이었다. 거의 매일이라고 해도 좋을 만큼 그는 늘 누군가에게 무엇인가를 썼다. 때로는 짤막한 엽서이기도 하고 때로는 장문의 편지가 되기도 한다. 그 중에는 결혼한 다음에 내게 보낸 것들도 꽤 많다. 어느 날 집에 돌아와 책상 위에 놓여져 있는 남편으로부터의 편지를 받아들 때의 그 신선한 감동이라니!

　그만큼 자주 하지는 못했고 길게 쓰지도 못했지만 나도 가끔씩은 편지를 썼다. 때로는 너무도 고마운 일이 있을 때 짤막한 메모의 형태로라도 내 마음을 글로 표현해 냉장고에 붙여놓기도 했다. 그렇게 하는 것이 그냥 말로 '너무 고마웠어요' 하는 것보다는 훨씬 더 깊은 감흥을 주기 마련이다.

　말은 빠르고 편하다. 글은 느리고 불편하다. 그러나 보다 더 묵직한 신뢰감을 주는 것은 글이다. 속상한 일이 있을 때도 면전에 대고 소리치는 것보다는 글로 옮기는 과정을 통하여 자신 속에서 한 번쯤은 걸러낸 다음 전달하는 것이 훨씬 더 효과적이다. 말로 했으면 감정을 상했을 일도 편지를 통해서 하면 간명하게 처리되어버리는 경우도 많다. 말로는 도저히 다 표현할 수 없을 것 같은 사랑과 감사와 격려의 이야기는 짤막한 엽서에 담아 전해주는 것이 제격이다.

　그런 편지는 직접 전해주기도 하지만 때때로 우체국을 통하여 멋지게 소인까지 찍힌 상태로 보내주기도 한다. 우리 집에서 씌어져 우체통에 들어갔다가 다시 배달부의 손에 의해 우리 집으로 되돌아오는 남편(아내)의 편지를 받아들 때의 그 기쁨!

　그런 편지는 보내는 사람도 즐겁다. 편지를 받아들 상대방의 모습을 상상해 보는 것만으로도 즐거워서 왜 아직도 우체부가 안 오나 하고 자꾸만 대문 밖을 기웃거리게 된다. 영락없이 자신의 유쾌한 장난에 깜짝 놀랄 상대방의 모습을 떠올리면서 내심 킬킬대고 있는 어린아이의 모습이다. 받는 사람의 즐거움은 말할 것도 없다. 편지를 쓰는 사람은 혼자가 아니다. 그는 상대방과 이야기를 나누고 있는 것이다. 편지를 읽는 사람도 혼자가 아니다. 편지를 쓰고 읽는 동안 오롯이 둘만의 시간을 갖는 것이다. 그렇게 가진 둘만의 시간이 생활을 윤택하게 한다.

그가 내 곁을 떠나간 지도 어언 10년…… 때때로 나는 그가 남겨 준 편지더미들 속을 부유해 다니면서 그와 함께했던 '둘만의 시간'의 추억들을 아쉽고 그리운 마음으로 더듬어본다.

하조대의 성난 파도와 대관령의 아스라했던 능선들…… 폭설에 갇혀 함께 보냈던 하얀 밤들과 캘리포니아의 눈부신 햇살들…….

내 가슴에 깊이 아로새겨져 있는 그 모든 추억의 사진들 속에는 언제나 그와 내가 함께 있다.

그리고 나는 뒤늦게야 깨닫는다. 우리가 함께했던 시간들만이 소중하게 남아 있음을. 오직 사랑하는 사람과 보낸 '둘만의 시간' 만이 삶을 아름답게 지탱해왔음을. 비즈니스에서의 성공은 다만 '업적' 일 뿐이다. 내 삶의 이력에서 그것이 차지하는 비중은 어쩌면 짤막한 한 줄의 문장 정도밖에 될 수 없는 것인지도 모른다. 그러나 사랑하는 사람과 함께했던 '둘만의 시간' 은 그 무엇으로도 치환될 수 없다. 겸허한 마음으로 삶은 아름답다고 말할 수 있게 하는 것은 그것뿐이다.

그와 함께 앉아 있던 청송대의 벽난로가 그립다. 조용하게 타오르던 그 불꽃들을 바라보고 있노라면 우리 둘 사이에는 아무런 말도 필요하지 않았었다. 그 따사로웠던 '침묵의 공유' 야말로 우리가 함께한 '둘만의 시간' 들 중에서도 가장 육중한 진실의 시간이었다.

내가 좋아하는 영화라는 이유만으로 몇 번이고 되풀이하여 〈모정(Love is a many splendored thing)〉을 함께 보아 주던 사람이 그립다. 업무에 치여 넋을 놓고 있을 때 불현듯 사무실로 찾아와 점심 데이트를 신청하던 사람이 그립다. 아무리 먼 곳에 떨어져 있더라도 '나를 사랑하는 사람이 어딘가에서 나를 기다리고 있다'는 뜨거운 소속감으로 나로 하여금 결코 '홀로 있는 시간'의 쓰라림을 맛보지 않아도 되도록 해주었던 사람이 그립다.

누리고 있을 때는 그 가치를 깨닫지 못하게 되는 경우가 많다. 언제나 얼굴을 맞대고 살아가면서도 그가 내게 얼마나 소중한 사람인가를 잊고 사는 경우도 많다.

나는 그런 이들에게 나직히 속삭이고 싶다. 둘만의 시간을 가지세요. 나중에는 그러고 싶어도 그럴 수 없는 때가 온답니다. 그러니 바로 지금, 감사하고 기뻐하는 마음으로, 당신들 둘만의 시간을 가지세요. 그럴 수 있는 시간이 무한정 남아 있는 것은 아니랍니다.

새장 속의 새

조안은 새[鳥]요. 새는 본질적으로 하늘에 속하는 존재라오.
우리의 사랑은 새장과도 같은 존재요.
단지 새장이 여기에 있다는 이유만으로 돌아와서는 안 된단 말이오.

8월 30일은 우리들의 결혼기념일이다. 매년 결혼기념일
이 돌아오면 우리들끼리 거행하는 일종의 작은 의식이 있
었다. 의식이라고 하기에는 너무 자그마하고 터져나오려는 밝은 웃
음을 억지로 삼키느라 다소 장난스러운 면도 있었지만, 어찌 되었
건 그렇게 하고 있는 서로의 속마음을 깊이 들여다 보노라면 자못
엄숙해지기까지 하는 우리들만의 의식이었다.

정장이랄 것은 없지만 그래도 깨끗하고 단정한 옷으로 갈아입는
다. 일부러 시간을 따로 내어 조용하고 분위기 있는 레스토랑에서
마주앉는다. 켄이 등 뒤에 감추고 있던 장미꽃 한 송이를 꺼내어 들
고는 그것을 내게로 건네주며 정중하게 묻는다.

"조안, 나와 다시 결혼해 주겠소?"

나의 대답은 물론 정해져 있다. 그러나 너무 쉽게 대답하면 재미

가 없다. 나는 이 기회에 요모조모 따져 봐야 되겠다는 듯 고개를 갸우뚱거리기도 하고 눈을 지그시 감고 생각에 잠겨 있는 시늉도 조금은 낸 다음 활짝 웃으며 대답한다.

"좋아요, 신사님. 당신의 청혼을 받아들이죠!"

켄은 마치 뜻밖에 행운을 세례받기라도 한 듯 한껏 과장된 몸짓으로 기쁨을 표시한다.

"오오, 고맙소, 조안!"

이번엔 내 차례다.

"켄, 저를 아내로 맞아주시겠어요?"

켄의 시위(?)는 언제나 익살스럽고 정답다. 그는, 마치 예전에 그랬던 것처럼, 일생일대의 결단이라도 내리려는 사람처럼 자못 진지한 표정으로 골똘해 있다가 이내 크게 고개를 끄덕거린다.

"아내로 맞아들일 여자란…… 가장 사랑하는 여자, 아니 유일하게 사랑하는 여자여야 하는데 나에겐 그게 마침 당신이구료. 좋아요, 조안! 기꺼이 당신을 아내로 맞아들이리다!"

그가 나를 선택해 주지 않으면 어쩌나 하는 조마조마한 표정을 지어 보이고 있던 내가 환희에 젖은 얼굴로 즐거워하며 그의 볼에 따뜻한 감사의 키스를 보내는 것은 그때이다. 그것으로 우리의 즐거운 의식은 끝이 난다. 남은 것은 맛있는 요리를 먹으며 즐겁게 이야기를 나누는 것이다. 물론 우리의 심장처럼 맑고 붉은 빛을 발하는 포도주 잔을 사이에 놓고서.

가볍게 생각한다면 그저 익살스러운 장난에 불과할 뿐이다. 그러나 매년 연례행사처럼 치르는 이 의식을 우리는 그저 '가볍게'만 생각하지 않는다. 그 의식은 깊고도 우아한 진실 위에 피어난 아름다운 꽃이다. 그 진실이란 무엇인가? 우리가 함께 생활하는 것은 결코 결혼했기 때문만은 아니라는 것이다. 우리가 함께 생활하는 것은 사랑하기 때문이다. 그 사랑은 매순간 서로에게 주어져 있는 무한한 자유 속에서 어렵게 어렵게 선택된 것이어야 한다. 제도에 얽매여 마지못해 이어져가는 사랑이 아니라, 광활한 자유의 한가운데에서 마음속으로부터 우러나온 것일 뿐 아니라 언제나 끊임없이 새로 만들어져가는 사랑이어야 한다는 것이다.

천주교의 혼배성사에서는 사랑의 의무를 맹세하도록 한다. 성부와 성자와 성신 앞에서 지금 내 곁에 서 있는 이 남자(여자)만을 죽을 때까지 사랑하겠다는 맹세를 하도록 하는 것이다. 하느님을 앞에 두고 한 성스럽고도 아름다운 약속이다. 그 약속을 지키지 못하는 것, 즉 이혼을 하는 것은 그래서 교회로부터 인정받지 못한다. 인정받지 못하는 것이 아니라 아예 용납받지 못하는 것이다. 그러나 따지고 보면, 그러한 맹세의 과정이 정규의식 속에 들어 있다 안 들어 있다의 차이가 있을 뿐이지, 모든 결혼식 자체가 맹세의 형식을 띠고 있는 것이 사실이다.

문제는 이 극히 성스럽고도 아름다운 약속이 때로는 도저히 견딜 수 없는 굴레요 멍에가 되어 고통을 불러온다는 사실이다. 편견 없는 눈으로 우리의 주변을 둘러 보자.

너무도 맞지 않는 배우자와의 생활을 지속해나가느라 밭은 신음을 토해내고 있는 사람들이 얼마나 많은가? 그렇게 살고 있는 사람들의 부부관계에 대해서 우리는 무어라고 말해야 옳은가? 어찌 되었건 사랑의 맹세를 지키면서 결혼생활을 계속하고 있으니 가상하다고 해야 할 것인가? 아무리 괴로울지라도 부부관계는 부부관계이니 계속 그렇게 살아가야 한다고 해야 할 것인가?

사랑을 발전시키기 위해선 물론 노력이 필요하다. 그것도 자신이 할 수 있는 최대한의 노력이. 그러나 아무리 노력해도 결코 건너뛸 수 없는 끔찍한 심연이 둘 사이에 가로놓여져 있는 사람들도 있다. 그리고 그 심연이 두 사람의 삶을 피폐시키고 견딜 수 없는 고통만을 안겨 준다면…… 차라리 헤어지는 것이 낫다. 역설적으로 들릴지 모르지만 그렇게 하는 것이 오히려 서로를 사랑하는 길이 될 수도 있는 것이다. 헤어져 각자의 삶을 살아가는 것이 서로를 위하여 훨씬 더 바람직한 일일 수도 있다는 것이다.

켄 역시 이 문제에 대해서는, 그 누구보다도 독실한 카톨릭 신자였음에도 불구하고, 언제나 그렇게 말했었다. 의무로서의 사랑? 그것은 이미 사랑이 아니에요. 사랑은 권리여야죠, 아름다운 권리. 가슴에서 우러나와 흔쾌히 베풀 수 있는 사랑이 아니라면 그것은 이미 위선이에요.

어찌 보면 위험한 생각일 수도 있다. 그러나 그 '위험'은 모든 자유에 부과되는 필연의 그림자이기도 하다. 그리고 오직 자유의지 위에 기초해 있는 사랑만이 진실하고 아름답다.

제도에 얽매여 강요받고 채찍질 당하여 쥐어짜야 하는 사랑이라면 그것은 이미 사랑이 아닌 것이다. 진정 '위험한' 상태는 차라리 그런 것이다. 서로에 대한 긴장감도 성실함도 없이 그저 빛바랜 일상의 굴레와 의무만으로 서로를 대하는 것. 그러한 과정이 깊어지면 깊어질수록 대화는 단절되고 두 사람 간의 감정적 갭(gap)은 건잡을 수 없이 커진다. 결혼했으니까 혹은 남편이니까 혹은 마누라니까 모든 것을 나태하게 받아들이고 또 그것을 당연하게 누리려 드는 것은 다른 그 무엇보다도 치열한 노력이 요구되는 사랑에 대한 명백한 직무유기이다. 그리고 그 직무유기야말로 결혼생활에 대한 치명적인 위험이다.

"조안, 나는 언제라도 조안을 떠나보낼 준비가 되어 있소. 당신이 떠나야 되겠다고 생각한다면 언제라도 훨훨 날아가구료."

켄이 잊을 만하면 한 번씩 되뇌이곤 하던 말이다. 내가 제일 듣기 싫어했던 말이기도 하다. 그러나 가슴저미도록 아름다운 진실이 살아 숨쉬고 있는 말이다. 그것이 과연 나이 차이가 많이 나는 젊은 아내를 둔 연로한 남편이었기 때문에 했던 말이었을까? 나는 그렇게 생각하지 않는다. 진정한 사랑이 무엇인지를 깨달은 사람이 자신 있게 내뱉은 축복의 말이다.

"조안은 새〔鳥〕요. 새는 본질적으로 하늘에 속하는 존재라오. 어디든 날아갈 수 있소. 그것이 새의 본질이오. 우리의 사랑은…… 조안이 돌아와 쉬었다 가곤 하는 새장과도 같은 존재요. 그 새장이 결코 구속이 되어서는 안 되오. 언제나, 매일매일, 돌아올 마음이 내켜서 돌아오는 것이어야지, 단지 새장이 여기에 있다는 이유만으로 돌아와서는 안 된단 말이오."

나는 언제나 우리의 새장이 있는 곳으로 돌아왔다. 그러나 그것은 제도 때문도 아니고 구속 때문도 아니었다. 오직 사랑 때문이었다. 내가 새라면 그 또한 새이다. 그 역시 본질적으로 하늘에 속하는 존재인 것이다.

우리는 상대방이 언제라도 서로에게서 날아갈까봐 상대방에 대한 배려와 사랑의 노력을 게을리 하지 않았다. 그가 내게 쏟아주는 배려와 사랑을 결코 당연한 것으로 받아들이지 않았다. 상대방에 대한 몸가짐과 마음의 자세를 흐트러뜨리지 않으려 노력했다. 언제나 깨어 있어 그의 말 한마디 손짓 하나에도 감격하고 감사하고 행복하려고 노력했다. 그리고 그러한 노력이 있었기 때문에 그 새장은 보금자리였을 뿐 결코 구속의 족쇄가 드리워진 감옥이 아니었

사랑과 성공은 기다리지 않는다

다.

　보금자리란 아름다운 곳이다. 그리고 그곳이 진정 아름다운 곳이려면 그 보금자리의 문은 언제나 활짝 열려져 있는 상태이어야 한다. 그래야 그곳에 살고 있는 새가 자유롭게 비상할 수 있고 쉬러오는 새가 새의 본성을 잃지 않은 채 살아갈 수 있다.

　그곳에 살고 있는 새는 언제나 새록새록 샘솟아오르는 사랑을 위해 노력을 멈추지 않을 것이다. 문을 밖에서 굳게 닫아버린 새장은 더이상 아름다운 보금자리일 수 없으며 그런 새장 속에 갇혀 있는 새는 이미 새가 아닌 것이다.

하지 말아라와 한번 해봐라

그래, 그것 참 멋진 생각이구나!
어디 네 생각대로 한번 해보렴! 네 힘껏 한번 부딪쳐 보는 거야!

파리에 정착한 현미로부터 국제전화가 걸려온 것은 때마침 한 고객과 비즈니스 상담을 하고 있을 때였다. 보통의 경우라면 아무리 급박한 내용의 통화라고 할지라도 고객을 앞에 앉혀둔 채 사적인 전화를 받아들이지 않는다.

그러나 그 때 내 앞에 앉아 있던 사람은 고객이라기보다는 차라리 친구에 가까운 여성사업가였다. 그녀 또한 현미를 잘 알고 있고 그 소식을 궁금하게 여기던 차라 나는 그녀에게 양해를 구하고 수화기를 들었다.

"응, 현미니? 전화 바꿨다. 나야, 엄마."

"엄마? 잘 들려요? 여기 파리예요. 미안해요, 콜렉트콜로 걸었어요!"

"하하하, 그건 괜찮다! 네가 아직은 주머니사정이 형편없을 테니 그래, 머물 곳은 정했니?"

"네! 아주 작은 방인데…… 왜 뉴욕에 있는 스튜디오 같은 곳 있잖아요? 작긴 하지만 썩 마음에 들어요. 햇볕도 잘 들고 교통도 편하고 아주 운이 좋았어요!"

"야! 파리에서 햇볕 잘들고 교통 편한 스튜디오를 얻었다…… 정말 스타트가 아주 좋구나! 학교관계 일들은 좀 알아봤니?"

"지금 알아보고 있는 중인데, 조만간 결정이 날 것 같아요. 결정되면 다시 전화드릴게요!"

"아니, 얘, 벌써 끊을려구? 너, 나한테 무슨 할 말 있어서 건 거 아니야?"

"무슨 할 말이요?"

그렇게 되묻는 현미의 음성에는 순수한 의아함만이 묻어 있었을 뿐이다.

"뭐 가령…… 구조신호(S.O.S)를 보낸다든가…… ."

"어머, 절대 아니에요! 아직은 몇 달 동안은 생활할 돈도 있고 그 돈이 다 떨어지기 전에 일자리를 구할 거니까 그 문제는 걱정하지 않으셔도 돼요. 이건 순전히 안부전화라구요. 피, 엄만 내가 돈문제로 전화 걸었을 거라고 생각하시는 거예요? 나 그렇게 허술한 아이가 아니라구요!"

"아무렴! 넌 잘해낼 거야, 엄만 그렇게 믿어!"

대답은 그렇게 했지만, 그리고 너무도 대견스러워 가슴이 뿌듯했지만, 조금쯤 서운한 느낌이 드는 것은 어찌 해볼 수가 없었다. 그러나 어찌하랴? 그렇게 살아가도록 가르친 것이 다름아닌 바로 나인 것을!

"엄마, 통화가 너무 길어졌네요. 그만 끊을게요. 엄마, 사랑해!"

"그래, 엄마도 널 사랑한단다!"

"안녕!"

"그래, 건강해라!"

통화는 그렇게 끝났다. 현미는 너무 길어졌다고 이야기했지만 내게는 너무 짧은 통화였다. 그러나 나보다도 그 통화 내용을 더 짧게 느낀 것은 아마도 내 친구였던 모양이다. 그녀는 염탐이라도 하듯 통화 내용에 바짝 신경을 쓰고 있더니 내가 수화기를 놓자마자 대뜸 물어보기 시작했다.

"아니, 애, 무슨 모녀 간의 통화가 그렇게 짧니? 서로 못 본 지가 얼마나 됐는데?"

"글쎄 말이다, 그애가 아마 콜렉트콜이라 미안했던 모양이지 뭐."

"으이구, 그 에미에 그 딸이다! 그건 그렇고, 아니, 파리? 파리는 또 왜 갔어? 현미 그애 이제 대학교 졸업하지 않았어?"

"졸업했지, 그런데 공부를 더 하고 싶대. 이태리에서 영화공부를 하다가 아예 그쪽으로 쑥 빠져버린 모양이야."

"파리에…… 현미 돌봐 줄 만한 사람이 누가 있어?"

"없어. 내가 누굴 좀 소개시켜 주겠다고 해도 그냥 막무가내야. 자기 혼자 부딪쳐 볼 테니까 엄만 나서지 말라는데 내가 어떻게 하니? 그 녀석 말도 안 통하는 나라에 가서 뭘 어쩌겠다는 건지……."

"아니 그러니까 좀 말리지 그랬어? 현미처럼 그렇게 예쁜 처녀애가 혼자 말도 안 통하고 아는 사람도 하나 없는 파리에 가서…… 뭐, 영화를 공부해? 걔는 젊어서 그렇다치고 너라도 좀 나서서 말렸어야 되는 거 아니니? 걔가 파리에 가겠다는 거, 너하고 미리 상의도 안 했어?"

"상의야 했지."

"그래서 뭐라고 그랬어?"

"그랬어, 그래 어디 니 뜻대로 한번 해봐라!"

그 친구가 나를 잔뜩 흘겨 보며 내 팔을 꼬집어 댄 것은 그때였다.

"으이구! 으이구! 넌 걱정할 자격도 없어! 니가 그렇게 대답해 놓고 이제 와서 누굴 탓하니?"

물론 그 친구가 나를 꾸짖느라고 한 말이다. 그러나 에누리 없는 사실이기도 하다. 나는 그렇게 대답했었다. 그래, 한번 해보렴. 비단 대학을 졸업하고 파리로 옮겨 공부를 계속하겠다는 포부에 대해서만 그렇게 대답했던 것만도 아니다.

나는 언제나 그렇게 대답해 왔었다. 그래, 한번 해보렴. 걱정이 되지 않는 것은 아니다. 이 세상의 어느 어미가 딸자식을 저 홀로 타국에 떨구어 놓고 싶겠는가? 언제나 가슴속에 응어리처럼 남아 때로는 이러다 결석(結石)이라도 되는 거 아닌가 하는 생각마저 들 지경이다. 밀려드는 숱한 상념과 걱정들로 뒤척이다가 밤을 꼬박 새워버리는 날들도 적지 않았다. 그러나 후회하지는 않는다. 지금도 여전히 아이들은 그렇게 길러야 된다고 생각한다. 그래야 그 아이들이 꿈과 용기와 자신감을 갖고 자기만의 후회 없는 삶을 마음 껏 구가할 수 있다. 비록 뒤에 남겨진 부모의 가슴에는 어쩌지도 못할 피멍이 드는 한이 있더라도 말이다.

하지 말라고 말하는 대신 한번 해보라고 말하는 일의 역사는 아주 길고도 깊다. 그것은 아이들이 이 세상에 막 태어났을 때부터 우리 부부가 유지해 왔던 교육의 원칙이다. 그 목적은 단 하나이다. 삶을 직접 체험하게 만드는 것. 꿈과 용기와 자신감을 갖게 하는 것. 그것을 위해서는 때로 그 아이들이 약간의 위험에 처하게 되는 것도 감수해왔다. 그리고 그 덕분에 그 아이들의 할머니, 그러니까 나의 어머니와 무던히도 많이 싸웠다. 아니, 싸웠다는 표현은 옳지 않다. 그 아이들의 부모인 켄과 내가 자신들이 세운 교육의 원칙을 관철시키는 일에 있어서는 조금도 양보하려 들지 않았기 때문이다. 그런 까닭에 가슴앓이는 언제나 어머니의 몫이었다. 그래서 다음과 같은 우습기 짝이 없는 대화가 우리 집에서는 하루도 끊일 날이 없었다.

"애, 조안, 네가 네 서방한테 말 좀 해주렴."

"무슨 말이요?"

"애들한테 하지 말라는 얘기 좀 하라고."

"네? 뭘 하지 말라고 얘기하라는 거예요?"

"뭐긴 뭐야? 다지! 이건 뭐 하지 말라는 게 있어야지, 뭘 하겠다고 해도 그냥 오냐 오냐…… 나무에 기어올라가겠다고 해도 오냐 오냐, 마당에다가 텐트를 치고 그 안에 들어가 자겠다고 해도 오냐 오냐…… 이래 가지고서야 어디 뭐가 제대로 되겠냐? 애들은 맨날 흙투성이에다가 겁도 없고……."

"하하하, 아니 엄마, 그래서 안 될 건 또 뭐예요? 그냥 내버려두 세요, 다 자기들이 알아서 할 거예요."

"아니, 저 꼬맹이들이 알긴 뭘 알아? 할 일 못 할 일을 구분해 줘 야지! 그러지 말고 니가 좀 얘기를 하라니까?"

"하지 말라는 얘기를 하라구요? 그런 우스운 말이 어디 있어요? 이제 엄마도 그 얘기 좀 그만하세요, 그런다고 말 들을 것도 아니란 거, 뻔히 아시면서 왜 맨날 그 얘기예요?"

"아이고, 맨날 너희들이 그래 한번 해봐라, 해봐라, 그러기만 하니까 그렇지! 두고봐라, 이러다가 내가 속병나서 앓나 안 앓나!"

언제나 똑같은 내용의 말들이었다.

아이들이 새로 사온 텐트를 보고는 환호성을 지른다. 여름방학이나 되어야 쓸 기회가 오겠지만 아이들은 그때까지 기다릴 수가 없다. 아이들이 마당에 텐트를 치고 놀자고 아빠를 조른다. 할머니는 그래서는 안 된다고 막아선다. 아니 멀쩡한 마당에다가 왜 쇠못(팩)을 치고 천막을 친단 말이냐? 마당에서 뒹굴다가 옷이나 다 버리려고!

켄은 활짝 웃으며 대답한다. 마당에다가 텐트를 쳐? 야, 거 참 재미있겠다! 우리 당장 그렇게 해보자! 그리고 결과는? 마당에 텐트가 쳐진다. 그리고 아이들과 켄은 아예 집에 들어올 생각을 하지 않는다. 집 앞 마당에서는 아이들의 깔깔거리는 웃음소리와 켄의 허허거리는 웃음소리가 끝없이 울려퍼지고 결국엔 그들 모두 그 텐트 안에서 야영을 하는 것으로 끝을 맺는다.

아이들이 목욕탕에서 욕조에 물을 받아 놓고는 물장난을 친다. 할머니가 깜짝 놀라 야단을 친다. 아니 얘들아, 이게 무슨 짓들이야, 썩 나오지 못해? 그 옷 다 물에 젖잖아! 아이고, 아이고, 저것 봐라! 선반에 있는 거 다 흐트러진다! 그러나 아이들은 계속 깔깔거리며 물장난치기를 그치지 않는다.

역부족이 된 할머니가 켄에게 구원을 요청한다. 이 사람아, 쟤네들 저 짓 좀 그만하라고 그러게! 켄은 욕실을 들여다보고는 함박웃음을 터뜨린다. 야, 재미있겠는데? 나도 같이 할까? 우리 아예 옷을 홀랑 벗고 하는 게 어때? 켄은 옷을 홀랑 벗고 들어가서 두 딸아이와 함께 물장난을 친다(이쯤에서 할머니는 혀를 끌끌 차며 돌아서버리기 마련이다). 그리고 물장난의 끝은? 켄이 이렇게 말한다.

애들아, 우리 이왕 비누거품도 이렇게 냈으니 다 함께 목욕탕 청소나 하는 게 어때? 아이들이 환호성을 지른다. 좋아요, 아빠! 우리 같이 신나게 목욕탕 청소해요!

아직도 꼬맹이인 성미가 계란 프라이를 자신이 해보겠다고 떼를 쓴다. 할머니는 화들짝 놀라 완강하게 고개를 가로저으며 막아선다. 큰일날 소리! 너, 저 가스가 얼마나 무서운 건 줄 알아? 게다가 넌 아직 키도 안 닿잖아. 또, 프라이 하다가 기름이라도 튀어서 데면 어떻게 할라고 그래? 정 먹고 싶으면 이 할미가 해줄게.

나는 그러나 할머니를 막아서며 성미에게 이야기한다. 정말 네가 해보고 싶니? 그럼 한번 해보렴. 든든한 원군을 거느리게 된 성미는 자신만만한 표정으로 부엌의 프로판 가스 앞에 의자를 갖다 놓고 올라서는 제가 직접 계란 프라이를 한다. 물론 솜씨는 엉망이다(당연한 일 아닌가?). 할머니 말대로 식용유가 튀어 팔뚝에 가벼운 화상을 입기도 한다(좀 그러면 어떤가?). 그러나 어찌 되었건 계란 프라이는 완성된다. 성미는 이제 직접 계란 프라이를 해 먹을 수 있는 어린이가 된 것이다(장하다! 고등학생이 되어도 제 손으로 라면 하나 끓여 먹을 줄 모르는 한심한 아이들이 얼마나 많은가?).

물론 이러한 시도가 언제나 성공리에 끝나는 것은 아니다. 때로는 실패를 맛볼 수도 있다. 그러나 그것은 값진 실패이다. 교훈을 남기는 실패라면 그 또한 성공이라고 볼 수도 있다.

한번은 성미가 집 앞의 나무에 올라가겠다고 떼를 쓴 적이 있었다. 성미의 팔로는 한 아름이 훨씬 넘어서는 나무였다. 그 높이도 만만치가 않아 꼭대기를 올려다 보려면 고개를 잔뜩 뒤로 제쳐야만 될 정도였다.

"이 나무에? 그건 아주 위험한 일인데?"

사랑과 성공은 기다리지 않는다

"그래도요, 아빠! 난 꼭 올라가 보고 싶단 말이에요!"

켄은 안달이 나 몸이 달아오른 성미를 한동안 물끄러미 바라보더니 역시 예의 그 대답을 들려주었다.

"그래? 그럼 한번 해보렴."

아빠의 허락에 신이 난 성미는 곧장 나무에 달라붙어 기어오르기 시작했다. 가지를 부여잡고 낑낑거리며 기어오르고 있는 성미의 모습은 흡사 다람쥐 같았다. 그때까지도 코흘리개 어린아이였으니 몸무게도 얼마 나가지 않았으리라.

그러나 어찌되었건 그애는 우리 모두가 기대했던 것보다 훨씬 더 잘 올라갔다. 그애가 팔과 다리를 재게 놀리는 동안 내심으로 꽤나 걱정이 되었을 아빠는 혹시라도 떨어지면 받으려고 그 커다란 팔을 더욱 크게 벌린 채로 받쳐 서 있었던 것은 물론이다. 이윽고 거의 3미터 가까이 나무에 기어오른 성미는 스스로도 자신의 업적(?)이 대견스러웠던지 날아갈듯한 목소리로 신이 나서 외쳤다.

"봐요, 아빠, 나 해냈잖아요!"

"그래, 정말 훌륭했다! 이제는 그만 올라가고 내려올 거니?"

"네, 금방 내려갈게요."

그러나 그것이 쉽지 않았다. 올라갈 때는 시야가 트여 어렵지 않았으나 내려올 때는 자신의 몸뚱어리 때문에 시야가 가로막혔던 탓에 어디에다가 발을 디뎌야 할지를 잘 알 수 없었던 것이다. 디딜 곳을 찾지 못한 성미의 두 다리가 허공에서 버둥거렸다. 매달려 있는 시간이 길어지자 힘이 빠져버린 두 팔은 자꾸만 미끄러져 내리기 시작했다. 그제야 자신이 위험한 상황에 처해 있다는 것을 깨달은 성미가 잔뜩 겁먹은 목소리로 울먹이기 시작했다.

"아빠, 어떻게 해, 내려 갈 수가 없어!"

"왼쪽 발을 조금만 더 내려봐, 그렇지, 그렇지! 자, 겁먹을 거 없어. 침착해야 돼!"

"왼쪽 발? 어, 어, 잘 안 돼…… 어어? 아아악!"

울상이 되어 그렇게 버둥거리던 성미는 기어코 나무에서 떨어져 버렸다. 물론 크게 다치지는 않았다. 기다리고 있던 켄이 그 커다란 두 팔로 사뿐히 받아 냈기 때문이다. 그래도 예뻤던 손과 솜털이 보송보송했던 얼굴에 약간의 찰과상을 입는 전과(?)로부터는 자유로울 수 없었다. 그러나 그 상처는 아무것도 아니다. 아빠의 품에 안긴 성미는 상처 때문이 아니라 두려움과 안도감 때문에 한동안 엉엉 소리내어 울고야 말았다. 갑작스럽게 이러지도 저러지도 못하는 상황에 처하게 되어 잔뜩 겁을 집어먹고는 두려움에 떨다가 결국엔 울음을 터뜨려버린 것이다.

켄은 빙긋 웃는 낯으로 성미의 등을 도닥거려 주다가 그 울음이 그치기를 기다려 조용조용 이야기를 들려 주었다.

"우리 용감한 공주님께서 어쩌다 이렇게 되었지?"

"……"

"만약 아빠가 밑에서 받아 주지 않았으면 얼마나 많이 다쳤겠어? 그렇지?"

"……"

"나무에 올라가는 것은 잘못이 아니야. 하지만 올라가는 것만 생각하고 내려올 것에 대해서는 아무 생각도 하지 않은 것은 잘못이란다. 오르막이 있으면 반드시 내리막도 있어. 언제나 그 두 가지를 다 생각해 봐야 되는 거야. 네가 언제라도 깡총 뛰어내릴 수 있는 높이라면 올라가도 좋아. 하지만 그 이상이 되면 곤란해. 내려올 대책을 세워 놓지 않고 그 이상으로 올라가는 것은 아주 바보 같은 짓이란다. 알았지?"

"…… 네."

"앞으로도 아빠 없을 때 저 나무에 혼자 올라갈 거니?"

"아니요, 안 그럴게요."

혼자 나무에 오르는 위험한 일을 하지 않도록 만드는 가장 좋은 방법은 그것이 위험하다는 사실을 실제로 체험하도록 하는 일이다. 그저 단순히 하지 말라고 윽박질러서는 오히려 역효과가 난다. 끝내는 아무도 몰래 저 혼자 올라가서는 큰 사고를 낼 테니까. 프라이팬이 뜨거운 줄도 모르고 자꾸만 손을 대려고 하는 어린아이의 버릇을 가르치는 가장 좋은 방법은 그 프라이팬에 살짝 손을 대보도록 내버려두는 것이다. 그래야 그 뜨거움을 알게 되고 다시는 그런 짓을 하려 들지 않을 테니까.

담배를 피우지 말라고 하는 것도 마찬가지. 아이들이란 하지 말라는 짓일수록 더 하고 싶어하는 법이다. 담배를 피우면 안된다는 말만 귀에 못이 박히도록 듣고 자란 아이들은 언젠가는 부모 몰래 숨어서 담배를 피우게 되기 마련이다. 그보다는 차라리 공개적으로 한 번 피워 보라고 하는 것이 훨씬 낫다. 얼굴이 시뻘개져서 금방이라도 숨이 넘어갈 듯이 콜록콜록대다가는 그 담배를 멀찌감치로 집어던지고 말 테니까(물론 아이에 따라서는 흡연을 아주 즐거운 것으로 받아들일 수도 있다. 그렇다고 해도 그것은 좋은 일이다. 어차피 담배를 피우게 될 것이라면 부모 앞에서 배우는 것이 훨씬 더 낫다는 뜻이다. 음주의 경우도 마찬가지이다. 부모 앞에서 술을 배운 사람은 아주 깨끗하고 세련된 주도(酒道)를 익히기 마련이 아닌가?).

그러지 말아라, 너 그렇게 안 하면 혼난다, 그 따위 말도 안되는 소리는 아예 입밖에도 내지 말아라. 이렇게 언제나 부정형(negative)의 명령만을 받고 자란 아이들이 진취적인 기상을 지니게 되리라고 생각한다면 참으로 어이없는 바람이다. 하지 말라는 소리만 듣고 자란 아이들은 매사에 자신감이 없고 남들의 눈치를 살피며, 그저 주어진 선 안에서만 안주하려고 든다.

반면 한번 그렇게 해보렴, 어떻게 그런 기발한 생각을 다 했니? 너 정말 용감하구나. 이렇게 언제나 긍정형(affirmative)의 격려만을 들으며 자란 아이들은 다르다. 그들은 새로운 것과 부딪치는 일을 두려워하기는커녕 즐거워하고, 어떤 일에 대해서건 자신의 견해를 당당하게 펼치며, 주어진 선을 용감하게 넘어서 나아가 하늘 높이 날아오른다. 생각해 보면 너무나 당연한 일이다. 콩 심은 데 콩 나고 팥 심은 데 팥 나는 법 아닌가?

그렇게 자라난 아이들은 너무도 자신감에 넘치고 독립심이 강해 때때로 부모의 가슴을 철렁 내려앉게 만들기도 한다. 성미와 현미 두 아이 모두가 그랬다. 특히 현미는 고등학교를 졸업하자 대학에 진학하지 않겠다고 해서 나를 깜짝 놀라게 만들었던 적도 있다.

"아니 그게 무슨 얘기니, 대학엘 안 가겠다니?"

"왜 꼭 대학엘 진학해야 되는지를 모르겠어요. 또, 설령 진학한다고 해도, 그보다는 먼저 사회생활을 해봐야 할 것 같아요. 뭐 대학 가는 게 그렇게 급한 일은 아니잖아요?"

"글쎄, 그거야 그렇지만…… 그래서? 사회생활을 해본다면 무슨……?"

"일본에 갈 생각이에요."

"일본? 왜 하필이면 일본이니? 일본에 가서 뭘 할려고?"

"무언가 내가 할 수 있는 일이 있겠지요. 일본은 전에부터 한 번쯤 가보고 싶었던 나라예요. 거기 가서 아르바이트 같은 거라도 하면서 일본어나 좀 익혀 볼 계획이에요. 엄마 생각은 어때요?"

"일본에…… 누구 아는 사람은 있니?"

"아니요, 없어요. 하지만 어떻게든 해나갈 거예요. 엄마는 내 생각이 영 마음에 안 드시나 봐요? 대답을 미루고 자꾸 다른 이야기를 하시는 걸 보면?"

나는 현미의 재촉에도 불구하고 한동안 그애의 맑은 눈동자만을 물끄러미 바라보면서 대답을 미루고만 있었다. 그애보다 먼저 내가 겁을 먹고 있었던 것이다. 영어를 사용하고 있는 나라이기만 해도 조금쯤은 마음이 놓일 텐데 하필이면 일본이라니…… 가슴은 답답했고 머릿속에는 뿌연 안개가 피어오르고 있었다. 그러나 나는 곧 마음을 다잡아 먹었다. 현미의 인생은 현미의 인생이다. 내가 그 길을 가로막아서는 안 된다. 나는 애써 미소를 머금은 얼굴을 해보이면서 이렇게 대답했다.

"아니야, 그럴 리가 있니? 멋진 생각인 거 같구나. 어디 그렇게 한번 해보렴!"

현미는 정말 혼자서 일본으로 갔다. 맙소사, 고등학교를 막 졸업한 열여덟 살짜리 계집애가 아는 사람 하나 없고 말도 안 통하는 일본 땅에 혼자 발을 내디딘 것이다!

그러나, 결론부터 말하자면, 그애는 그곳에서 모든 것을 잘 해냈다. 엄마인 나조차도 내심 감탄의 눈빛으로 그애를 다시 바라보지 않을 수 없을 만큼. 그애는 정말 일자리를 잡아 자신의 용돈을 해결했고, 하숙집과 어학원을 오가며 열심히 일본어를 익혔으며, 자신이 걸어가야 할 삶의 행로를 스스로 발견해 내고는 어엿한 개선장군이 되어서 돌아왔던 것이다. 일본에서 꼬박 일 년을 보낸 다음 그애는 내게 이야기했었다.

"엄마, 나 대학에 가기로 결심했어요. 학과도 결정했구요. 미국의 브라운 대학으로 진학해서 미술을 전공하고 싶어요."

나의 대답은 언제나 같다.

"그래? 잘 생각했다, 그렇게 하렴."

미국에서 열심히 대학생활을 해나가던 현미는 3학년이 되자 이태리의 한 대학에 교환학생으로 가기 위하여 시험을 봤다. 그리고 그 시험에 합격했다. 합격소식을 알리는 현미의 목소리는 눈부셨다. 꿈과 용기와 자신감으로 가득찬 아름다운 아가씨의 목소리였다.

"엄마, 나 몇 주 후면 이태리로 가요. 너무너무 가고 싶었던 곳이에요. 가서 여기에서는 못 한 공부, 실컷 할게요!"

내가 들려줄 것은 이미 허락이 아니라 축복이었을 뿐이다.

"축하한다, 현미야!"

그 이태리에서 보낸 일 년 동안 현미를 사로잡은 것은 영화였다. 그애는 그 동안 알뜰하게 모아온 전재산(!)을 자신의 소형영화를 제작하는 데 몽땅 쏟아붓고도 즐거워서 어찌 해야 좋을지를 몰랐다. 피에르 파올로 파졸리니(Pier Paolo Pasolini)에게 바치는 영화였다. 이태리에서 그애의 영혼을 사로잡은 영화는 결국 그애의 발길을 파리로 돌리게 만들었다. 미국에서 대학을 졸업하자마자 영화공부를 계속하기 위해서 프랑스로 날아가게 된 것이다.

"…… 그런데 너 불어는 좀 할 줄 아니?"

"아니요, 하지만 배우면 되죠, 뭐!"

"그래…… 말 배우랴 공부하랴 아르바이트하랴…… 힘들겠구나."

사랑과 성공은 기다리지 않는다

"아니에요, 힘들긴요? 전 벌써부터 파리로 가 영화공부를 할 생각을 하면 너무너무 신이 나서 힘이 막 솟구치는걸요? 어때요, 엄마, 나 파리로 유학가는 거 찬성하시는 거죠?"

내가 뭐라고 대답할 수 있겠는가?

"그럼, 물론이지! 네 힘 닿는 데까지 열심히 해보렴!"

아이들을 너무 바깥으로만 내돌린다고 흉을 보는 사람도 있다. 아이들이 너무 제멋대로만 살도록 내버려둔다고 타박하는 사람도 있다.

그러나 나는 생각이 다르다. 그 아이들이 바깥으로만 돌아다닌다고 생각한다면 그 생각의 주체는 누구인가? 바로 나다. 부모다. 그 아이들을 주체로 생각한다면 그것은 이미 '바깥'이 아니다. 그것은 그 아이들 자신의 삶의 '중심'인 것이다. 그 아이들은 이 넓은 세상을 제 집처럼 여기고 용감하게 살아가고 있는 것이다. 제멋대로 살아간다고? 그것이 뭐가 나쁜가? 올바르고 성실하게만 살아간다면 제멋대로 사는 것처럼 멋진 일이 또 어디 있단 말인가?

나는 내 아이들을 믿는다. 그들은 무엇이 옳고 그른지를 안다. 옳은 일을 지지하고 그릇된 일에는 반기를 들기 위하여 때로는 자신의 존재 전체를 걸고 싸워야 된다는 것도 안다. 나는 믿는다. 그 아이들은 잘 해낼 것이다.

아이들이 그렇게 세상 무서운 줄 모르고 앞으로 앞으로만 나가는 것은 모두 다 부모인 우리들이 그렇게 가르쳤기 때문이라고 말하는 사람도 있다. 하지 말란 소리는 한 번도 안하는 대신 언제나 그렇게 한번 해보라고 부추겨온 탓이라는 것이다.

나도 생각한다. 그러나 '탓'이라고 생각하지 않고 대신 '덕'이라고 생각한다. 세상 무서운 줄 모르고 앞으로 앞으로만 달려가는 것

이 왜 잘못인가? 너나없이 '세계화'를 부르짖는 요즈음, 우리에게
정말 필요한 것은 바로 그렇게 진취적인 기상을 가진 젊은이들이
아닌가? 현미만 해도 그렇다. 그애는 지금 모국어인 우리말 못지않
게 영어와 일어와 이태리어를 자유자재로 구사한다. 외국어를 배우
는 데 있어서 남다른 재능을 보이는 그애는 조만간 불어 역시 멋지
게 구사할 것이다. 무려 5개 국어를 자유자재로 구사하는 스물세 살
짜리 아가씨…… 멋지지 않은가? 나는 굳게 믿는다. 누가 뭐라고
해도 다가올 21세기는 바로 그런 아이들이 주역으로 활동할 시대가
될 것이라고.

　내가 믿는 것이 하나 더 있다. 언젠가는 나도 할머니가 될 것이
다. 성미와 현미가 결혼을 해서 아이를 낳게 될 테니까. 그러나 나
는 할머니가 되어서도 나의 손자들과 손녀들에게 여전히 이렇게 이
야기하고 있을 것이다.

　그래, 그것 참 멋진 생각이구나! 어디 네 생각대로 한번 해보렴!
네 힘껏 한번 부딪쳐 보는 거야!

대화보다 좋은 교육은 없다

아이들 교육에서 가장 관건이 되는 과제로서
'대화'를 꼽을 수 있는 부모라면 '아이들의 가장 좋은 친구'라는
영예로운 지위(?)를 차지할 수도 있으리라 믿는다.

"어쩜, 아이들이 저렇게 밝고 구김살이 없죠? 참 보기 좋아요. 무슨…… 아이들 교육에 대한 비법 같은 것 갖고 계신 것 아니에요? 그런 거 있으면 저희들한테도 좀 가르쳐 주세요."

켄이 주변사람들에게 늘상 듣곤 했던 질문들 중의 하나이다. 사실 그런 질문들이 쏟아질 만도 했다. 누가 보더라도 그는 아이들의 좋은 아빠였고 가장 훌륭한 친구였으며 또 그 자신은 교육학 논문으로 박사학위를 받았던 사람이기도 했으니까. 그러나 남들에게는 자못 심각했었을 수도 있을 그런 질문을 받을 때마다 켄이 되돌려 주곤 했던 대답은 언제나 너무 싱거울 정도로 간명한 것이었다.

"비법이요? 그런 거 없어요. 그저 대화를 많이 나누는 거예요. 그게 가장 중요해요. 대화보다 더 좋은 교육은 없으니까."

대답은 그렇게 했지만 아이들 교육에 관한 한 몇 가지 원칙들이 없을 수 없다. 그 중의 하나는 언제나 자신의 공간을 유지하면서 때때로 그 중심에 서서 자신을 돌아보는 기회를 가지도록 해야 한다는 것이다(엄밀히 말하여 이것은 아이들 교육에만 해당하는 이야기는 아니다). 여기서의 '공간(space)'이란 물론 물리적인 차원에서의 공간이 아니다. 정신적인 혹은 심리적인 차원의 것이다.

그런 공간과 자기응시의 시간을 가질 수 있어야만 세파에 휩쓸려 자신을 잃어버리는 경우를 당하지 않게 된다. 아이들 교육에 대한 이야기를 하면서 '세파에 휩쓸려 자신을 잃어버리게 되는 경우'를 거론하다니 조금 우스운 느낌도 들지만 반드시 그렇지만도 않다.

언젠가 현미가 국민학교에 다니고 있을 때 맞게 된 생일날이었다. 친구들을 잔뜩 초대하여 왁자지껄한 파티를 벌이고 있었는데 웬일인지 어느 순간부터 현미가 보이지 않는 것이 아닌가?

걱정이 된 나는 흥에 겨워 놀고 있는 친구들이 눈치채지 못하도록 조심스러운 몸짓으로 이방 저방을 기웃거리며 현미를 찾았다.

결국 그 아이를 찾아낸 것은 다름 아닌 이층에 있는 제 방이었다. 그 아이는 제 방의 책상 앞에 혼자 앉아 천연덕스러운 표정으로 책을 뒤적거리고 있다.

"아니, 너 여기서 뭐하고 있니?"

"응, 너무 시끄러워서 잠시 쉬고 있어요."

"그랬구나…… 하지만 네가 친구들을 초대해 놓고 너만 혼자 네 방에 와서 쉰다면 뭔가 조금 잘못된 것이 아닐까?"

"알아요, 그래서 잠깐만 쉬고 있는 거예요. 아이들이 너무 많고, 또 제각각 떠들어대니까…… 내가 도대체 뭘 하고 있는지를 알 수가 없어서. 걱정하지 마세요, 금방 내려갈게요."

생일날 친구집에 초대되어 와서 왁자지껄 제멋대로 떠들어대고 있는 아이들도 '세파' 라면 세파이다. 그 세파에 너무 휩쓸리다 보면 자기 자신을 잃게 된다. 그렇게 되지 않기 위하여 그 아이는 물리적인 공간인 제 방으로 물러나 자신을 응시하는 시간을 보내고 있었던 것이다.

솔직히 말해서 그때 나는 조금은 놀랐었다. 이제 이 아이가 어른이 되어가는 것인가 하는 생각도 들고 그런 그 아이의 모습이 한껏 대견스럽기도 했다. 그리고 그런 태도가 앞으로 그애 자신의 인생을 살아나가는 데 아주 커다란 버팀목으로 작용할 수 있게 되기를 진심으로 바랐다.

아이들에게 무엇인가를 권유하고 싶을 때 자기 스스로 먼저 아이들 앞에서 그것을 행하는 것도 켄의 중요한 교육원칙들 중의 하나였다. 아주 당연한 이야기이지만 그만큼 지키기가 어려운 이야기기도 하다.

자신은 맨날 텔레비전만 들여다보고 앉아 있으면서 아이들에게는 책 좀 읽으라고 윽박지르는 부모들이 우리 주변에는 얼마나 많은가? 아이들이란 어른의 거울이다. 옷을 벗어 아무 데나 내던져 놓는 부모의 모습을 바라보면서 자란 아이들이 그들의 옷을 어떻게 정리할지는 묻지 않아도 자명한 일이다.

켄은 아이들에게 지시하는 대신 자신이 먼저 그 아이들 앞에서 실천했다. 말로 하는 것보다는 직접 보여주는 것이 훨씬 더 효율적인 교육이라는 것이 켄의 지론이었다. 켄은 그래서 아이들 앞에서 잡초를 뽑았고, 아이들 앞에서 설거지를 했으며, 아이들 앞에서 책을 읽었다.

우리들 네 식구가 모처럼 마루에 모여 앉아 각자 책을 읽을 때의 모습은 정말 가관(?)이다. 부모들이 늘 책읽는 모습을 보여주면서 살았으니 아이들 역시 책읽기를 좋아하게 된 것은 당연한 일이다. 문제는 거기에다가 덧붙여 아이들 모두가 '자신만의 심리적 공간'을 유지하는 법마저 체득하고 있었다는 데 있다. 덕분에 각자 자신의 소파나 의자에 앉아 자신만의 독서삼매경에 빠져들고 있기 때문에 네 명의 식구가 모두 모여 있음에도 불구하고 마루는 더없이 풍요로운 정적 속에 차분히 가라앉게 된다. 그것은 아름다운 풍경이었다. 유익한 저녁나절이었다.

다만 할머니의 입장에서 보면 조금은 기이하고 못마땅한 풍경이었을 수도 있다. 나의 어머니는 우리가 그런 모습으로 앉아 있을 때마다 잔뜩 볼멘소리로 불평을 털어놓곤 하셨던 것이다.

"아니, 도대체 너희들은 어쩌면 그렇게 재미가 없냐? 모처럼 온 식구가 다 모여 앉았으면 과일이라도 깎아 먹으면서 얘기를 좀 하든가 노래라도 좀 부르든가 하지, 원, 각자 제 책이나 하나씩 끼고 앉아서는 묵묵부답이니…… 쯧쯧!"

이런 종류의 자그마한 원칙들은 무수히 많다. 그러나 그런 것들 중에서도 가장 중요한 원칙을 꼽으라면 역시 '대화'를 꼽을 수밖에 없다. 아이들과 끊임없이 격의 없는 대화를 나누는 것, 그것은 하지 말라고 말하는 대신 한번 해보라고 말하는 것과 더불어서, 켄이 정한 아이들 교육의 양대원칙이었다. 이때 켄이 이야기하는 '대화'의 수준과 범위는 가히 타의 추종을 불허한다. 어떤 면에서는 '파격적'이라고도 볼 수 있을 정도였으니까.

성미가 국민학교에 다니고 있었을 즈음이라고 기억한다. 그때도 우리 식구는 마루에 둘러앉아, 아니 정확히 말하면 각자의 의자에 따로 앉아, 자기 나름대로의 읽을거리를 뒤적거리고 있었는데, 때마침 켄이 읽고 있던 〈타임〉지가 화근이 되었다.

성미가 그 표지를 물끄러미 쳐다보더니 거기에 커다란 글씨로 씌어 있는 '낙태'라는 것에 관심을 가지게 되었던 것이다.

"아빠, 어보션(abortion)이 뭐야?"

아마도 그 주의 〈타임〉지에서 특집으로 다루고 있었던 것이 낙태 문제였던 모양이다. 나는 성미가 또랑또랑한 눈망울로 아빠의 대답을 기다리고 있는 것을 바라보면서 옅은 현기증 같은 것을 느꼈다. 맙소사, 뭐라고 대답을 해줘야 한담? 그러나 켄은 빙긋 웃으며 나하고 눈을 한 번 맞추더니 주저없이 대답하는 것이었다.

"응, 어보션이라는 건 '낙태'라는 뜻이야."

"낙태가 뭔데?"

할머니가 흠, 흠! 큰 기침을 하면서 끼어들었다.

"넌 아직 몰라도 돼, 나중에 크면 물어 봐."

켄은 그러나 어머니의 얼버무리려는 시도를 점잖게 물리쳐버렸다.

"아니에요, 어머니. 그게 어떤 것인지 자세하게 이야기를 해주면 성미도 이해할 수 있을 거예요. 그렇지 성미야?"

"글쎄, 그게 뭔데? 빨리 얘기해 줘, 아빠."

"그래, 낙태라는 것은, 음, 임신이 성립되어서 자궁 안에 들어 있는 태아를 강제로 떼어내는 걸 가리켜서 하는 말이야."

"임신?"

"임신이라는 건 남자하고 여자하고 서로 사랑하게 되면 정사를 하게 된단다. 정사를 하게 되면 남자의 성기로부터는 정자라는 것이 나오고 여자의 성기로부터는 난자라는 것이 나오게 되는데 말이지…… 그 두 개가 서로 결합하게 됐을 때 그걸 임신했다고 하지."

사랑과 성공은 기다리지 않는다

89

"정사(make love)? 사랑을 만든단 말이야?"

더는 그 자리를 지키고 앉아 계실 수 없었던 어머니가 슬그머니 부엌 쪽으로 빠져나가신 것은 그즈음이다. 나는 그때까지도 어떻게 대응해야 좋을지를 알 수 없었다. 나 역시 자리를 비켜버리자니 너무 비겁한 것 같았고 그렇다고 켄처럼 아무렇지도 않은 표정으로 앉아 있기에는 얼굴이 이미 너무 달아 있었던 것이다. 그러거나 말거나 켄의 이야기는 계속되었다. 아이들도 점점 더 그 이야기에 깊숙이 빠져들고 있었다. 자못 진지한 얼굴로 귀를 바짝 세우고는 가끔씩은 고개를 갸웃거리기도 하고 또 가끔씩은 고개를 끄덕거리기도 하면서 켄과의 '대화' 속으로 한없이 빠져들어가고만 있었던 것이다.

결국 '어보션'이라는 하나의 단어를 화두삼아 시작된 그날의 대화는 무려 두 시간도 넘게 진행되었다. 그 두 시간 동안 켄은 아이들이 던지는 모든 질문들 하나하나에 더없이 '진지하고 성실한' 대답을 해줬다. 덕분에 대화는 자연히 성교육으로 이어졌다. 그러나 그런 정도에서 끝난 것도 아니다. 화제가 끝없이 확장되고 고양되어 결국에는 사랑의 도덕적 차원이니 피임에 대한 교단의 입장이니 하는 철학적 문제까지도 거론하는 수준에까지 이르게 되었다. 그것은 누가 보기에도 예순을 넘긴 아빠와 이제 갓 열살을 넘긴 딸아이와의 대화가 아니었다. 대등한 두 성인들끼리의 대화도 그보다 더 진지할 수는 없었으리라.

"…… 그런데도 불구하고 지금 사회에서는 이 낙태라는 것이 아주 큰 문제가 되고 있단다. 왜? 도덕적으로 있어서는 안 되는 일인데도 실제로는 자꾸만 반복되어 일어나고 있으니까. 그래서 이번호 〈타임〉지에서 이 문제를 특집으로 다루고 있는 거야. 알겠니?"

"응, 알 것 같아요."

"그래, 그럼 다음에 또 이야기하고 이젠 좀 쉬자구나. 자, 공주님들, 이제 씻고 너희들 방으로 가야지?"

"알았어. 아빠, 엄마, 안녕히 주무세요!"

"그래, 좋은 꿈들 꿔라."

아이들이 자기들 방으로 사라지자 내가 물었다.

"아니 켄, 지금 당신이 한 이야기들을 쟤네들이 제대로 이해할 수 있을 거라고 생각해요?"

"물론 다 이해할 수는 없을 거요. 하지만 지금 당장 저 애들이 이해하건 못 하건 그건 중요한 게 아니오. 문제는 내가 얼마나 성심성의껏 저 애들과의 대화에 임했느냐는 거지요."

"아니 이해하지 못한다면 그게 무슨 소용이 있어요? 더구나 정사니 낙태니 하는 그런 민감한 문제를 그렇게 다 사실대로 털어놓아버리면…… 정말 그래도 되는 거예요? 고작해야 이제 열 살밖에 안 된 어린애들한테?"

"어떻게 아이가 태어나게 되는지에 대해서는 쟤들도 이제 이해한 것 같아요. 그것만 해도 훌륭한 성과 아니오? 덕분에 아주 자연스럽게 성교육을 해줄 수 있게 되었으니까. 물론 그 이외의 다른 문제들…… 이를테면 정사에 따르는 사회적 책임이니 순결의 문제니 낙태문제에 대한 우리 천주교단측의 입장이니 하는 문제는 속속들이 다 이해하지는 못했을 거요. 하지만 언젠가는 이해하게 될 테고 그때 오늘 내가 한 이야기가 큰 도움이 될 거요. 또, 사실은 그것보다도 이것이 가장 중요한데, 뭐냐하면 내가 그애들을 완벽한 하나의 인격체로 대해주고 있구나, 하는 생각을 갖게 되었으리라는 거요."

사랑과 성공은 기다리지 않는다

"완벽한 하나의 인격체로 대해 준다……."

"그래요, 그게 중요한 거요. 저애들이 어리다고 무시하거나, 거짓말을 둘러대거나, 짐짓 얼버무려 화제를 돌려버리려 든다면 그건 이미 '대화'가 아닌 거요. 아, 이 사람이 나를 진지하게 받아들이고 있구나, 너무 어려워서 무슨 말인지는 잘 모르겠지만 어쨌든 이 사람은 무언가 아주 중요한 진실을 내게 말하려고 하는구나, 이런 느낌을 갖도록 하는 것이 중요하다는 말이오. 만약 성미하고 현미가 오늘 나하고 나눈 대화를 통해서 그런 느낌을 갖게 됐다면 그것만으로도 충분히 가치 있는 일이었소."

무언가 커다란 깨달음이라도 얻게 된 것 같은 느낌이었다. 그렇다, 대화의 가치를 결정하는 것은 그 대화 속에서 사용된 단어들의 지적 수준이 아니다. 대화를 나누고 있는 두 사람이 얼마나 마음을 열어놓고 있으며 그 대화에 진지하게 임하고 있는가가 보다 더 중요하다. 대화는 지식의 전달만을 위해서 존재하는 것이 아니다. 그것은 두 사람 간의 사랑과 신뢰를 더욱더 두텁게 하는 데에도 기여할 수 있는 것이어야 한다. 그렇다면 부모와 자식 간에 마음을 터놓은 격의 없는 대화를 나누는 것보다 더욱 좋은 교육이 있을 수 있을까? 없다. 적어도 영어단어를 하나 더 외우게 하고 수학공식을 하나 더 암기하게 하는 것만이 교육의 전부라고 생각하지만 않는다면 말이다.

돌이켜 생각해 보면 켄은 언제나 아이들과 대화를 나누고 있었다. 심지어 태어난 지 얼마 되지도 않아 입도 제대로 못떼는 아이에게도 켄은 언제나 도란도란 이야기를 해주곤 했던 기억이 난다. 아가야, 미안하구나. 오늘은 아빠가 약속이 있어서 밤이 아주 늦어서야 들어올 것 같아. 아빠는 물론 너와 함께 있는 시간이 제일 좋아.

하지만 세상에는 피할 수 없는 약속이라는 것도 참 많단다. 그러니 오늘만큼은 네가 좀 이해해 주렴…….

하긴 백일도 채 안 지난 아이에게도 그토록 진지하게 이야기를 건네는 사람이었으니 열 살된 딸아이와 낙태문제에 대해서 두 시간 동안 토론을 벌였다고 해서 이상할 것도 없다. 켄은 정말 그렇게 믿고 있는 것 같았다. 지금 당장은 내가 하는 이야기를 다 알아듣지 못할지라도 언젠가는 이해하게 될 것이며 그때는 지금의 이 이야기가 큰 도움이 될 것이라고 말이다. 과학적으로 증명할 수는 없다. 그러나 증명되지 않으면 또 어떤가? 그런 대화야말로 사랑의 또 다른 이름인 것을.

피치 못할 사정으로 아이들에게 매를 들어야 될 경우가 되어도 켄은 언제나 대화를 앞세웠다. 버럭 화를 내며 회초리를 휘두르는 대신(사실 그것은 아이를 위하여 매를 드는 것이 아니라 자신의 화를 풀기 위하여 매를 드는 것에 지나지 않는다) 차분한 목소리로 아이들에게 매를 들 수밖에 없는 이유를 알아듣기 쉽게 설명해 주는 것이다.

그래서 이제부터 아빠가 너한테 매를 때릴 거야. 이건 아빠가 너를 미워하기 때문이 아니라 사랑하기 때문이란다. 아빠가 무슨 말을 하고 있는지 잘 알겠니? 아이가 눈물이 그렁그렁해진 얼굴로나마 고개를 끄덕이면 그제야 매를 든다. 그리고는 아주 절제된 동작으로 매를 때리고 나선 아이를 와락 껴안고 같이 울어버린다. 그것이 켄의 방식이었다. 매를 들어야 하는 경우에조차 먼저 마음을 터놓은 대화로서 충분히 그 뜻을 서로 공유하는 것.

아이들이 미국에서 중고등학교를 다니게 되자 켄은 편지를 썼다. 마주보고 하는 대화를 못 하게 되었으니 편지쓰기로 그 빈 공간을

사랑과 성공은 기다리지 않는다

채우려고 했던 것이다. 그는 거의 매일이라고 해도 좋을 만큼 아이들에게 편지를 자주 썼다.

그렇게 주고 받는 편지를 통하여 우리는 우리의 아이들이 지금 어떤 생각을 하고 있는지, 무슨 걱정을 하고 있는지, 진심으로 갈망하고 있는 것은 무엇인지를 알 수 있었다. 어떤 남학생에게 반하고 있는지를 알고 그에 적합한 접근방식을 코치(?)해 줄 수가 있었다. 어떤 록그룹의 노래를 좋아하고 있는지를 알고 우리 또한 그 괴상망측한(?) 노래를 듣기 위하여 레코드를 사올 수 있었다. 무엇 때문에 상심해 있는지를 알고 어떻게 해야 조금이라도 위로를 해줄 수 있을지를 알 수 있었다. 만약, 편지주고받기를 하지 않았더라면, 대화를 위한 노력을 계속하지 않았더라면, 무슨 수로 이런 속 깊은 마음들을 나눌 수 있었을 것인가?

부모와 충분한 대화를 나누고 있는 아이들이 잘못된 길로 빠져드는 것을 나는 상상할 수가 없다. 대화만큼 훌륭한 교육은 따로 없기 때문이다. 우리 집의 경우, 그 역할을 거의 전적으로 떠맡았던 것은 켄이었다. 아이들 교육에 관한 한 나는 켄에게 엄청난 빚을 지고 산 셈이다. 이 점에 있어서는 정말 아무리 고맙다는 말을 되풀이해도 내 마음을 다 표현할 수가 없을 것이다.

그렇게 훌륭한 아버지이자 아이들의 둘도 없는 친구였던 켄이 어느 날 갑자기 세상을 떠나버리게 되자 사실 나는 무척 당황했었다. 홀로 뒤에 남겨진 나 자신의 삶에 대해서도 그랬지만 이제부터 아이들 교육은 도대체 어떻게 해야 되나 막막하기만 했었던 것이다. 더구나 같은 집에서 함께 살고 있다면 매일 얼굴이라도 마주보며 어떻게든 해나갈 수 있었겠지만 태평양을 사이에 두고 떨어져 살아야만 되는 상황이었으니 내가 할 수 있는 것은 편지쓰기밖에 없었다.

그러나 곧 그것이 쉽지 않은 일이라는 것을 깨달을 수밖에 없었다. 하고 싶은 말은 너무 너무 많은 것 같은데 막상 종이를 앞에 두고 펜을 잡으면 한참 동안을 멍하니 넋만 놓고 있다가 기껏해야 하나마나한 '공자님 말씀'이나 늘어놓게 되곤 하였던 것이다.

그래도 나는 열심히 편지를 썼다. 그렇게 하는 것만이 갑자기 아빠를 잃은 아이들을 조금이라도 위로하고 그 아이들이 방황하지 않도록 할 수 있는 유일한 방책인 것처럼. 아이들도 내게 열심히 답장을 썼다. 그러나 역시 어딘지 모르게 무언가가 어색했다. 냉랭하다고까지야 할 수 없지만 그래도 편안하고 따사로운 느낌이 넘쳐흐르는 편지는 아니었다. 마음의 문을 꽁꽁 걸어 잠그고 있는 것은 물론 아니었지만 그 문을 활짝 열어제쳐 자신의 속마음 전부를 다 드러내는 편지도 아니었던 것이다. 한껏 예의바른 어조로 씌어진 그 편지들 속에서 나를 서글프게 하는 일종의 서먹서먹함을 느끼지 않을 수 없었다.

참다 못한 내가 먼저 아이들에게 전화를 걸었다.

"응, 성미니? 나야, 엄마."

"어머, 엄마! 이 늦은 시간에…… 무슨 일이세요?"

"그냥. 네 목소리 듣고 싶어서."

"네……."

가볍게 웃고 난 성미는 그 다음 통화내용을 어떻게 이어가야 할지가 조금쯤은 막막한 듯 잠시 머뭇거렸다. 나는 그 어색한 침묵의 시간이 싫어 빠르게 말을 이었다.

"요번에 네가 보내준 편지 말이다, 잘 읽었어. 그런데…… 솔직히 말해서 조금 서운하기도 했었단다."

"어머, 왜요? 어떤 내용이요?"

"어떤 내용이 잘못되었다는 게 아니야. 네 앞으로의 계획이며, 하루하루의 일과며, 방학 때 하고 싶은 일들…… 다 훌륭해. 하지만, 내가 말하는 건, 꼭 무슨 보고서처럼만 느껴진다는 거야. 나는 그런 얘기들 말고 그냥 속마음을 툭 터놓는…… 그런 편지를 받고 싶은데…… 너무 어려운 부탁인가?"

"……"

"성미야, 듣고 있니? 기분 나빠졌어?"

"…… 아니요. 그런데 엄마는…… 엄마 편지도 그렇다는 거 알고 계세요?"

가슴이 뜨끔했다.

"그, 그러니? 내 편지도 그렇게 …… 사무적으로…… ?"

"엄마, 나도 엄마한테 편지쓸 때 무진장 노력하고 있어요. 좀더 편안하고 따스한 내용의 편지를 써보려구. 그런데…… 속상하게도 그게 잘 안돼. 정말 내 마음은 그렇지 않은데 그렇게 잘 안되는 거 있지? 이상해……. 아빠한테 편지 쓸 때는 하루에 몇 장이라도 쓸 수 있었는데……."

목구멍으로 무언가 뜨거운 것이 불쑥 올라오는 것 같았다. 나는 젖은 목소리를 내지 않으려 수화기를 손으로 막고 몇 번이고 헛기침을 해야만 했다.

"…… 미안하구나. 아무래도 내가 너무 서툰 모양이야 그 동안 내가 너무 아빠만 믿고 너희들을…… 정말 뭐라고 말해야 좋을지…… ."

"아니에요, 엄마, 난 엄마 이해해. 다만, 내 말은, 나도 엄마하고 좀 더 친해지려고 노력을 하는 중인데…… 그게 아직은 잘 안된다는 것뿐이야…… 나도 속상해! 흑흑…… 엄마, 미안해. 그렇지 않아도 엄마 지금 힘들 텐데…… ."

"…… 성미야!"

그날의 통화는 길어졌다. 그리고 수화기를 내려놓은 다음 나는 나 자신이 저주스러워서 견딜 수가 없었다. 아마도 그때만큼 스스로를 미워했던 적은 없었던 것 같다. 그래 맡겨놓을 일이 따로 있지 아이들 교육문제를 전적으로 남편한테 맡겨? 네 일이 바쁘다는 핑계만으로 아이들하고 속 깊은 대화 한번 흐드러지게 나눠보지 못한 주제에 이제 와서 아이들이 마음의 문을 활짝 열어주지 않는 것 같다고 그게 서운해? 서운해하고 서먹서먹해할 사람은 네가 아니라 바로 그 아이들이야! 넌 도대체 삶에서 가장 중요한 일은 한 켠에 제쳐놓고 무얼하면서 살아왔던 거야……!

그날의 회한이 깊었던 만큼 뒤늦게나마도 그것을 회복하려는 아이들과 나의 노력 역시 눈물겨웠다. 우리는 길고 어려운 시행착오와 갈등들을 하나씩 하나씩 겪어가면서 서로를 차츰 더 이해하게 되었고 그런 노력에 사랑이라는 이름을 붙여 볼 수도 있게 되었다. 그리고 거기에까지 이르는 가장 직접적이고도 확실한 통로 역시 '대화를 많이 나누는 것' 이었다.

아이들은 점점 더 편안한 마음으로 가슴을 툭 터놓고 하는 대화에서 내가 냉랭하고 자기 일만 알며 모든 일에 완벽한 사람만은 아니라는 사실을 깨닫게 되었다. 아니 완벽하기는커녕 실제로는 허술하기 짝이 없는 사람이고 약하고 여린 감성의 소유자이며 때로는 스스로도 어쩌지 못하는 상황 속에 갇혀 몹시도 마음 상해한다는 사실을 이해하고는 내 품에 와락 안겨 나를 위해 울어주기도 했다.

나 역시 그 아이들을 보다 잘 이해하게 된 것은 마찬가지이다. 무엇보다도, 그 아이들은 나를 사랑하고 있으며, 다만 여태껏은 그 사랑의 표현방식들을 잘 찾아낼 수 없어서 주변을 에돌기만 해왔을 뿐이라는 사실을 깨닫고는 회한과 기쁨에 겨워 어찌해야 좋을지 몰라 했던 기억이 지금도 새롭다.

지금은 많이 나아졌다. 물론 그 전에 켄이 아이들의 가슴속에서 차지하고 있던 자리를 내가 모두 다 메울 수 있게 되었다는 뜻은 아니다. 그것은 어쩌면 영원히 불가능한 일일지도 모른다.

그러나 그 어려웠던 갈등의 시기를 거쳐 이제 아이들은 나를 마음을 툭 터놓고 어떤 문제에 대해서건 대화를 나눌 수 있는 '친구'로 받아들이고 있다. 정말이지 너무너무 고마운 일이 아닐 수 없다. 내가 만약 그 아이들에게 엄한 부모나 일방적으로 지시만을 내리는 교사로 받아들여진다면 누구보다도 먼저 나 자신이 못 견딜 일이다.

가장 좋은 관계는 친구이다. 그리고 아이들 교육에서 가장 관건이 되는 과제로서 '대화'를 꼽을 수 있는 부모라면 '아이들의 가장 좋은 친구'라는 영예로운 지위(?)를 차지할 수도 있으리라 믿는다.

"아이들 교육문제는 도대체 어떻게 하는 게 가장 잘하는 걸까요?"

누군가가 이렇게 물어온다면 나도 이제는 대답해 줄 말이 있다.

"대화를 많이 나누는 거예요. 정말 가슴을 탁 터놓고 격의 없이 말이에요. 그게 제일 중요해요. 대화보다 더 좋은 교육은 없다구요."

예쁘지 않은 여자의 투쟁

외모는 내가 할 수 있는 통제(control)의 저 바깥에 속하는 일이다.
통제할 수 없다면 그대로 받아들이고 잊어버리자.
대신, 내가 통제할 수 있는 것도 있다.

'미인은 겨우 살갗 한 꺼풀(Beauty is only skin deep)'. 서양의 오래된 속담이다. 외양이란 겨우 살갗 한 꺼풀에 지나지 않을 뿐인 보잘것없는 것이라는 뜻이다.

그러나 이런 푸념 어린 속담을 되뇌이고 있는 사람은 대개 미인 축에 못 끼는 사람일 경우가 많다. 사실 이왕이면 미인이 낫다. 나만 해도, 같은 여자임에도 불구하고 미인을 만나게 되면 공연히 기분이 좋아진다. 미인은 상대방에게 호감을 주기 쉽고 언제나 찬탄의 눈길을 받으며 일정한 경의가 배어 있는 대우를 받기 마련인 것이다.

반면, 예쁘지 않은 여자들은 '겨우 살갗 한 꺼풀' 때문에 때때로 부당하게 홀대받고 무시당하고 상처입는다. 볼멘소리로 항의해 봤자 되돌아오는 이야기란 뻔하다. 아니 누가 당신더러 못생겼다고 뭐라 그랬어? 괜히 외모에 콤플렉스가 있으니까 별것도 아닌 일을 가지고 트집이나 잡고…….

억울하기 짝이 없는 노릇이지만 별수없다. 예쁘지 않은 여자가 살아가기에는 너무도 힘든 세상이다. 그런 뜻에서 조금 과장해서 말한다면 어떤 여자가 예쁘지 않게 태어났다는 것은 일종의 억울하기 짝이 없는 원죄(?)를 짊어지고 있는 것이다.

내가 짊어지고 태어난 그 원죄의 무게도 결코 만만치 않다. 나는 어린시절은 물론이고 소녀시절을 거쳐 성인이 될 때까지 단 한 번도 '예쁘다'는 말을 들어 보지 못하고 지냈다.

다른 아이들에게는 '어머, 어쩌면 그렇게 이쁘니?' '꼭 인형 같구나!' '아이고, 요렇게 예쁜 공주님을 누가 데리고 갈까?' 하며 칭찬을 아끼지 않는 어른들도 내게는 단 한 번도 그런 이야기를 해주지 않았다. 고작해야 해준다는 말이라곤 '참 똑똑하게 생겼구나'가 아니면 '고 녀석 참 성깔 있게 생겼네' 정도이다.

그리고 나중에야 알게 된 일이지만, 그 당시에 여자아이에게 똑똑하게 생겼다거나 성깔 있게 생겼다고 말하는 것은 결코 칭찬의 범주에 속하는 일이 아니었다.

자존심이 몹시도 강했던 나는 물론 그런 말들을 듣고 안 듣고 하는 일들 때문에 표정을 흐트러뜨리진 않았다. 아무 일도 없었다는 듯 그저 냉랭한 표정으로 내 갈 길을 갔을 뿐이다. 그러나 속마음까지도 그렇지는 못했다. 유달리 곱고도 흰 피부를 가진 아이들을 보면 어김없이 부러웠던 것이 사실이다. 언제나 사람들에게 둘러싸여 행복한 미소를 흩뿌리고 다니는 여자아이들을 보면 시샘이 일기도 했다.

그런 날이면 거울 속의 내 얼굴을 들여다보기도 싫었다. 나는 왜 이렇게 멀대같이 키만 큰 것일까? 나는 왜 이렇게 평범하게 생겼을까? 나는 왜 이렇게 까무잡잡한 피부를 가지고 있을까? 대책 없는 푸념들은 끝없이 이어지다가 결국엔 그 화살을 부모님들에게까지 돌리기 마련이다. 우리 부모님들은 왜 날 이런 모습으로 낳으신 걸까!

그 시절을 돌이켜보니 웃음부터 난다. 그러나 지나버린 세월이니까 웃음을 띠고 기억할 수 있는 것이지 실제로 그 세월을 살아가고 있노라면 결코 웃음 따윈 떠올릴 수 없다. 결코 예쁘다고는 할 수 없는 외모를 가진 젊은 여자에게는 그 어떤 철학적 난제보다도 더욱 버겁기만 한 것이 바로 이러한 종류의 불만이요 고뇌인 것이다.

이 일생일대의 난제(!)에 대한 나의 해결책은 의외로 간단하였다. 그 해결책의 뿌리를 이루고 있는 생각들은 그 이후로도 삶을 살아가는 나에게 있어서 하나의 모토가 되었다. 그 모토란 이렇다. 나의 의지와 노력으로 통제할 수 있는 것은 최대한 통제하고, 그것으로 통제할 수 없는 것은 있는 그대로 받아들이자.

내가 이렇게 생겨먹은(?) 것은 내 탓이 아니다. 나의 외모는 내가 할 수 있는 통제(control)의 저 바깥에 속하는 일이다. 통제할 수 없다면 그대로 받아들이고 잊어버리자. 거울을 들여다볼 때마다 한탄하는 것도 바보 같은 짓이고 칼을 대고 수술을 하여 뜯어고치는 것은 더욱더 한심스러운 짓이다. 그냥 받아들이자. 그리고 그 문제에 대해선 잊어버리자. 대신, 내가 통제할 수 있는 것도 있다. 체중혹은 몸매이다. 예쁘다는 말은 못 듣고 살지만 늘씬하다는 말은 심심치 않게 듣는다. 그렇다면 지금의 몸매를 유지하기 위해서는 최선의 노력을 다하자. 그것은 내가 통제할 수 있는 영역 안에 속하는일이니까.

그렇게 결심을 해버린 것이 대학교 2학년 때의 일이다. 그때 나의 키는 167센티미터였고 나의 몸무게는 53킬로그램이었다. 나는 그 몸매를 계속 유지하기 위해 내가 할 수 있는 최선의 노력을 다 기울이기로 했다. 왜냐하면 그것이야말로 외모에 대하여 내가 통제할 수 있는 유일한 항목이었기 때문이다. 그로부터 30년 가까운 세월이 흘렀다. 지금의 나의 키도 167센티미터이고 나의 몸무게도 여전히 53킬로그램이다. 그리고 나이 든 여자에게는 딱히 얼굴 생김새만을 중요시하지는 않게 되는 것인지, 비록 그 대부분이 듣기 좋으라고 하는 말이겠지만, 가끔씩은 '이렇게 미인이신 줄은 몰랐습니다' 하는 말도 심심치 않게 들으며 산다.

예쁘게 생기는 법에 대해서는 나는 별로 할 말이 없다. 그러나 날씬한 몸매를 만드는 법에 대해서라면 나도 몇 마디쯤은 할 수 있다. 지금 이 나이에도 날씬하다는 소리를 듣고 있으며 그렇게 되기까지에는 나의 지독한 노력이 뒤따랐기 때문이다.

혹시라도 내가 기울인 노력에 대한 이야기가 도움이 될 주부나 직장 여성들이 있을지도 모르겠다는 생각에서 그 과정들을 이 자리에서 털어놓는다. 특히 출산의 경험을 가진 주부들의 경우라면 이런 이야기에 진지하게 귀를 기울여 보라고 권유하고 싶다. 그분들 중에는 간혹 '나는 출산을 했으니까' 체중이 늘고 체형이 바뀌는 것은 당연한 일이지…… 하면서 몸매관리를 위한 노력을 아예 포기해버리는 분들도 있는데 안타까운 일이다. 출산을 경험한 주부도 노력 여하에 따라서는 얼마든지 처녀시절의 몸매를 유지할 수 있기 때문이다.

가장 기본이 되는 두 개의 축은 역시 식사와 운동이다. 먼저 식사에 대한 이야기부터 하자. 다이어트를 하겠다는 결심이 섰으면 우선 영양학에 대한 간단한 기본상식들을 공부해 보는 것이 좋다. 나 역시 그러한 과정을 거쳤다. 복잡하고 골치 아픈 지식들을 체계적으로 습득하려고 할 필요까지는 없다. 그저 지방이 많은 음식이나 단것은 피할수록 좋고 야채나 과일은 가능한 한 많이 섭취하는 것이 좋다는 정도의 간단한 상식들이면 족하다.

　그러나 어떤 음식은 콜레스테롤이 얼마나 들어 있고 어떤 음식은 몇 칼로리의 열량을 가지고 있고…… 하는 식으로 다이어트에 접근해서는 대개 실패하게 된다. 먹고 싶은 음식이 떠오를 때마다 그것을 꾹꾹 참는 방식도 그다지 신뢰할 만한 것이 못 된다. 가장 핵심적인 문제는 '마인드컨트롤(mind-control)'이다. 즉 이런 식으로 자신을 설득시키는 것이다. 그다지 많은 음식을 먹어야 살 수 있는 건 아니야. 언제나 조금 부족한 듯 한 지점에서 멈추는 것이 좋아. 네가 먹고 싶어하는 음식은 그다지 많지 않아.

　다이어트 식품을 포식하는 사람들이 있다. 그러나 식사량이 많아지면 위의 부피도 그만큼 늘어나게 된다. 그리고 일단 위가 늘어나면 조금만 먹겠다는 의지는 맥없이 무너지고 만다. 그러므로 소식이 가장 좋은 방법이다. 점심식사로 양식 풀코스를 먹는 사람들도 있다. 나도 물론 먹으려면 먹을 수 있다. 그러나 도대체 왜? 왜 그렇게 많이 먹어야 하는가? 특별한 경우가 아닌 한 나의 점심식사는 샌드위치나 샐러드 한 접시로 끝난다. 그리고 그것으로도 충분하다.

　사업상 뷔페식 레스토랑에서 저녁식사를 하게 되는 경우가 많다. 그럴 때 나는 뷔페에 들어가기 전에 미리 결심한다. 오늘은 일식(日食)으로만 먹어야지. 때로는 훈제연어 세 장만 먹기로 결심하고 때로는 한식만 먹기로 결심한다. 그렇게 일단 결심한 다음에는 다른 음식들이 진열되어 있는 테이블에는 아예 가지도 않는다. 무엇하러 가겠는가? 먹지도 않을 거면서?

사람의 마음이란 참으로 놀라운 위력을 가지고 있다. 먹고 싶지 않다고 생각하면 정말로 먹고 싶지 않아진다. 주변의 권유에 못 이겨 마지못해 젓가락을 가져가더라도 정말 그 음식이 맛이 없게 느껴질 정도이다. 여기 너무 맛있어 보이는 (그리고 분명히 디룩디룩 살이 찌게 만들) 음식이 있다. 먹고 싶어 죽겠는데 다이어트를 해야 되기 때문에 못 먹는다고 생각한다면 그것처럼 괴로운 일도 없다. 대신 이렇게 생각하는 것이다. 나는 정말 저것이 먹고 싶지 않다고. 반복적으로 그러한 생각을 하게 되면 마음은 나의 통제에 따르기 (mind-control) 시작한다.

일단 먹고 싶다는 마음 자체를 통제할 수 있게 되면 그 다음의 다이어트는 너무도 쉽다. 아무리 음식을 즐기면서 먹어도 그 양은 언제나 적당한 곳에서 멈춰 서게 되는 것이다. 그 적당한 곳이란 항상 '약간 부족한 듯한' 지점이다.

내가 하고 있는 운동이란 그다지 요란한 것도 아니고 특별한 것도 아니다. 남들처럼 헬스클럽에 열심히 나가는 것도 아니고 에어로빅댄스에 열을 올리고 있지도 않다.

굳이 내가 하고 있는 운동이 무엇인가를 꼽아 보라고 한다면 아무래도 등산을 꼽아야 할 것 같다. 흔히들 말하기를 걷는 것보다 더 좋은 운동은 없다고 한다. 그렇다면 등산이야말로 좋은 운동임에 틀림없다. 시끌벅적한 도회의 포도 위를 걸어다닌다고 해봐야 무슨 효과가 있겠으며 무슨 즐거움이 있겠는가? 그보다는 오르막과 내리막이 있고 맑은 공기가 있고 변화무쌍한 시야를 보장해 주는 등산이 훨씬 더 즐겁고 효과적인 운동이리라. 그러나 매일매일 등산을 할 수는 없다. 기껏해야 일 주일에 한 번 정도이고 그나마 바쁜 일이라도 생기면 건너뛸 수밖에 없다. 그리고 일 주일에 한 번 하는 운동으로는 효과적인 건강관리를 기약할 수는 없다.

매일매일 일상적으로 하는 운동이 필요하다. 내게는 그것이 스트레칭(stretching)과 요가이다. 스트레칭이란 지금으로부터 약 30년 전에 미국의 스포츠의학자들에 의하여 만들어진 체조인데 그 기본적인 컨셉은 동양의 요가에서 나왔다.

그 당시까지 체조의 기본적인 동작인 것처럼 여겨지던 격렬한 몸 동작들 대신에 근육이나 건(腱)을 의식적으로 신장(伸張 : stretch)시켜 그 상태를 일정 시간 동안 유지하는 방식을 기본으로 한다. 몸의 유연성을 극대화시키는 이 체조는 부상을 예방하고 스포츠 장해를 일으키지 않으며 피로회복에도 탁월한 효과를 나타낸다. 무엇보다도 아무 곳에서라도 할 수 있고, 특별한 장비가 필요치 않으며, 극히 조용한 상태를 유지하면서도 할 수 있다는 점 때문에 여러 모로 편리한 체조이다

아침에 눈을 뜨면 나는 일단 스트레칭부터 시작한다. 자리에 누운 채로 몸을 쭉 펴고 내 몸속의 근육들이 조금씩 기지개를 켜는 것을 즐겁게 느끼면서 하루를 시작하는 것이다. 직장에 나와 일을 하다가도 피로가 엄습해 온다 싶으면 언제나 스트레칭이다. 저녁에 집에 돌아가 텔레비전의 뉴스를 시청할 때도 요가자세를 잡고 있지 않으면 간단한 스트레칭을 하고 있다. 요컨대 틈만 나면 운동을 하는 것이다.

그 운동의 양이란 그다지 많지 않다. 몸에 과부하가 걸릴 만큼 격렬한 것도 아니다. 그러나 그래도 좋다. 중요한 것은 '언제나' 운동을 한다는 것이다. 그렇게 매일매일 조그마한 틈이라도 나면 간단

한 동작으로 운동을 즐기는 것이 나의 건강비결이다. 다시 한번 말하지만 중요한 것은 '언제나' 한다는 것이며 '즐겁게' 한다는 것이다. 거창하게 마음을 먹어야만 할 수 있고, 특별한 장비와 장소를 필요로 하고, 한 번 하고 나면 힘이 쭉 빠져버리고, 그래서 다시 할 생각만 해도 끔찍하게 느껴지면 그것은 바람직한 운동이 될 수 없다. 생활과 일체화되어 있는 일상적인 운동이 필요한 것이다.

건강과 몸매를 유지하기 위한 나만의 독특한 버릇을 하나 더 소개하겠다. 바로 '서서 일하는' 것이다. 등받이가 있는 의자에 장시간 앉아 있다 보면 자세가 흐트러지기 마련이다. 그런 자세로 엉덩이를 조금씩 앞으로 빼내다 보면 급기야는 허리가 굽어지게 되고 자신도 모르는 사이에 구부정한 자세가 몸에 붙게 된다. 나는 서서 일한다. 허리를 꼿꼿이 세우고. 물론 처음에는 무척이나 다리가 아팠다. 그러나 일정한 시간이 지나자 그 자세가 점점 더 편해졌다.

그래서 나의 집무실에는 앉아서 일하는 책상(누군가가 방문하면 마주 앉아 이야기를 나누어야 하니까) 외에도 서서 일하는 책상이 따로 하나 놓여져 있다. 방문객이 없을 때면 나는 언제나 그 책상 앞에서 서서 일한다. 서서 전화를 받고 서서 책을 읽고 서서 사인을 한다. 가끔씩 무료해지기라도 할라치면 좁은 집무실 안에서나마 이곳저곳 걸어다니기도 한다.

꼿꼿이 등을 펴고 흐트러짐이 없는 자세로 앉아 있는다거나 당당한 걸음걸이로 거리를 활보하는 것은 이런 종류의 혹독한 훈련을 필요로 하는 일이다.

내가 만나본 사람들 중에서 몸가짐에서 가장 흐트러짐이 없었던 사람은 바로 지난해(1994년)의 미스코리아였던 한성주 양이었다. 나는 한 양의 미스유니버스 대회 출전에 도움을 주고자 그녀와 한

동안 함께 생활한 적이 있었는데, 그 기간 동안 내내 한 양은 단 한 번도 흐트러진 자세를 보여준 적이 없어 나로 하여금 내심 경탄하지 않을 수 없게 만들었다.

"그렇게 똑바로 앉아 있는 게 불편하지 않아?"

"아니요, 저한테는 이게 편해요."

"언제부터 그랬지?"

"아주 어렸을 때부터요. 부모님들께서 그렇게 가르치셨어요. 제가 행여라도 허리를 꾸부정하게 하고 있다거나 무언가에 기대어 앉아 있거나 하면 그때마다 지적해 주시고 야단을 치셨죠. 그땐 어린 마음에 조금 야속하다 싶기도 했지만 지금은 아주 고맙게 생각하고 있어요."

그때 우리와 동행한 사람들은 나와 한 양이 나란히 앉아 있거나 함께 걸어다니고 있는 모습을 보면서 혀를 끌끌 차곤 했다. 어쩌면 그렇게 교과서 같은(?) 자세를 줄곧 유지하고 있을 수 있느냐는 것이었다. 때로는 그렇게 흐트러짐이 없는 자세를 유지하고 있다는 사실에 대하여 불만을 토로하는 사람도 있다.

가까운 지인인 디자인하우스의 발행인 이영혜 씨는 언젠가 내게 이렇게 말하며 핀잔을 준 적도 있다.

"어쩌면 그렇게 자세가 흐트러지지 않죠? 너무 그러시니까 옆에 있는 사람이 정이 안 간다구요!"

내게 달리 무슨 할 말이 있겠는가?

"하지만…… 나한텐 이게 훨씬 더 편한걸?"

어찌 보면 너무도 간단한 것들이다. 마인드컨트롤로 식욕을 통제하고, 언제나 약간 모자란 듯한 상태에서 식사를 멈추고, 일 주일에 한 번씩 등산을 다니고, 틈만 나면 언제 어디에서건 스트레칭이나

사랑과 성공은 기다리지 않는다

요가를 하고, 근무시간 내내 서서 일하고…… 그토록 오랜 세월을 그렇게 살다 보니 이제는 거의 습관과도 같은 일이 되어버려 더이상은 힘들거나 고통스럽지 않다. 아니, 오히려 즐겁기까지 하다.

그러나 분명한 것은 그것이 끊임없는 노력의 결과라는 사실이다. 자신이 예쁘지 않다는 사실에 몹시도 마음 상했던 한 여자의 도전. 고통스럽지만 그것은 자신의 통제범위 밖에 있는 일이라는 사실을 흔쾌히 받아들인 한 여자의 노력. 대신 자신이 통제할 수 있는 범위 내의 것이라면 최선의 노력을 다 하겠다고 결심한 한 여자의 투쟁.

그 여자는 30년 전 자신이 대학교 2학년 때 했던 결심을 계속 지키고 있다는 데 커다란 자부심을 가지고 있다. 그 여자는 30년 전 자신이 대학교 2학년 때 가졌던 몸매를 그대로 유지하고 있다는 사실에 대하여 매우 자랑스러워하고 있다. 그것은 주어진 것이 아니기 때문이다. 그것은 오직 자신과의 약속을 지키기 위하여 결코 멈추지 않았던 스스로의 노력과 투쟁이 가져다 준 결과이기 때문이다.

스스로를 시험에 들게 하라

'일이 편해질 때가 떠나갈 때이다'
그럴 듯하게 들리는 명제 때문에 고생도 숱하게 많이 했다.
그러나 후회는 없다.
그야말로 '사서 하는 고생'이었으니까
그 짜릿한 즐거움을 원없이 만끽하여 살아온 세월이었으니까.

대학 1학년 겨울방학 때의 일이다. 나의 방학계획들 중에는 스무 권의 책을 독파한다는 계획이 들어 있었다. 구체적으로 어떤 책들이었는지는 잘 기억이 나지 않는다. 아마도 세계명작으로 꼽히는 문학책들이 몇 권 있었을 테고 내가 전공으로 삼고 있었던 철학책들도 몇 권 있었을 터이다.

처음 계획을 세울 때에는 그저 막연하게 스무 권 정도의 책을 읽으면 되겠거니 했었는데 막상 시작을 해보니 만만치 않은 일이라는 것을 금방 깨닫게 되었다. 어떻게 된 것이 내가 선택했다는 책들은 모두 하나같이 묵직하다 싶을 만큼 두꺼운 책이었고 그 내용도 심각하거나 복잡하기가 이를 데 없는 것이어서 꼼꼼히 읽어나가고 노트를 하다 보면 한 권을 독파하는 데에만도 엄청난 시간이 걸렸던 까닭이다.

방학이 시작된 지 일 주일쯤 지났을 때 나는 회의와 도피욕에 시달렸다. 처음부터 너무 무리한 계획을 세운 거 아니야? 이거 이래 가지고야 어떻게 방학 동안에 스무 권을 다 읽겠어? 그렇게 할려면 꼭 뭐 고시공부하듯이 매달려야 할 판인데…… 뭐 그렇게까지 할 필요가 있을까? 누가 시켜서 하는 것도 아니고 내가 자청한 일이니 이쯤에서 계획을 수정한다고 나무랄 사람도 없을 테고…… 그랬다. 눈 딱 감고 열 권 정도로 줄여버리면 그만이다. 그리고 남들은 다 놀러다니기에 바쁜 겨울방학을 이용해서 그만한 무게와 부피가 있는 책들을 열 권이나 뗐다면 그것만으로도 나쁘지는 않은 성과라고 할 수도 있지 않은가?

그러나 나는 그렇게 하지 않았다. 아무도 알아주지 않는 이 고민 같지 않은 고민(?)에 꼬박 이틀인가를 매달린 끝에 나는 흔들리고 있는 나 자신을 매섭게 다잡아 세우는 것으로 다시 결심을 굳혔다. 처음에 세운 계획을 그대로 밀고 나가자. 예상보다는 많은 시간과 노력이 필요하겠지만 그대로 하자. 그러기 위해서는 누구보다도 일찍 학교로 와서 대학도서관의 문이 열리기를 기다렸다가 제일 먼저 열람실에 입실하는 학생이 되자. 이 계획을 내 스스로 나에 대하여 부과한 시험(test)으로 받아들이고 이 시험을 통과하자. 다른 누구를 위해서 하는 것도 아니고 다른 누구에게 무엇을 증명하고자 하는 것도 아니다. 바로 나 자신을 위한 것이다. 만약 이 시험에서 탈락하거나 비껴간다면…… 나 스스로 나에 대한 신뢰를 잃어버리게 될 것이다.

사서 하는 고생은 그렇게 시작되었다. 지금도 그 해 겨울의 추웠던 신새벽이 기억난다. 아직 어둠이 채 다 가시지도 않아 밤하늘에는 새벽별들이 촘촘히 박혀 있던 길을 나홀로 걸어 나오던 기억들…… 사제관에서 주무시고 나오시다가 그 싸늘한 도서관 복도에서 홀로 서성거리고 있는 나를 발견하시고는 사뭇 의아해하시던 여러 신부님들…… 책읽기에 진저리가 쳐질 때면 성에가 가득히 낀 도서관 유리창을 긁어 남겨놓곤 했던 뜻없는 낙서들…… 어렵게 어렵게 한 권을 뗄 때마다 가슴속에 고요히 차오르던 뿌듯한 성취감…… 그러나 여전히 읽은 책보다는 읽어야 할 책이 많이 남아 있다는 것을 완강하게 보여주던 독서대상 도서목록들…… 그렇게 1학년 겨울을 보냈었다. 그리고 그 해 겨울방학이 끝나기 전에 나는 계획했던 스무 권을 모두 다 독파했다.

그 중의 어떤 책들은 내 속을 무척이나 상하게 했었던 기억도 난다. 며칠 동안 골머리를 싸매고 달라붙었는데도 영 그 명확한 개념도가 그려지지 않았던 철학서적. 아마도 자신의 지적수준을 가늠하지 못하고 엄청나게 어려운 철학책을 주제넘게 선택한 탓이었을 게다. 그와 반대로 평생 잊지 못할 것 같은 선명한 감동을 뇌리 속에 각인시켜준 명작소설도 있었다. 마지막 장을 덮고 나자 그 무서운 작가정신이 가져다준 전율에 한동안 몸을 떨었던 기억도 새롭다.

그러나 세월의 힘보다 더 무서운 것은 없는 것인지 이제는 그 모든 책들이 가물가물한 기억의 저편에 그저 아스라한 풍경처럼만 남아 있을 뿐이다. 그 해 겨울 내가 읽었던 스무 권의 책들 중에서 지금 그 이름을 댈 수 있는 책은 서너 권에 불과하다.

그러나 그러한 체험이 무용했던 것은 아니다. 아니, 무용했다니! 그것은 내게 너무나 소중한 체험이었다. 나는 내가 스스로에게 부과한 시험을 멋지게 통과했다는 사실에 더할 수 없이 고양되었던 것이다. 책도 그나마 제목만 기억이 날 뿐이지 책의 구체적인 내용은 뚜렷하게 떠오르지 않는다. 그러나 지금도, 어제의 일처럼 생생하게 기억나는 것은, 마지막 스무 번째 책을 덮고 났을 때의 그 희열이다. 정숙을 요하는 도서관이었기에 입 밖으로 내지르지는 못했으나 가슴속으로 나는 폭풍보다 더 커다란 소리로 외쳤었다. 해냈어, 조안! 너는 해내고야 말았어! 처음에 계획했던 그대로 방학이 끝나기 전에 스무 권을 다 독파해냈단 말이야!

그것은 소중한 체험이다. 어쩌면 그 스무 권 안에 들어 있던 내용들, 인류 최고의 지성들이 후대의 독자들을 위하여 남겨 놓은 그 심오한 내용들보다도 더욱 소중한 체험일 수도 있다.

자기 자신에게 과업(task)을 주기. 스스로를 시험에 들게 하기. 그리고 그 과업을 완수하여 시험을 통과하기.

그 체험은 내게 어떠한 영향을 끼쳤던가? 나는 무엇이건 해낼 수 있으리라는 자신감을 주었다. 나의 존재를 인정하고 존중할 수 있게 되었다. 나 자신을 자랑스럽게 여기고 사랑할 수 있도록 해주었다. 또 다른 과업을 찾아나서는 데 있어서 언제나 내 안에서 나와 함께하는 든든한 원군으로서의 용기를 갖게 해주었다. 한 개인에게 있어 이보다 더 소중한 체험이 어디 있겠는가?

이러한 체험은 일생을 통하여 여러번 반복된다. 어찌 생각하면 삶이라는 것 자체가 자신을 시험에 들게 하고 그것을 극복해 나오는 과정의 연속이 아닐까 하는 생각도 든다. 이때 중요한 것은 스스로 그 시험을 기꺼이 받아들이는 자세이다. 상황이 강요하거나 남에게 등이 떠밀려서 하는 것은 스스로 그 가치를 떨어뜨릴 수 있다. 설사 어쩔 수 없이 해야만 되는 일이어도 '이것은 내가 원해서 하는 일이야'라고 받아들여야 편안해진다. 때로는 좋은 스승이나 친구를 만나 그런 테스트에 뛰어들 때도 있다. 내게 있어서는 켄이 몇 번 그런 일을 해주었다.

지금의 나는 많이 나아져 있는 상태이지만 대학 재학중일 때의 나는 무척이나 말재간이 없는 여학생이었다. 내향적인 성격이 강한 외토리여서 사람들 앞에서 나 자신의 의견을 피력하는 일 따위에는 영 소질이 없었다. 덕분에 자연히 사람들과 어울리는 일을 기피하게 되는 어눌한 아이로 지내게 되었다. 더없이 활달한 성격을 가지고 있었던 켄의 입장에서는 그런 나의 모습이 적지 않게 마음에 걸렸을 것이다. 어느 날 예의 그 둘만의 한국어 수업을 하고 있는 도중에 불쑥 이렇게 말을 던졌다.

"조안, 이번에 〈코리아헤럴드(Korea Herald)〉에서 한국인들을 대상으로 영어웅변대회를 개최하는 것 알죠?"

"네, 교정에 플래카드가 걸려 있는 것을 봤어요."

"거기에 한번 참가해 보지 그래요?"

"네?"

나는 깜짝 놀랐다. 수업시간에 같은 과 학생들과도 잘 이야기를 나누지 않는 나더러 웅변대회에 나가라니…… 게다가 영어웅변대회를…… 이 무슨 뜽딴지 같은 소리인가 싶어 뭐라고 대꾸해야 좋을지조차 알 수가 없었다.

"지금 당장 가서 참가신청서를 제출합시다!"

"아니…… 학장님…… 저는 그런 거 못 해요."

"왜 못 해요(Why Not)?"

와이낫? 켄의 상용어들 중의 하나이다. 그는 늘 그런 식으로 이야기한다. 왜 안 돼요? 마치 그렇게도 당연한 일을 못 하겠다고 하는 이유를 도무지 알 수 없다는 듯한 표정을 지어 보이며 그렇게 말하곤 하는 것이다. 안 될 이유가 뭐 있어요?

"아이, 저는 사람들 앞에 나서기도 싫어하고…… 말도 잘 못하는

사랑과 성공은 기다리지 않는다

거 아시잖아요."

"바로 그러니까 해보자는 거예요."

켄이 나를 똑바로 쳐다보고 있었다. 그분의 너무도 정색한 눈동자를 보면서 나는 생각했다. 아이고, 큰일 났다. 이거 장난이 아니구나! 그러나 내가 드릴 수 있는 대답이란 이미 정해져 있었다.

"정말 못 해요, 저는……."

그러나 대답이 정해져 있기는 켄 역시 마찬가지가 아닌가?

"왜 못 해요?"

"……."

"못 하겠다고 생각하니까 못 하는 거예요. 조안은 할 수 있어요. 한번 해보는 거예요. 자, 딴말 말고 어서 날 따라와요!"

켄이 내 손을 덥썩 잡고 자리에서 일어섰다. 나는 마치 도살장에 끌려가는 송아지처럼 엉덩이를 뒤로 빼며 갖은 앙탈(?)을 다 부렸다. 내가 사람들을 앞에 모아놓고 웅변을 하다니? 생각만 해도 등에 식은땀이 줄줄 흐르는 일이었다.

"제발요, 학장님, 저는 정말 죽어도 그건 못 해요."

"왜 못 해요? 할 수 있다니깐!"

다시 한번 두 눈길이 마주쳤다. 손목을 잡고 일어서려는 학장과 손목이 잡힌 채 뒤로 빼려는 여학생 간의 애절하고도 처절한(?) 눈맞춤이었다. 켄의 눈동자엔 장난끼 같은 것이 묻어 있었다. 그러나 나는 그 장난끼 너머로 그분이 하시려고 하는 이야기를 분명히 읽을 수 있었다. 왜 그렇게 소극적이에요? 조안은 충분히 할 수 있어요, 나는 그걸 믿는다고요! 순간, 내 안에서 오기 비슷한 것이 솟구쳐올랐다. 정말 내가 왜 이렇게 바보같이 굴고 있지? 까짓거, 한번 부딪쳐 보는 거야! 나라고 연설 못 하란 법이 어디 있어?

"좋아요, 이 손 놓으세요. 제 발로 걸어갈게요."

그렇게 해서 영어웅변대회에 참가하게 되었다. 켄은 그것을 준비하는 과정 내내 열의와 정성을 아끼지 않았다. 내 발음을 일일이 교정해 주는가 하면 내용에 걸맞는 제스처들을 시연해 보이며 나를 이끌어 주었던 것이다. 어떤 날은 나를 텅빈 노천극장의 연단에 홀로 서서 떠들게 만들어 놓고는 자신은 객석 꼭대기에서 내려다보며 마치 야구감독처럼 고래고래 소리를 지르기도 했다.

"안 들려요, 조안! 뭐라고 중얼대는 거야?"

"고개를 더 바짝 치켜들고 외쳐야지, 사자처럼 말이야!"

"그 대목에서는 한 호흡을 멈췄다가 좌중을 쭉 둘러보면서 다음으로 넘어가라고 그랬잖아요! 그렇지, 그렇지!"

신비로운 일이었다. 웅변을 연습하는 것이 그토록 즐겁고 신나는 일일 줄이야 차마 상상도 하지 못했었다. 물론 그 즐거움은 켄과 함께 있다는 것으로부터도 상당 부분 기인했을 것이다. 그러나 그것이 즐거움의 전부 다는 아니었다. 나는 웅변을 연습하는 과정에서 여러 사람들에게 나의 의견을 피력하는 일이 얼마나 정교한 내적 논리와 유창한 말솜씨와 설득력 있는 표정과 제스처를 필요로 하는가를 배웠고 그 배움을 즐거워했던 것이다. 그러다가 깜짝깜짝 놀라기도 했다. 예전의 내가 나의 본모습이라고 생각했던 그 어눌하고 말주변 없는 여학생은 어디로 갔는가? 그 어두운 표정의 외토리는 어디로 갔는가? 그랬다. 나는 그 과정을 통하여 나 스스로도 몰라볼 만큼 변해가고 있었다. 그리고 그 변화의 끝은 코리아헤럴드 영어웅변대회에서 영예의 입상을 하는 것으로 일단락이 지어졌다.

이번에는 내 차례이다.

"신부님, 교정에 붙어 있는 플래카드 보셨죠?"

"글쎄? 무슨 플래카드?"

"코리아헤럴드에서 이번에는 외국인들을 대상으로 한국어웅변대회를 개최한다는데요?"

단박에 내 말뜻을 알아차린 켄은 짐짓 흘겨보는 듯한 장난스러운 눈초리로 나를 빤히 쳐다보더니 이내 웃음을 터뜨렸다.

"그 다음 말은 차라리 내가 하지요. 좋아요, 내가 아직 서툴기는 하지만, 나도 한번 도전해 보겠어요! 됐지요?"

"눈치 한번 빠르시네요!"

"대신, 조건이 있어요, 조안이 나를 지도해 주어야 해요. 약속할 수 있지요?"

"물론이죠!"

켄은 그 연습과정에서 나 못지 않은 해프닝들을 계속한 끝에 그 한국어웅변대회에 당당히 참가하였다. 그리고 그 역시 영예의 입상을 했다. 뿌듯했던 것은 그의 가슴만이 아니었다. 우리는 서로를 격려하고 응원해 주면서 자신에게 주어진 과업을 스스로 성취함으로써 또 하나의 관문을 통과했던 것이다.

자신에게 새로운 시험을 주고 혼신의 힘을 다하여 그것을 극복해 나가는 과정은 비즈니스에 있어서도 매우 중요하다. 이 과정이 없는 비즈니스는 매너리즘에 빠져 정체되고 결국에는 퇴보하고야 만다. 결국 스스로를 시험에 들게 하는 이 과정이야말로 자신의 영역을 확장시키고 더 넓고 높은 세계로 나아가게 하는 가장 강력한 원동력이라고도 볼 수 있다.

나의 비즈니스 포트폴리오에는 1980년에 개최하였던 '스위스박람회'가 이 시험에 해당한다. 처음 그 제안이 들어왔을 때 솔직히 말해서 나는 막막하기만 했다. 그때까지 단 한번도 국제행사 서비스를 해본 적이 없었던 데다가 그 규모라는 것이 또한 엄청난 것이었기 때문이다. 그것을 내가 맡아서 해보겠다고 단안을 내리기까지 나는 무척이나 망설였다. 마치 겨울방학이 시작된 지 일 주일 만에 회의와 도피욕에 시달렸던 것과 마찬가지이다. 그러나 결국 나는 어금니를 악물고 두 주먹을 불끈 쥔 채 단안을 내렸다. 내가 못 할 일이 뭐가 있어? 생판 처음 해보는 일이면 또 어때? 죽기 아니면 까무러치기지! 그렇게 자신을 다독이면서 말이다. 그리고 그 일을 성공적으로 마무리지었을 때 나는 보았다. 내가 앞으로 펼쳐나갈 비즈니스의 산맥 위로 찬란하게 떠오르는 아름다운 무지개를. 그 때의 성취감과 자신감이라니!

비즈니스 세계에서 새로운 일에 도전하고 그것을 극복하는 일에서 얻게 되는 즐거움에는 일종의 아편과도 같은 중독성이 있다. 똑같은 일을 반복해서 하게 되면 곧 질려버리게 된다.

많은 독자들이 아주 인상적이었다고 말하는 내 나름의 명제 '일이 편해질 때가 떠나갈 때이다' 는 그런 맥락에서 나온 말이다. 이 그럴 듯하게 들리는 명제 때문에 고생도 숱하게 많이 했다. 편안히 앉아 있어도 돈이 굴러 들어올 텐데 뭐 그렇게 중뿔나게 사서 고생을 하느라고 돌아다니느냐는 핀잔도 많이 들었다. 그러나 후회는 없다. 그야말로 '사서 하는 고생' 이었으니까. 오직 '사서 하는 고생' 만이 가져다줄 수 있는 그 짜릿한 즐거움을 원없이 만끽하며 살아온 세월이었으니까.

사서 하는 고생으로 치자면 산행만한 게 없다. 산에 다니지 않는 사람들이 늘 하는 소리가 있지 않는가? 거 도대체 그렇게 무거운 짐을 지고 뭐하러 그렇게 낑낑대고 올라가쇼? 산에 다니는 사람이라면 결코 그런 우문을 던지지 않는다. 그저 누가 또 산에 간다면 그 사람이 마냥 부러울 뿐이다. 사서 하는 고생의 즐거움에 중독되어 있는 까닭이다.

아프리카의 최고봉 킬리만자로(Kilimanjaro : 5,895m)를 오를 때의 일이다. 해발 3,000미터 이상이 되면 산소가 희박해져서 걷기가 몹시 힘들다. 하루에 일정한 높이 이상 고도의 차이가 나면 고산병에 걸릴 위험이 커서 그 높은 산을 옆으로 옆으로 빙빙 돌아서 올라간다. 그렇게 가는 길은 끔찍이도 멀었다. 과연 끝까지 올라갈 수 있을까 하는 회의와 지금이라도 돌아서서 내려가는 게 낫지 않나 하는 도피욕에 끝도 없이 시달리면서도 꼬박꼬박 하루에 여덟 시간씩을 산행하여 정상에 올랐었다. 그 산을 내려오면서 나는 나를 그렇게 규정했다. 나는 하루에 여덟 시간씩은 산행할 수 있는 사람이야.

그러나 웬걸! 그 다음에 지리산을 종주할 기회가 있었다. 일정이 묘하게 꼬이고 여러 사람들과 같이 가는 길이라 개인행동을 취할 수도 없어 야간산행까지 감수하면서 허겁지겁 따라갈 수밖에 없는 산행이었다. 리더가 '휴식!'이라고 소리를 치면 주변 사람들 눈치를 볼 것도 없이 그 자리에서 아예 큰 대자로 뻗어버리곤 했던 치떨리던(!) 기억이 생생하다. 지리산에서 내려오면서 나는 나를 새롭게 규정할 수밖에 없었다. 아, 나는 하루에 열네 시간도 산행할 수 있는 사람이었구나.

그 규정이 또다시 확장될 수밖에 없었던 것은 설악산의 용아장성에서였다. 악랄한(?) 리더를 만나 계획에도 없던 설악산 등반을 하느라 팔다리의 근육이 다 뻣뻣해진 나를 기다리고 있던 것은 까마득한 낭떠러지 위에 설치되어 있는 고정 자일이었다. 나는 밑을 흘긋 내려다보고는 기가 막혀 그 자리에 털썩 주저앉아버렸다. 나더러 이젠 자일까지 타라고? 난 못 해! 리더는 그러나 빙글빙글 웃으며 여유만만이었다. 조안은 그럼 왔던 길로 혼자 돌아가. 우린 이리로 내려갈 테니까. 별수 있는가? 가야지. 우스운 것은 그렇게 바들바들 떨면서 자일을 타고 내려온 다음에 든 생각이다. 하, 그것 참 재미있네? 암벽등반이라는 것도 한번 해볼 만하지 않을까?

우리는 자신의 능력이 어느만큼 되는지 모른다. 그것을 알 수 있는 것은 시험을 통해서이다. 아니다. 아는 것이 도대체 무슨 소용이 있는가? 문제는 실천이다. 우리의 능력은 자신이 스스로에게 부과한 시험을 극복하는 과정을 통하여 확장되고 고양된다. 그러므로 스스로 시험에 들게 하는 일이다. 시험은 벅찬 것일수록 좋다. 어려운 것일수록 좋다. 끔찍이도 하기 싫지만 해야만 되는 일이 있는가? 도저히 해낼 수 없을 것 같은 과업이 있는가? 그것을 의무라고 생각하지 말고 권리라고 생각하라. 내가 원해서 스스로에게 부과한 시험이라고 생각하라. 그 시험을 극복해낸 다음의 즐거움을 만끽할 권리가 있다고 생각하라. 저희를 시험에 들게 하지 마옵시며…… 라고 기도하지 말고 저희를 시험에 들게 하옵시며…… 라고 기도하라.

자기 자신에 대한 사랑과 자신감은 거저 주어지지 않는다. 그것은 시험을 통하여 만들어가는 것이다. 아무리 작은 일이어도 좋다. 하루에 담배를 세 개비만 피우겠노라고 결심하고 그것을 지키면 스스로에 대한 자신감이 생겨난다. 하루에 잠을 다섯 시간만 자겠다고 결심하고 그것을 지키면 스스로에 대한 자신감이 생겨난다. 그러한 작은 자신감들이 쌓여 커다란 자신감이 되는 것이다. 그리고 자신감에 넘치는 사람만이 커다란 일들을 주저없이 맡을 수 있고 또 그것을 성취할 수 있다. 자기 자신에 대하여 자신감이 결여된 사람은 설사 커다란 일이 주어진다 해도 비껴가거나 도망치기 일쑤이다. 그런 불명예스러운 패배감을 맛보지 않으려면 언제나 기꺼이 스스로를 시험에 들게 하려는 진취적인 자세를 유지하고 있어야 한다.

겁 많은 토끼가 어느 날 갑자기 용감한 사자로 변신할 수는 없다. 그러나 끊임없는 시련을 통해 매일매일 스스로를 담금질해 나간다면? 어느 날엔가는 사자가 되어 있는 자신을 발견할 수도 있을 것이다. 말도 안 되는 소리라고 다윈에게 쪼르르 달려가 고자질을 해 바칠 필요는 없다. 왜냐하면 우리 모두가 본래는 사자이기 때문이다. 다만 자신이 누구인지를 알지 못해 스스로를 토끼라고 믿고 있었을 따름이다.

셀프-이미지메이킹

셀프이미지메이킹이란 결국 내면의 거울을 바라보는
일이고 내가 선택하고 지향하는 나의 모습을 만들어 가는 것이다

이미지메이킹(imagemaking)이란 주로 정치분야나 광고
분야에서 매우 중요시되고 있는 개념이다. 이 개념도 이미
꽤나 오래된 역사를 가지고 있어 그것을 명확하게 규정하는 데에는
매우 복잡한 담론들을 필요로 한다.

그러나 그 방면의 전문가가 될 것이 아닌 바에야 그렇게 복잡한
담론들을 속깊이 이해하려고 애쓸 필요는 없다. 그저 간략하게나마
'다른 사람들에게 부각시키고 싶은 이미지를 집중적으로 강조하는
방법'이라고 알아두면 그것으로 족하다. 이를테면 '깨끗한 정치인'
으로서의 이미지메이킹이 있는가 하면 '건실한 기업'으로서의 이미
지메이킹 같은 것이 있다는 정도로만 알고 있으면 된다.

이런 전통적인 의미의 이미지메이킹에서는 만들어진 이미지를
보여줄 어떤 대상이 반드시 필요하다. 유권자나 잠재적 고객 같은

이들이 그들이다. 만약 그런 대상들이 존재하지 않는다면 이미지메이킹이란 쓸데없는 헛소동에 불과한 것이 되어버리고 만다. 다시 말하여 이미지메이킹이란 즉자적인 개념이 아니라 대자적인 개념이라는 것이다.

그런 의미에서 내가 '셀프-이미지메이킹(self-imagemaking)'이라고 명명한 개념은 확실히 다른 종류에 속한다. 이 개념의 핵심을 이루고 있는 생각들은 간단하다. 내가 생각하는 나 자신의 이미지는 어떤 것인가? 나의 외양이 아닌 내면의 이미지는 어떤 것인가? 나는 지금 내가 원하고 있는 나의 내면의 이미지에 걸맞은 삶을 살고 있는가? 만약 그렇지 못하다면 그것을 교정하기 위해서 무엇을 해야만 할 것인가?

이런 질문들을 자신에게 던지고 그것의 해답을 구해 나가는 과정을 나는 '셀프-이미지메이킹'이라고 부르고 있다. 이 과정은 결코 대자적인 개념이 아닌 즉자적인 개념의 과정이다. 다른 누구에게 '보여주기' 위한 것이 아니라 나 스스로에게 '확인시켜 주기' 위한 과정인 것이다.

우리는 이 세상을 살아가면서 알게 모르게 자신의 이미지를 형성하게 된다. 그것들은 대개 외부로부터 주어진 것이다. 그리고 불행하게도, 그 이미지들의 대부분은 부정적인 양상을 띠고 있다.

특히 한국에서 여성으로 태어난 사람들의 경우는 더욱더 불행하게도, 어린시절부터 그 부정적인 이미지의 융단폭격세례(!)를 흠씬 뒤집어쓰며 자라나게 된다. 누구나 쉽게 기억해 낼 수 있을 것이다. 코흘리개 어린시절부터 어머니에게서 듣곤 했던 그 괴롭기 짝이 없는 언사들을.

그들은 언제나 이렇게 말한다. 애, 너는 왜 그렇게 입이 크니? 여자애가…… 큰일났다. 어떻게 수술을 하든가 해야지, 커서도 그러면 시집을 어떻게 가니. 넌 왜 그렇게 수선스럽냐? 그래 가지고 시집을 어떻게 갈래? 넌 어떻게 된 애가 용돈만 주면 책부터 사들고 오냐? 남들처럼 옷도 사입고 화장도 하고 그러렴. 밤낮 책만 들여다보는 여자를 누가 데리고 산다던?

바꾸어 말하자면, 그들은 결코 이런 식으로 이야기하지는 않는다는 것이다. 너는 입이 아주 큰 게 정말 시원스럽고 예쁘구나, 아주 매력적이야. 넌 잠시도 가만히 있지 않고 활달하게 돌아다니는 걸 보니 장차 큰 일을 하겠구나. 어이구, 기특한 내 새끼, 남들은 니 나이에 화장이나 하고 싸돌아다니는데 그래 또 책을 사들고 왔어? 그래, 열심히 공부해라, 뭐니뭐니 해도 배운 사람은 못 따라가느니라 (너무 무람 없는 바람이 되겠지만, 만약 우리의 어머니들이 이런 식으로 이야기해주었더라면, 우리 세대의 많은 여성들이 지금처럼 주눅든 삶을 살고 있지는 않았을 것이다).

아직 제대로 된 가치관 하나 갖추고 있지 못한 어린아이에게 이런 식의 부정적인 이미지를 심어 주는 것은 거의 치명타에 해당한다. 그 아이는 곧바로 그런 부정적인 이미지를 내면화시켜버리기 때문이다.

그 아이는 그늘진 벽장 속에 숨어서 홀로 훌쩍이며 이렇게 생각한다. 나는 왜 이렇게 못생겼을까? 왜 내 입은 이렇게 바보처럼 큰 것일까? 왜 나는 엄마처럼 다소곳하고 얌전하지 못하고 사내아이들처럼 천방지축인 걸까? 왜 나는 다른 아이들처럼 멋내기에 관심을 갖지 못하는 걸까? 그 아이가 자기 자신에 대하여 갖게 되는 내면의 이미지는 그런 것이다. 못생긴 아이, 까부는 아이, 한심한 책벌레. 끔찍한 일이다. 조금 과장해서 말한다면 거의 재앙에 가깝다.

그러나 내가 이야기하려고 하는 셀프-이미지메이킹이란 이런 것과는 다른 것이다. 아무리 결과적으로 내면화되어버렸다고 할지라도 그것은 외부로부터 주입된 이미지에 불과하다. 셀프-이미지메이킹이란 스스로 만들어나가는 자기 자신의 이미지이다.

자존심이 강하고 영리한 아이라면 그래, 나는 좀 못 생겼어. 하지만 나는 남들보다 공부를 잘하는 아이야. 그게 바로 나야. 거의 본능적으로 이끌어낸다.

어린시절부터 한 번도 예쁘다거나 다소곳하다는 말을 들어보지 못했던 나 역시 이런 과정을 거쳤다. 그리고 학교에 다니는 동안 내내 수석 아니면 차석의 자리를 내놓지 않았다. 내가 과연 처음부터 공부를 잘 하는 아이로 태어났었기 때문이었을까? 그럴 리가 없다. 내가 선택한 나의 이미지가 '공부를 잘 하는 아이'였기 때문에 그 이미지를 충족시키기 위해 남들보다 열심히 노력했기 때문일 것이다. 스스로 자기 자신에 대하여 어떠한 이미지를 가지느냐 하는 것은 그만큼 중요한 일이다.

말년의 켄은 그 고질적인 무릎통증 때문에 무던히도 고생을 했다. 휠체어를 타거나 지팡이를 짚지 않으면 제대로 걸을 수도 없을 정도였다. 그런 그의 모습을 보고 많은 지인들이 진심에서 우러나오는 위로의 말을 건네곤 했다.

"선생님, 요즘 건강이 어떠세요? 많이 불편하시죠?"

그럴 때마다 켄이 되돌려주는 대답이 아주 인상적이었다.

"불편하긴요? 전혀 불편하지 않아요. 난 아주 건강한 사람인걸요!"

"네?"

"나는 무릎 빼고는 정말 건강한 사람이라구요."

다른 사람이 켄을 어떻게 보느냐는 중요하지 않다. 중요한 것은 그가 자신을 어떻게 보고 있느냐이다. 켄은 자기 자신을 '무릎 때문에 제대로 거동하기도 불편한 환자'라고 보지 않았다. 그는 자기 자신을 '무릎만 빼고는 완전한 건강을 누리고 있는 사람'이라고 보았다. 어떻게 보는 것이 더 현명한 시각인가? 어느 것이 더 건강하면서도 편안한 이미지인가?

대자적인 요소를 필요로 하는 이미지메이킹이란 사실 피곤하기 짝이 없는 일이며 조금쯤 허황한 일이기도 하다. 남들에게 보여주기 위한 삶이란 얼마나 공허한 삶인가? 이 세상의 모든 사람들을 다 속일 수는 있어도 자기 자신만은 속일 수가 없는 법이다.

밖에서 보기에는 무엇 하나 부러울 것이 없는 할리우드의 스타들이 왜 마약에 빠져들고 가정생활에서 파탄을 일으키며 급기야는 자살까지 감행하는가? 엄청난 부를 쌓고 경탄할 만한 외모를 갖추었으며 거의 종교적인 열광상태에 빠져들곤 하는 팬들을 가졌어도 그들은 공허한 것이다. 외로운 것이다. 허무한 것이다. 그들이 조금만 더 자기 자신의 내면에 관심을 쏟았더라면 그런 참담한 지경에까지는 이르지 않았을지도 모른다.

보다 본질적이고 어쩌면 유일하게 가치가 있는 이미지메이킹은 바로 자기 스스로 만들어내는 셀프-이미지메이킹뿐일지도 모른다. 셀프-이미지메이킹에 관심을 가지고 있는 사람은 언제나 이렇게 묻는다.

내가 생각하는 나 자신의 이미지는 어떤 것인가? 나의 외양이 아닌 내면의 이미지는 어떤 것인가? 나는 지금 내가 원하고 있는 나의 내면의 이미지에 걸맞은 삶을 살고 있는가? 만약 그렇지 못하다면 그것을 교정하기 위해서 무엇을 해야만 할 것인가?

사랑과 성공은 기다리지 않는다

언제나 이런 질문을 던지고 그것에 답하기 위하여 노력하는 사람이 자신의 인생을 그르치는 경우를 나는 상상할 수 없다.

셀프-이미지메이킹이란 결국 내면의 거울을 바라보는 일이다. 그리고 그렇게 거울을 바라볼 때 가장 역점을 두어야 할 것들 중의 하나는 긍정적인 생각(positive thinking)을 하는 것이다. 약점이나 잘못을 자꾸 들추어내 스스로를 위축시키는 것은 어리석은 짓이다. 강점이나 특장을 찾아내어 스스로를 격려하고 고무시켜야 한다. 겁이 많은 것을 탓해서 무엇하겠는가? 차라리 그것을 신중함이라고 판단하고 스스로를 승인할 수 있어야 한다.

너는 정말 신중한 사람이야, 훌륭해, 네가 하는 일에서 실수란 있을 수 없을 거야, 걱정하지 말아, 모든 게 다 잘 될 거야, 너처럼 신중한 사람이 어떻게 일을 그르칠 수 있겠어, 하고.

셀프-이미지메이킹과 다른 사람들이 나에 대하여 가지고 있는 이미지가 때로 모순을 일으키거나 상충할 때도 있다. 나의 경우에는 이런 충돌을 비교적 자주 겪는다. 아마도 국제무대에서 활동한 지가 꽤 오래된 비즈니스우먼이라는 사실이 사람들에게 불러일으키는 이미지 때문일 것이다.

≪스물셋의 사랑 마흔아홉의 성공≫ 제2권의 〈나이지리안 프로젝트 밀명특사〉에서 소개한 바 있는 레이몬드 오쿠제토(Raymond Okuzeto)와의 일이다. 그는 나이지리안 프로젝트 이후 엄청난 부를 거머쥔 다음 유럽으로 진출하였다. 유럽에서도 그는 눈부신 성공을 거두었다. 아랍과 아프리카에 무기를 수출하는 일을 거의 독점하다시피 했던 것이다. 그렇게 해서 벌어들인 돈의 액수는 상상을 초월한다(오죽하면 그 자신도 '내가 지금 꿈을 꾸고 있는 것이나 아닌지 모르겠다'는 즐거운 비명을 질러대곤 했을까. 그러나 나는 그런

그가 몹시도 위험스러워 보였다. 군수산업에 손을 대고 그것의 비공식적 유통에 관계한다는 것은 국제정치 역학관계의 변화에 따라 언제 어떻게 위험에 처하게 될지 예측하기 어려운 일종의 도박과도 같은 일이다. 아니나 다를까, 몇 년 전부터 그의 소식을 영 접할 수가 없다. 그저 불미스러운 일이 일어나지 않았기만을 바랄 뿐이다). 그런 그였기에 내가 런던을 방문한다니 '체류중의 모든 것을 내게 맡겨다오' 하며 선수를 치고 나왔다. 내게 진 신세를 갚겠다는 것이었는데 그 김에 자신의 부를 좀 과시해 보고 싶었던 마음도 없지는 않았으리라.

그가 나를 위해서 공항에 내보낸 차는 실버 롤스로이스였다. 롤스로이스 중에서도 최상급이다. 흔히들 쇼퍼(chauffeur)라고 부르는 운전기사까지 딸린 차였는데 턱시도로 정장을 차려입고 하얀 면장갑을 낀 백발의 백인노인이었다. 체류기간 내내 아예 자가용삼아 붙여줄 테니 마음껏 타고 다니라는 것이 그의 말이었다.

호텔은 인터콘티넨탈, 여흥은 런던 최고급 나이트클럽의 VIP룸, 쇼핑은 세계 최고의 브랜드들이 몰려 있고 가격도 엄청나 귀족이 아니면 출입하기 힘들다는 헤롯(Harrod) 백화점과 부띠끄들…… 현기증이 날 지경이었다. 오죽 했으면 호텔의 종업원들마저도 나를 훔쳐보며 '동양의 공주가 왔다'면서 수군댈 정도였을까. 그러나 한 이틀을 그에게 휘둘려 끌려다닌 나는 더이상 참지를 못하고 말문을 열었다.

"레이몬드, 나를 위해서 호의를 좀 베풀어 줄래요?"

"물론이지요, 조안! 뭐든지 말만 하세요!"

"제발 이런 데 좀 그만 돌아다니고 나 좀 쉬게 해주세요."

"네? 아니 그게 무슨…… 지금 쉬고 있잖아요?"

"나는 나이트클럽이다 파티다…… 정말 딱 질색이에요. 정말 나를 좀 쉬면서 즐기게 해주고 싶다면…… 어디 런던 교외의 조용한 곳으로 피크닉이나 가게 해주세요. 저놈의 부담스러운 롤스로이스부터 우선 좀 돌려보내고요."

나는 나 자신을 그런 사람으로 여기고 있다. 조용하고 한적한 것을 좋아하는 사람. 만약 누군가가 내게 명사들이 한 자리에 모이는 파티에 가겠느냐 혹은 친한 친구와 둘이서 북한산에라도 오르겠느냐 하고 묻는다면 나의 대답은 언제나 주저없이 후자이다. 그러나 밖에서 보기에는 내가 그런 사람이 아닌 모양이다. 화려한 것을 좋아하고 최고급인가 아닌가를 따지고 남들의 시선이 집중되는 것을 즐기는 사람…… 때때로 그런 오해에 부딪힐 때마다 난감하기도 하고 어이가 없기도 하여 그저 피식 헛웃음이 나오게 된다. 어쩔 수 없는 일이다. 조금 불편하기는 하지만 내가 가지고 있는 직업 때문에 생겨난 이미지이니 굳이 사람들을 찾아다니며 일일이 교정을 시켜줄 마음도 없다.

남들이 나를 어떻게 보느냐가 뭐 그리 중요한가? 내게 중요한 것은 나 자신의 이미지이다. 그것이 내 마음에 들고 외부의 시선에 의하여 흔들리지 않으면 그것으로 족한 것이다(그러나 런던에서의 그 난리법석은 결코 만족스럽지 않았다. 호텔 방에 놓아두고 나온 지갑을 도둑맞는 불상사가 일어난 것이다. 아마도 그 도둑은 '무슨 놈의 공주가 이렇게 현금이 없어?' 하며 꽤나 투덜거렸을 것이다. 나 역시 크레디트 카드마저 분실하는 바람에 적지 않게 곤욕을 치러야만 했다).

남들은 나를 화려한 여자라고 생각하지만 나는 조용한 여자다. 남들은 나를 운좋은 여자라고 여기지만 나는 성실한 노력가다. 남들은 나를 재치있는 달변가라고 평가하는 듯하지만 나는 나를 그저 할 말의 요점이나 잃지 않을 정도의 어눌한 사람이라고 평가하고 있을 뿐이다. 남들은 나를 유능한 사업가라고 바라보지만 나는 나를 조금은 고지식하다 싶을 정도로 자신의 일에만 매달리되 그것을 즐기는 사람이라고 바라본다……. 그리고 언제나 중요한 것은 후자이다. 그것이 내가 생각하고 있는 나의 내면의 이미지이다. 그 이미지를 스스로 승인할 수 있도록 하기 위하여 나는 노력한다. 그렇게 노력하고 있는 나 자신이야말로 나의 본체이다. 그것이 바로 나다.

나는 매일 아침 해가 떠오르기 전에 자리에서 일어난다. 그리고 홀로 조용히 오늘 하루 해야 될 일을 생각해 보고 나 자신을 되돌아본다. 때로는 거울 앞에 조용히 앉아 나 자신의 눈동자를 오랫동안 들여다보고 있기도 한다. 이를테면 명상의 시간을 갖는 것이다. 아무리 바빠도 나는 이 과정을 빼놓지 않는다. 나의 하루하루는 이 과정을 통하여 시작되는 것이다. 거울을 들여다보며 나는 나 자신에게 묻는다.

네가 추구하는 너 자신의 이미지는 어떤 것인가? 너의 외양이 아닌 너의 내면의 이미지 말이다. 너는 네가 되고 싶은 너의 내면의 이미지에 걸맞게 살아가고 있는가? 그 이미지에 부끄럽지 않도록 살기 위해서 무엇을 어떻게 해야만 될 것인가?

너 자신을 사랑하라

자기애에 충만한 사람만이
진정으로 타인을 사랑할 줄 안다.

우리의 어머니들이 늘상 입에 달고 계시는 푸념이 있다. '남편이고 자식이고 다 소용없어…… 내가 어떻게 지네들을 뒷바라지하고 키웠는데…… 이제 와서 그 공은 알아주지 않고 그저 제가 잘나서 그렇게 된 줄 알고 지 멋대로만 놀아나니…… 하이고, 내 인생이 불쌍하다, 내 인생이 불쌍해!'

때로는 상투적인 표현들 속에서도 진실을 발견하는 수가 있다. 나는 그렇게 살아오신 우리 어머니들의 인생이 말 그대로 '불쌍하다'고 생각한다는 뜻이다. 왜 불쌍한가? 그 인생 속에는 '자신에 대한 사랑'이 너무도 부족했기 때문이다.

자신의 인생을 진정으로 사랑했었다면 되돌아오는 결과에서 그토록 박탈감을 느끼지는 않을 것이다. 아이들이 건강하고 올바르게 잘 자라주어서 고맙고 그 아이들을 그렇게 키워온 자신의 삶을 마음껏 자랑할 수도 있어야 된다는 뜻이다. 그러나 불행하게도 사태를 그런 식으로 받아들이는 사람들은 그다지 많지가 않다. 자신이 하고 있는 일이 자신의 삶에서 어떤 의미를 가지고 있는지를 명확히 인식하고 있지 못했고, 그 일을 하고 있는 자신을 기꺼이 사랑해 오지 못했기 때문이리라. 그렇지 못했을 때 남은 것이라고는 억울함과 박탈감뿐이라는 사실은 어찌 보면 당연한 결과이기도 하다.

자기 자신을 사랑해야 한다. 어떠한 상황에 처해 있더라도 자신의 자아를 계발하고 자신의 능력을 키우며 앞날을 위하여 자기관리를 철저히 해나가는 일을 멈추어서는 안 된다. 자신이 하고 있는 일에 자부심을 느끼고 그 일을 하고 있는 자신을 사랑해야 한다. 여기서 이야기하는 '일'이라는 것이 반드시 무슨 비즈니스나 예술활동과 같은 특정한 직업을 지칭하는 것만은 아니다. 분명히 이야기하지만 주부가 하고 있는 것도 훌륭한 '일'이다. 그 일의 내용이 무엇이냐는 부차적인 문제이다. 중요한 것은 일을 한다는 것 그 자체이며 그것을 하고 있는 자신을 사랑하느냐의 문제인 것이다.

누군가를 사랑한다는 것은 그가 자신이 하고 있는 일을 더 잘할 수 있도록 격려해주고 도와준다는 뜻이다. 자기 자신을 사랑한다는 것 역시 마찬가지이다. 내가 잘할 수 있는 일은 무엇일까? 그 일을 하기 위해서는 어떠한 능력을 키워야 할까? 건강상태는 좋은가? 외양에 조금 더 신경을 써야 하는 것은 아닐까?(화장을 하거나 옷차림에 신경을 쓰는 것이 꼭 남을 의식해서만은 아니라는 사실을 여자들이라면 잘 알 것이다) 이 모든 배려와 계획과 실천을 자기 자신을 위하여 해내야 한다는 뜻이다. 한참 열애중인 애인들이 '어떻게 하면 상대방에게 좀 더 잘해줄 수 있을까?' 하고 고민할 때의 마음 씀씀이 이상을 자신에게 쏟아부어야 한다. 요컨대 자기애(self-love)

로 충만해 있어야 한다는 것이다. 그러기 위해서는 자신의 중심에 굳건히 자리잡고 있어야 한다.

어떤 분들은 나의 이러한 신조를 보고 너무 이기적인 생각이 아니냐고 고개를 갸우뚱할지도 모르겠다. 그러나 나는 그것을 이기적이라고 생각하지는 않는다. 굳이 적당한 표현을 찾아본다면 차라리 '개인주의적인 태도' 라고나 할까? 그리고 나는 자기애로 충만한 개인주의자들끼리의 결합이야말로 인간이 상정할 수 있는 가장 바람직한 형태의 결합이 아닐까 하는 생각을 갖고 있다. 그것이 부부 간의 결합이든 조직구성원 간의 결합이든 국가 간의 연합이든 말이다.

늘상 벌어지는 사랑 싸움의 가장 흔한 형태는 '나는 너에게 이만큼 해주었는데 너는 왜 나한테 그만큼 해주지 않느냐' 는 것이다. 더나아가 '나는 그렇다치고 너는 나한테 잘 해야 되는데 왜 고것밖에 못하느냐' 는 것이다. 자기애로 충만한 개인주의자들이라면 결코 사태를 그런 식으로 받아들이지는 않는다. 상대방의 사랑에 대하여 '과도한 요구(excessive need to be loved)를' 갖지 않는다는 뜻이다.

자기애로 충만해 있는데 무엇 때문에 상대방에게 그렇게 기대겠는가? 상대방으로부터 사랑을 받아 그것으로 겨우 내 삶을 지탱해 나가려고 안간힘을 쓰기보다는 차라리 내게서 넘쳐나는 사랑을 상대방에게 '그냥(for nothing)' 주려고 할 뿐이다. 그런 태도를 가지고 있는 사람들만이 상대방이 보여준 작은 배려에 대하여 크게 감사할 줄 안다. 상대방이 보여준 작은 사랑의 실천을 '예기치 못했던 선물' 처럼 받아들일 줄 아는 것이다. 그들은 아무리 작은 사랑의 실천이라도 '당연히 내가 누려야 될 것을 누린다' 는 식으로 받아들이지는 않는다.

자기애에 충만한 사람만이 진정으로 타인을 사랑할 줄 안다. 스스로를 사랑하지 않는 사람이 다른 사람을 사랑한다면 그 사랑이 과연 믿을 만한 것이겠는가? 위선이 아니면 위악일 가능성이 짙다. 강요된 계율에 따른 사랑이거나 누군가로부터 보답받고 싶어하는 사랑이기 쉽다는 뜻이다. 바로 앞의 글에서 써왔던 패러다임을 다시 인용해서 표현하자면 '대자적인 이미지메이킹'이지 '즉자적인 이미지메이킹'은 아니라는 것이다.

원수를 사랑하라고 이야기한다. 가난하고 불쌍한 사람들에게 사랑을 베풀라고 한다. 옳고 아름다운 이야기이다. 그러나 그렇게 하기 위해서라도 먼저 자기 자신을 진정으로 사랑할 줄 알아야 한다. 그래서 그 사랑이 스스로 넘쳐나 그들에게로 자연스럽게 흘러가는 방식이어야 한다.

자신의 삶에서 중심을 굳건히 지켜 나간다는 것은 매우 중요한 일이다. 누군가가 나를 알아주는가 알아주지 않는가 하는 지엽적인 문제에 의하여 흔들리는 삶은 몹시도 위태로운 삶이다. 그러한 문제로 인하여 흔들리기 시작하면 끝내는 주객이 전도되어버리는 불행한 국면에 부딪치게 된다. 나를 위한 삶을 사는 것이 아니라 남들을 위한 삶을 살게 되는 꼴이다. 스스로 만끽하기 위한 삶이 아니라 남들에게 보여지기 위한 삶을 살게 되는 것이다. 오직 자신을 사랑하고 그 사랑을 중심으로 삼아 삶을 살아가는 사람만이 나 아닌 다른 사람들에게 지나치게 의타적(依他的)이 되는 어리석음을 범하지 않게 된다.

자기애가 충만하지 못한 사람은 '속이 허(虛)하니까' 자꾸 외부로부터 무엇인가를 받아들이려 한다. 그러나 이 세상의 그 누구도, 설사 목숨을 다 바쳐 사랑하는 사람이라 할지라도, 그 마음 씀씀이가 '내 마음 같을' 수는 없는 법이다. 그것은 '누가 누구를 얼마나 사랑하느냐' 와는 완전히 별개인, 움직일 수 없는 진리이다. 그래서 자꾸 서운해지고, 억지를 쓰게 되고, 결국에는 흉물스러운 원망만이 남게 되는 것이다.

결혼해서 미국에 살고 있을 때의 일이다. 우연한 기회에 서강대학교 개교 10주년을 기리는 팸플릿을 들여다보게 되었는데 거기에는 설립자로서의 켄의 이름과 사진이 의도적으로 지워져 있었다. 나는 너무도 화가 나 거의 미쳐버릴 지경이었다. 켄이 그런 대우를 받게 된 직접적인 원인이 바로 나와의 결혼에 있다는 것에 생각이 미쳐 더욱 더 그러 했는지도 모른다. 그때 길길이 날뛰던 나를 지그시 바라보고 있다가 켄이 했던 말을 나는 잊지 못한다.

"무슨 상관이에요? 그 사람들이 그렇게 했다고 해서 달라지는 게 뭐가 있어요? 물론 나는 서강대학교를 세우는 일에 내 청춘을 다 바쳤어요. 하지만 그건 누구더러 내 업적을 알아달라고 한 일이 아니에요. 내가 원해서, 그렇게 하고 싶어서, 즐거워서 그 일을 한 거예요. 나는 그 일을 썩 잘 해냈다고 생각하고 그런 일을 해낸 나에 대해서 만족하고 있어요. 그것으로 충분한 거예요."

자신의 삶에서 중심을 굳건히 지키고 있는 사람이 아니라면 결코 그렇게 반응할 수 없다. 그런 사람에게는 세간의 칭송도 비난도 그저 지나쳐가는 구름이요 흘러가는 시냇물일 뿐이다. 그런 사람은 세간에서 이룩한 성공 때문에 턱없이 우쭐대지도 않고 세간에서 맛본 실패 때문에 낙담하여 고개를 숙인 채 살아가지도 않는다. 자기애로 충만한 사람이 무엇 때문에 외부의 평가에 의하여 울고 웃는 얄팍한 희비극에 휘둘리겠는가?

그런 사람의 중심을 이루고 있는 것은 바로 자신에 대한 사랑이

사랑과 성공은 기다리지 않는다

다. 그 사랑은 부끄러운 것이 되지 않게 하려는 혼자만의 고독한 노력이요 투쟁이다. 그리하여 스스로를 승인할 수 있게 된 사람만이 비로소 타인의 삶에 대하여서도 사랑을 베풀 줄 알게 된다. 바로 자족적인 개인주의자가 아름다운 이타주의자로 변신하게 되는 순간이다.

스스로를 격려하고 발전시키고 사랑하는 일에 매우 열심인 자족적인 개인주의자…… 나는 언제나 그런 사람이 되려고 노력해왔다. 나는 그렇게 사는 삶이 올곧고 아름답다고 생각한다. 그래서 가끔씩은 나 아닌 다른 사람들도 그런 삶을 살아간다면 세상이 훨씬 더 살 만한 곳이 되지 않을까 하는 주제넘은 생각도 한다. 그러나…… 세상 사람들이 모두 다 나처럼 생각하지는 않는 모양이다. 가끔씩은 그 생각의 차이에 깜짝 놀라 어리벙벙해지는 경험을 하기도 한다.

존타(ZONTA:세계전문직여성클럽) 회원들과 해외여행을 함께했을 때의 일이다. 공식일정을 성공리에 잘 마무리짓고 돌아오는 길에 남아 있는 짜투리 시간을 이용하여 쇼핑에 나섰다. 일행들은 모두 유명 브랜드의 상품들이 디스플레이 되어 있는 진열장 앞을 지날 때마다 발길을 멈춰 서서 저마다 탄성을 지르고 있었다. 거기에 걸려 있는 옷가지며 핸드백이며 액세서리들은 분명 내가 보기에도 훌륭했다. 그러나 나를 깜짝 놀라게 한 것은 거기에 진열되어 있는 상품이나 그 상품의 가격이 아니라 그것을 바라보며 나누고 있는 우리 일행들의 이야기 내용이었다.

"어머, 저거 너무 멋지지! 우리 그이한테 사달라고 그래야 되겠다."

"작년 내 생일도 어물쩍 넘어갔으니까 이번에 아주 덤터기를 씌

사랑과 성공은 기다리지 않는다

136

우는 거지 뭐!"

그때 나를 깜짝 놀라게 했던 것은 그분들의 생각과 나의 생각 사이에 놓여 있는 엄청난 격차였다. 그런 대화를 들으면서야 비로소 깨닫게 된 사실인데 나는 그때까지 누구에게 무엇을 사달라고 졸라본 적이 단 한번도 없었던 것이다! 무엇을 사달라고 해본 적도 없을 뿐더러 무엇을 사야겠다는 생각이 들면 다른 누구의 '허락'을 받아야 될 필요를 전혀 느끼지 못했다. 그저 내 스스로 돈을 모아 그것을 샀을 뿐이다. 그리고 그 돈을 마련하기 위해 얼마만한 노력을 들여야 하는지를 너무도 잘 알고 있기 때문에 결코 값비싼 물건을 원해 본 적도 없다.

자신의 삶에서 부딪히는 문제를 해결하는 주체로 다른 누구도 아닌 나 스스로를 내세운다는 이런 자세는 나의 두 딸 성미와 현미에게도 고스란히 물려졌다. 그리고 그 아이들이 삶을 살아가는 모습을 곁에서 지켜보자니 그런 방식의 삶의 태도가 때로는 곁에 있는 사람을 조금쯤 외롭게 만든다는 사실도 뒤늦게야 깨닫게 된다. 무슨 뜻인가? 너무도 자족적인 개인주의자에게서는 사랑으로 메꾸어 주고 싶은 빈 공간을 찾아내기가 쉽지 않다는 뜻이다.

엄마, 이 옷 어때요? 어느 날 갑자기 딸아이가 처음 보는 옷을 꺼내 입고 내 앞에서 핑그르르 돌아보이면서 건네는 말이다. 어머, 참 예쁘구나. 어디서 난 옷이야? 오늘 샀어요. 이 옷 사느라고 몇 달 동안 용돈을 모았다구요. 거기다가 지난 달 아르바이트로 번 돈을 보태서 샀어요. 어때요, 괜찮죠? 그래, 정말 멋져! 네 힘으로 그 옷을 샀다니 정말 기특하구나……. 말은 그렇게 하고 애써 미소를 지어보이지만 마음 한 켠에서는 어쩔 수 없이 서운한 느낌이 표롯이 솟아오른다. 나한테 저 옷을 사달라고 졸라댔다면 내가 얼마나

사랑과 성공은 기다리지 않는다

신이 나서 사줬을까 하고.

　하지만 나는 안다. 내게는 그런 투정을 부릴 자격이 없다는 것을. 다른 누구도 아닌 바로 내가 그렇게 살아왔지 않는가? 다만 이제는 어찌할 수 없는 회한 같은 것이 묻어나는 가슴을 쓸어내리며 쓸쓸하게 미소를 지어 볼 뿐이다. 켄에게 좀 어리광도 부려 볼 걸 그랬어. 남들처럼 나도 저 옷 갖고 싶어요, 저 옷 좀 사주세요 하고 졸라대기라도 할 걸. 저 귀걸이 예쁘죠? 나 저거 사는 게 소원이에요 하며 졸라대기라도 할 걸. 그랬다면 그이가 무슨 수를 써서라도 사줬을 텐데…… 그렇게 내게 무언가를 사주고 있는 자신의 모습에서 더 없는 즐거움을 느꼈을 텐데……. 그러나 이제 와서 누구를 원망하랴? 모두가 내 마음에 여유가 없었던 탓이다.

　나이가 들어가면서 새삼 '업보' 라는 말이 가슴에 와 닿는다. 더도 아니고 덜도 아니라 꼭 내가 한 그만큼의 업보가 내게로 되돌아오는 것을 자주 목격하게 되는 것이다. 켄이 갑자기 우리들 곁을 떠나 천주님에게로 귀의하셨을 때도 그랬다. 넋잃은 사람으로 장례절차를 다 마친 다음 성미와 현미에게 나는 물었다. 너희들은 앞으로 어떻게 할래? 여기 남아서 공부를 계속 할래? 아니면 엄마 따라서 한국으로 돌아갈래? 그 아이들은 며칠 동안 시간을 달라고 했다. 그리고 그 며칠이 지난 다음 이렇게 대답했다. 저희들은 여기 남아서 공부를 계속할래요. 솔직히 말해서 서운했었다. 그러면서도 그렇지, 너희들이야말로 내 딸들이지 싶었다. 아이들을 둘 다 떼어놓고 혼자 돌아오는 나를 보고 어머니는 말씀하셨다.

　"으이구, 에미년이나 딸년들이나 똑같이 모질기 짝이 없는 년들이여!"

　그러나 나는 안다. 나로서는 그 일을 결코 서운하게 받아들여서는 안 된다는 것을. 물론 아이들이 내 곁에 있어줬다면 갑자기 무너져버린 하늘 아래서 나 홀로 견뎌내야만 했던 외로움과 두려움과 고통이 한결 더 가볍게 느껴졌을 것이다. 그러나…… 과연 그것이 진정으로 아이들을 사랑하는 일인가? 다만 내가 그 아이들의 엄마라는 이유만으로 그 아이들의 삶을 내멋대로 휘둘러도 좋은 것일까? 아니다. 결코 그렇지 않다. 진정으로 그 아이들을 사랑한다면 그 아이들로 하여금 저만의 하늘로 마음껏 날아가도록 내버려두어야 한다. 그 날개짓을 함께하지는 못할망정 족쇄를 채워 새장에 가두려 한다면 그것은 이미 사랑이 아니다. 그렇게 나는 서운해지는 내 마음을 꾸짖었다. 그리고 내 아이들을 진정 자랑스럽게 생각했다. 그 아이들은 이미 자신의 삶의 중심에 굳건히 뿌리를 내리고 있었던 것이다! 그 아이들은 이미 스스로를 사랑하는 방법을 알고 있었던 것이다!

가끔씩 그런 이야기를 듣는다. 어떻게 이 세상에 단 둘밖에 없는 혈육을 외국에다 떨구어 놓고 혼자 사느냐고. 그것도 더구나 이제 갓스무 살을 넘었을 뿐인 여자아이들을. 어떤 이는 너무 놓아서 기르는 것이 아니냐고 질타하기도 하고 또 어떤 이는 너무 관심을 덜 쏟는 것이 아니냐고 힐난하기도 한다.

그러나 나는 그 아이들에 대하여 깊은 신뢰를 가지고 있다. 내가 그 아이들에게 한 교육에 대해서도 흔들리지 않는 확신을 가지고 있다. 네 삶의 주인은 너야. 무엇보다도 너 자신을 사랑하도록 해. 자신을 사랑할 만한 가치가 있는 사람으로 만들기 위해서 끝없이 노력해야 돼. 아무도 너를 대신해서 네 삶을 살아 주지는 않아. 네 중심을 똑바로 세워. 용감해야 돼. 삶은 누구에게나 한 번뿐이야. 있는 힘껏 부딪쳐 보는 거야. 그리고 엄마는 어떠한 경우에도 너를 사랑하고 지지해 주는 너의 가장 좋은 친구란다.

때로는 곁에 있는 사람을 `외롭게 할 수도 있다. 때로는 곁에 있는 사람을 서운하게 할 수도 있다. 그러나 차라리 때때로 그렇게 하는 것이 곁에 있는 사람에게 언제나 끝없는 부담을 주고, 견딜 수 없는 괴로움을 주고, 감당할 수 없는 짐을 지우는 것보다는 훨씬 더 나은 일이다.

너 자신을 사랑하라……. 우리가 평생 잊어서는 안 될 절대명제들 중의 하나이다. 열애에 빠진 애인들이 서로를 위하여 베풀어주는 그 뜨겁고도 섬세한 마음 씀씀이보다도 더한 정성을 다른 누구도 아닌 바로 나에게 먼저 베풀 줄 알아야 한다. 다른 사람에게 인정받고 그 대가를 되돌려받기 위한 삶이 아니라 자아의 실현을 위하여 전력투구하는 삶을 살아야 한다. 자신이 가장 잘할 수 있는 일이 무엇인지를 발견해 내고, 그 일을 좀 더 잘하기 위하여 최선의 노력을 기울이고, 그렇게 노력하고 있는 자신을 사랑해야 한다.

그렇게 산 사람은 결코 인생이 허무하다는 따위의 나약한 소리를 늘어놓지 않는다. 스스로 충만한 까닭이다. 그리고 그런 사람만이 진정으로 타인을 사랑할 수 있다. 그런 사람은 적어도 어긋나버린 자신의 삶을 뒤늦게야 발견하고 그 모든 잘못의 원인을 타인에게서 찾으려 드는 어리석음을 범하지는 않는다. 자신의 삶의 중심에 굳건히 뿌리내리고 있는 까닭이다.

시간을 늘여 사는 법

비전과 목표가 확실한 사람에게는 언제나 시간이 없다.
오십이 되어도 무엇을 해야 좋을지를 모르는 사람에게는
시간이 남아돌기 마련이고 스무 살이어도 무엇을
하고 싶은지가 분명한 사람에게는 시간이 모자라는 법이다.

지난봄 어느 여대의 초청으로 가진 강연회장에서의 일
이다. 스무 살 전후의 초롱초롱한 눈망울들을 맑게 빛내
며 나를 주목하고 있는 여대생들을 내려다 보면서 말을 잇자니 자
못 감회가 새로웠다. 삼십 년 전의 내가 그 어느 구석엔가 앉아서
나를 바라보고 있는 것 같은 느낌이었던 것이다.

그러나 다만 느낌이었을 뿐, 삼십 년 전의 나는 간 곳이 없고, 대
신 오십 줄에 들어선 여인이 자신의 인생을 거울삼아 서툰 이야기
자락들을 풀어나가고 있는 중이었다. 정말 세월은 흐르는 물과 같
아…… 강연하는 내내 나를 사로잡고 있었던 생각이다. 나는 그 생
각을 그들에게 전해주고 싶어 정색한 얼굴로 그렇게 이야기했었다.

"여러분들 5년 뒤의 자신의 모습을 상상해 본 적이 있어요? 어떤
모습을 하고 있을 것 같아요? 아니, 어떤 모습의 사람이 되어 있고

싶으세요? 10년 뒤의 모습은요? 20년 뒤, 40년 뒤의 모습은요? 40년 뒤면 여러분도 할머니가 돼요. 어떤 삶을 살아온 어떤 모습의 할머니가 되어 있고 싶으세요?"

정색을 하고 던진 질문이건만 뜻밖에도 학생들은 까르르 웃음을 터뜨렸다. 아마도 할머니가 된 자신의 모습을 상상하기에는 그들이 지금 누리고 있는 젊음이 너무도 눈부신 것이었기 때문이리라.

나는 그토록 밝은 웃음을 거리낌없이 터뜨리는 그들의 모습이 더없이 아름다워 보이면서도 동시에 내심 안타까운 느낌에 휩싸이게 되는 것은 어찌할 수가 없었다. 젊음은 길지 않다. 삶 자체가 그리 긴 과정이 아닐진대 어찌 젊음이 길 수 있겠는가? 그러나 안타깝게도, 나이를 먹는다는 것과 늙어간다는 것을 상상할 수 없는 것이 바로 젊음이기도 하다.

결코 즉흥적으로 던진 질문은 아니었다. 5년 뒤의 나는 어떤 모습으로 삶을 살아가고 있을까? 10년 뒤의 나는 어떤 모습의 사람이 되어 있어야만 하는 걸까? 이런 식의 자문을 던지고 그것에 대해 깊이 생각해 보는 것은 나의 오래된 습관이다. 아니, 습관이라기 보다는, 차라리 자기훈련의 한 과정이라고 표현하는 것이 옳겠다.

스무 살 때 나는 내게 그런 질문을 던졌었다. 서른 살 때도 나는 내게 그렇게 물어보았다. 마흔아홉이 되었을 때 내가 그 질문에 대한 답을 구하는 일의 하나로써 실행했던 것이 바로 ≪스물셋의 사랑 마흔아홉의 성공≫이라는 책을 집필하는 것이었다. 그리고 오십이 된 지금도 나는 내게 그렇게 묻는다.

질문보다도 중요한 것은 그 답을 구하는 과정이다. 어떤 사람이 되어 있어야 되겠다는 욕망이 강할수록 그런 사람이 될 가능성은 그만큼 짙어진다. 그런 사람은 10년 뒤의 자신의 모습(vision)을 추구하기 위하여 오늘 얼마만한 노력을 기울여야 하는가를 안다. 물론 강렬한 성취동기(욕망)를 가지고 있고 그것을 위해 최선의 노력을 기울인다고 해서 반드시 그것을 이룩하게 되는 것은 아니다. 그러나 적어도, 분명한 비전을 가지고 있는 사람이 그것을 성취할 가능성이 훨씬 높다. 이상(내가 도달하려고 하는 상태)과 현실(현재 내가 처해 있는 상태) 사이의 갭을 자주 확인하는 사람만이 길을 잃지 않는다. 그러기 위해서는 끊임없이 자신에게 물어보아야 한다. 10년 후, 20년 후, 40년 후의 너는 어떤 사람으로 변신해 있고 싶은가?

자신에게 그런 질문을 던지고 그 답을 구해 나가는 과정은 정교한 지도와 든든한 나침반을 하나 가지고 산행에 나서는 것과 같다. 지도 위에는 내가 도달해야 되는 산의 정상이 표기되어 있다. 나침반에는 그리로 향하는 방향이 명시되어 있다. 물론 도달해야 될 정상까지의 거리를 줄여 나가는 방법은 단 하나밖에 없다. 한 발 한 발을 내디딜 때마다 자신의 체중을 그리로 옮겨 실어 몸을 이동시켜 나가는 방법이다. 그럴 때 지도와 나침반은 필수적이다. 그것을 가지고 있어야 내가 나아가야 할 방향을 안다. 그것을 가지고 있어야 내가 여태까지 얼마만큼 왔고 앞으로 얼마만큼을 더 가야 하는지를 알 수 있는 것이다. 적어도 엉뚱한 곳으로 접어들어 시간과 노력을, 다른 말로 하자면 인생 그 자체를, 허비해버리는 어리석음을 피해갈 수 있는 것이다.

5년 뒤에 어떤 사람이 되어 있겠다는 의지가 확고한가? 10년 뒤의 자신의 모습을 명확히 떠올려 볼 수가 있는가? 그것이 확고하면 확고할수록 점점 더 분명해지는 사실이 있다. 바로 '시간이 없다'는 것이다. 스무 살 때는 시간이 많고 오십이 되면 시간이 없는 것이 아니다. 비전과 목표가 확실한 사람에게는 언제나 시간이 없다.

오십이 되어도 무엇을 해야 좋을지를 모르는 사람에게는 시간이 남아돌기 마련이고 스무 살이어도 무엇을 하고 싶은지가 분명한 사람에게는 시간이 모자라는 법이다. 스스로 시간이 남아돈다고 말하는 사람에게는 인생이 긴 것일까? 그럴지도 모른다. 그러나 아마도 그는 성실한 삶을 살아가고 있는 사람은 아닐 것이다. 비전과 목표가 확실한 사람들은 언제나 이렇게 말해왔다. 인생은 너무나 짧다고. 그런 사람들은 언제나 풀 수 없는 질문들을 던져왔다. 시간을 좀 더 늘여 사는 방법은 없을까? 하고.

시간 자체를 늘일 방법은 없다. 모든 사람들에게 하루는 정확히 24시간일 뿐이다. 영리하거나 부유하다고 해서 25시간을 살 수 있는 것도 아니고 어리석거나 가난하다고 해서 23시간을 살 수 있는 것도 아니다. 그런 뜻에서 시간만큼 공평한 것도 없다. 지능이나 부에서는 결코 공평하다고 할 수 없는 차이가 현존하지만 시간문제에 있어서만큼은 모든 이가 동등한 출발선상에 서 있는 것이다. 그러나 그렇게 공평하게 주어져 있는 시간도 그것을 어떻게 운용하느냐 하는 방법에 따라서 커다란 차이를 보이기도 한다. 무엇을 해야 좋을지를 몰라 빈둥거리는 사람에게는 하루가 너무도 길고 지루할 뿐이다. 어쩌면 그 사람들은 하루에 20시간이나 2시간 정도밖에 살고 있지 못한 것일지도 모른다. 그러나 시간의 소중함을 알고 매시각의 일분 일초까지 알뜰하게 사는 사람은 하루를 30시간이나 40시간쯤으로 늘여버리기도 한다.

내게 이미 습관처럼 굳어져 있는 방법들 중의 하나는 동시에 두세 가지 일을 함께 해치우는 것이다. 물론 극도의 긴장상태 속으로 몰입해야만 가능한 일은 그렇게 처리할 수 없다. 그러나 가령 텔레비전 뉴스를 시청하는 일 같은 것은 그다지 몰입해야 될 필요가 없다.

그럴 때 나는 텔레비전을 보면서 동시에 다른 일을 한다. 예컨대 스트레칭 체조나 요가를 하는 것이다. 음악을 듣는 것도 마찬가지이다. 음악평론가로 데뷔할 욕심이 없는 바에야 꼼짝 않고 앉아서 그것에 온신경을 집중시켜야 할 필요는 없다. 그저 편안히 들으면서 긴장을 이완시킬 수만 있다면 그것으로 족한 것이다. 그런 때 나는 다림질을 한다. 혹은 설거지를 한다. 결코 다림질만을 한다거나 설거지만을 한다거나 텔레비전만을 시청하는 일 따위는 하지 않는다. 그런 것을 하면서 흘려보내는 시간이 너무도 아까운 것이다.

조금만 신경을 쓴다면 이런 종류의 동시격파작전(?)은 얼마든지 가능하다. 사이클머신에 앉아 땀을 뻘뻘 흘리며 운동을 하면서 텔레비전의 뉴스를 시청한다. 진공청소기로 마루를 쓸고 닦으며 오후에 있을 브리핑을 리허설해 본다. 오랜만에 신나는 록음악을 온집안에 쾅쾅 울려 퍼지게 틀어 놓고는 밀려 있는 다림질을 해낸다. 칭얼대는 아이를 요람에 누이고 그것을 발로 흔들어대면서 반드시 읽어야할 책을 읽는다. 자동차로 이동하는 경우에는 회화테이프를 틀어놓고 공부한다. 비행기로 이동하는 경우에는 그 두께에 밀려 감히 읽을 엄두도 내지 못했던 두툼한 책 한 권쯤은 독파한다…… 그래, 그렇게 악착같이 일들을 겹쳐 놓아서 벌 수 있는 시간이 도대체 얼마나 되느냐고 반문하는 사람들도 있을 것이다.

그러나 그렇게라도 하지 않으면 우리는 일초도 더 살 수 없다. 그리고 우리의 일견 길어보이는 일생이라는 것도 실은 그런 일초들의 유한한 병렬집합에 불과할 뿐이다.

한때는 시간을 아껴쓰는 것에 대한 나의 집착이 그 도를 너무 지나쳐서 좋지 못한 습관으로 굳어버린 적도 있었다. 친구들과의 약속에 항상 5분쯤 늦게 도착하는 것이다. 비즈니스 상의 약속에서는 절대로 그런 일이 없다. 언제나 정시 도착 아니면 2-3분 전 도착이다. 그러나 친구들과의 약속에서는 나는 언제나 5분쯤 늦게 도착하곤 했다. 약속장소에 일찍 도착해서 몇 분쯤 그냥 기다리며 흘려 보내는 시간이 너무도 아까웠기 때문이다.

물론 친구들은 그것을 문제삼지 않았다. 항상 나보다 늦게 오는 친구들이 훨씬 더 많았기 때문이다. 그러나 결국 나는 그 버릇을 고치기로 결심하였다. 비록 5분쯤 늦게 도착해도 제1착이 되는 경우가 허다했지만 의도적으로 5분쯤 늦는다는 것이 친구들에 대한 예의도 아니고 너무 이기적이라는 판단을 했던 것이다. 대신 일찍 도착해서 그냥 흘려 보내야만 하는 시간을 위하여 언제나 읽을거리들을 가지고 다니기로 했다. 언제 어디서 어떤 짬이 날지 모르는 일이 아닌가? 덕분에 나의 핸드백이나 가방 속에는 항상 조그만 문고본 책이 자리를 잡고 있다.

시간을 아끼고 언제나 팽팽히 긴장해 있는 사람에게 짜투리 시간처럼 속을 상하게 하는 존재(?)도 없다. 일의 진행과정상 어쩔 수 없이 남아도는 2-3분 짜리 혹은 30-40분 짜리 시간들 말이다. 가령 콘서트를 보려고 갔을 때 매표구 앞에 길게 늘어선 줄 끝에 서 있어야 하는 경우들 말이다. 그 자리를 비켜나와 다른 곳으로 이동할 수도 없고 무언가 의미 있는 일을 시도해 볼 수도 없는 경우들.

그럴 때 나는 스트레칭을 한다(그놈의 스트레칭은 참 쓸모도 많다!). 서 있는 자세 그대로 근육을 쭉쭉 늘이는 체조를 하는 것이다. 내 바로 앞이나 뒤에 서 있는 사람도 내가 무엇을 하고 있는지 눈치채지 못한다. 그러나 나는 하이힐 뒤꿈치에서 발목을 떼고, 허리를 곧게 펴고, 뒷짐을 진 양손을 한껏 늘이고, 목을 둘러싸고 있는 근육들을 길게 펼치면서 스트레칭 체조를 하고 있는 것이다. 그래야 내가 시간을 허비하고 있다는 생각이 들지 않아 불쾌해지지 않는다. 그래야 내가 내 삶을 팽팽하게 유지하고 있다는 생각이 들어 편안해지는 것이다.

내게 주어져 있는 시간이라고 해서 그것이 온전히 내 몫이 되는 것은 아니다. 우리는 로빈슨 크루소가 아니다. 이 사회에서 살고 있는 한 누군가와 공유해야 되는 시간이 훨씬 더 많은 것이다. 바로 그렇기 때문에 '내 몫의 시간' 은 따로 떼어놓아야 한다.

그런 뜻에서 시간은 건강과도 같다. 건강 역시 따로 떼어놓아야 하기 때문이다. 자신에게 부여되어 있는 일들을 위하여 자신이 가지고 있는 에너지를 다 쓴 다음 그래도 남은 것이 있으면 그제서야 비로소 건강에 신경을 써서는 늦다. 건강과 시간을 지키기 위하여 투자하는 노력은 다른 모든 것에 앞서 일찌감치 따로 책정되어져 있어야 한다는 뜻이다. 그것을 확보하려는 노력을 명확히 하지 않으면 언제나 남들에게 휘둘려 제 몫을 찾을 수 없는 것이 바로 건강과 시간인 것이다.

"조안, 이번 토요일 스케줄이 어때요?"

"그건 왜 물으세요?"

"토요일 오전에 우리 회사에서 중요한 회의가 있어요. 조안이 꼭 참석해 주어야 되겠어요."

"토요일 오전은 안 되겠는데요? 제게 스케줄이 잡혀 있어요."

"아니 조안, 이건 대단히 중요한 회의예요. 조안이 우리 일을 맡아주고 있는 한 꼭 참석해 주셔야만 하겠어요."

"어머 그런 억지가 어디 있어요? 나하고는 사전에 아무런 협의

사랑과 성공은 기다리지 않는다

147

도 없이 결정해 놓고는 무조건 참석해야만 된다니? 그럴 순 없어요."

"물론 그건 우리가 잘못했소. 정말 미안하게 생각하오. 이건 강요하는 게 아니라 부탁하는 거요, 제발…… 스케줄을 좀 조정해서라도 어떻게 안 되겠소?"

"죄송해요, 조정할 수가 없어요."

"도대체 어떤 스케줄인데 그래요?"

"산에 가야 돼요."

"네? 등산말이요? 아니, 그런 일이라면 미룰 수도 있잖소?"

"무슨 말씀을 그렇게 하세요? 저한테는 이번 토요일날 등산가는 것보다 더 중요한 스케줄은 없어요. 지난주 초에 일찌감치 잡아놓은 스케줄이라고요. 그건 바꿀 수가 없어요. 정 제가 참석하기를 원하신다면 차라리 회의일시를 다른 날로 옮기세요."

비즈니스라는 것에 몸 담아온 지 벌써 수십 년……. 그 동안 수도 없이 되풀이되어온 대화이다. 혹시 너무 매몰찬 것이 아니냐고 생각할 수도 있다. 어쩌면 그럴지도 모른다. 그러나 '자기 몫의 시간'을 챙기려면 때때로 매몰차다는 소리도 감수해야만 한다. 이런 저런 사정을 다 봐주다 보면 결국엔 단 일초도 확보할 수 없는 것이 바로 '내 몫의 시간'이다. 내가 그나마 띄엄띄엄 등산이라도 다니면서 건강과 휴식을 누릴 수 있었던 것은 모두 이런 시간확보전쟁(!)에서 매몰찬 자세를 유지하려고 노력했기 때문일 것이다.

다른 사람들로부터 '저 사람은 자기 시간관리에 철저한 사람'이라는 평가를 받게 되면 의외로 흡족한 대우를 받는 경우도 많다.

언젠가 스위스 대사가 초청한 디너파티와 관련된 이야기이다. 때마침 그 파티도 토요일 오후에 열리기로 되어 있었던지라 나는 확

답을 줄 수가 없었다. 역시 산행계획이 잡혀 있었기 때문이다.

"아니 못 올 수도 있다니…… 그게 무슨 말씀이세요? 조안이 안 오면 내 얼굴이 뭐가 되겠소?"

그 동안 여러 차례의 비즈니스가 겹쳤던 까닭에 한국에 와 있는 스위스 사람들과 더없이 돈독한 관계가 유지되고 있었기에 하는 말이었다.

"죄송해요, 대사님. 그날 등산을 가기로 했거든요. 일찍 하산하게 되면 물론 참석하겠지만 그것을 장담할 수 없으니 그렇게 대답할 수밖에요."

내 성격을 잘 아는 그는 더이상 토를 달지 않았다.

"그럼 나한테는 그저 기도할 일밖에 안 남았구료. 대신, 일찍 내려오면, 꼭 오겠다고는 약속해줘요."

"그야 두말 하면 잔소리죠!"

그러나 그날의 하산은 늦어졌다. 새로운 코스로 갔던 까닭이기도 했지만 때마침 산 전체를 태울듯이 물들었던 단풍이 너무 고왔던 탓이다. 산길을 버리고 아스팔트 위에 발을 내려놓고 보니 벌써 어둠이 짙게 깔린 저녁 무렵이었다. 집에 가서 몸을 씻고 옷을 갈아입고 가기에는 너무 늦어버린 시간이었다. 할 수 없지 뭐…… 그냥 집에 가서 쉬어야지…… 그러나 그렇게 생각하고 포기하려니 자못 애절한 표정으로 파티에 와줄 것을 몇 번이고 이야기하던 대사의 얼굴이 떠올라 마음이 영 편치 못했다. 집으로 가는 길과 파티장으로 가는 길 사이에서 한참 동안을 서 있던 나는 이내 결심을 굳혔다. 그냥 이렇게 입은 채로 가자! 가서 얼굴이라도 내비치는 게 그래도 그분에 대한 예의가 아니겠는가!

그렇게 마음 먹은 내가 당당한 표정으로 파티장의 문을 활짝 열

사랑과 성공은 기다리지 않는다

고 들어가니 모두들 입이 딱 벌어졌다.

　신사들은 모두 다 정장을 하고 여인들은 모두 다 잔뜩 멋을 부린 이브닝드레스들을 입고 모여 있는 파티장에 흙먼지가 풀풀 이는 등산복 차림으로 불쑥 들어서는 여자가 있었으니 입이 딱 벌어질밖에! 경악과 당혹감이 찬탄과 유쾌한 웃음으로 바뀌는 데에는 그러나 그다지 많은 시간이 걸리지 않았다.

　"제가…… 못 올 데 온 모양이죠?"

　"아니, 아니, 조안…… 산에서 곧바로 오는 길이구료!"

　"그래요, 집에 들렀다가 오면 너무 늦겠더라구요. 그래서 이런 차림을 해가지고라도 여러분들 얼굴이나 뵙고 가는 것이 예의겠다 싶어서…… 그냥 갈까요?"

　"아니에요, 조안, 무슨 말씀을! 자, 자, 여기들 주목해 주십시오! 모두들 조안 리 씨 아시죠? 우리 스위스의 경제인들과 정치인들이 한국에서 활동을 펼칠 때마다 발벗고 나서서 도와주셨던 그 조안 리 씨요! 오늘 이 자리는 도저히 스케줄이 안 맞아 못 오실 자리였는데 이 늙은 대사의 얼굴을 봐서 이렇게 참석해 주셨소! 자, 조안, 이리로 오시오, 이렇게 바쁘신 분을 모시게 된 걸 더없는 영광으로 알겠소!"

　파티장의 분위기는 갑자기 새로운 활기에 넘치게 되었다. 원래부터 알던 사람들은 나의 그런 출현을 조안 리다운 방식이라며 유쾌하게 받아들였고 처음 만나는 사람들은 호기심에 가득찬 얼굴로 내게 이것저것을 물어보면서 즐거워했던 것이다.

　"어느 산에 다녀오시는 길이세요?"

　"도봉산이요."

　"원래부터 산행을 좋아하시나 보죠?"

"네, 거의 중독상태랍니다, 하하하……."

"스위스에도 와 보셨나요? 산하면 역시 저희 스위스 아닙니까?"

"물론이죠! 융프라우, 정말 멋있는 곳이에요. 한동안은 그곳에 대한 꿈도 꾸었답니다."

"마터호른에도 올라보셨나요?"

"아니요, 아직."

"스위스에 오시면 꼭 연락주십시오. 제가 마터호른의 안내등반을 해드리죠, 물론 제 실력이 그다지 뛰어나지는 못하니 일반 루트로요. 어떠세요?"

"그 말…… 책임지셔야 돼요? 난 간다면 가는 사람이라구요."

참으로 오랜만에 맛보는 즐거운 파티였다. 격의없이 가슴을 터놓고 정담을 나누는 그야말로 말 그대로의 파티……. 내가 만약 자기 몫의 시간을 챙기는 데 있어서 그토록 지독한 사람이 아니었더라면 어떠했을까? 아마도 토요일 오전 내내 집에서 빈둥거리다가 시간이 되면 남들처럼 화장을 하고 드레스를 입고선 일찌감치 파티에 참석했을 것이다. 그리고는 사실 그 내막을 들여다보면 지리하기 짝이 없는, 틀에 박힌 절차들 속에서 어울리고자 마음에도 없는 미소를 힘겹게 머금고 있었을 것이다.

다른 사람들이 만약 내가 자기 몫의 시간을 챙기는 데 있어서 그토록 지독한 사람이라는 사실을 인정해 주지 않고 있었더라면 어떠했을까? 그들은 결코 흙먼지가 폴폴 이는 등산복차림으로 파티장의 문을 당당하게 열어 제치고 들어온 한 여자를 용서해 주지는 않았을 것이다. 무엇보다도 그녀를 자신만의 삶의 스타일을 가지고 있는 한 사람으로 받아들여 그렇게 마음을 터놓은 대화를 나누고 있지는 않았을 것이다.

시간을 아끼느라고 촌각을 다투는 삶을 살아가고 있는 사람에게는 세상 모든 것을 바라보는 그 사람만의 시각이 생겨나기 마련이다. 가령 비즈니스 상의 필요에 의하여(설령 단순히 사교와 휴식을 표방하고 있는 파티라고 하더라도 그 내면의 본질은 어디까지나 비즈니스 상의 필요에 닿아 있기 마련이다) 참석해야만 되는 파티를 바라보는 시각이 그렇다.

파티에 가보면 그곳의 분위기를 환히 밝히고 있는 것은 언제나 여성들이다. 그들은 대체로 멋진 헤어스타일에 정성을 잔뜩 들인 화장을 하고 있으며 화려한 드레스를 입고 그 자태를 뽐내고 있다.

반면 대개의 경우 나는 그저 회사에서 입고 있던 비즈니스룩 차림 그대로 참석하곤 한다. 그러나 나는 그 화려한 옷차림의 여성들 앞에서도 결코 주눅들지 않는다. 파티를 혹은 아름다움을 바라보는 시각 자체가 다르기 때문이다.

화려하지 않은 옷차림이면 어떤가? 아침에 스스로 매만진 헤어스타일 그대로 파티에 나가면 또 어떻단 말인가? 감추려고는 애를 써도 언뜻언뜻 얼굴 위로 번져나가는 피곤함을 어찌하란 말인가? 생각하기에 따라서는 그것이 훈장일 수도 있다.

시간을 아껴가며 자신의 일에 매달리느라 촌각을 다투고 있는 여자들만의 아름다움.

이름뿐인 여류명사이거나 남성명사(명사 앞에 남성을 붙이자니 좀 우습기는 하다)의 부인들이 그 파티를 위하여 자신의 외양을 가꾸고 있던 바로 그 시간에도 자신이 하고 있는 일에 최선의 노력을 다하기 위하여 분투하다가 허겁지겁 파티장으로 달려온 비즈니스 우먼의 아름다움. 진정한 아름다움은 어쩌면 그런 것인지도 모른다. 그런 아름다움이라면 훈장 하나쯤은 기꺼이 달아 줄 수도 있지 않겠는가?

　프로는 프로를 알아본다. 당신이 함께 일할 만한 여성 파트너를 찾고 있는 남자(여자라도 좋다)라고 상상해 보자. 당신은 누구와 함께 일하기를 원하겠는가? 화려한 드레스 위에 곧 바스라질 것처럼 위태롭게 피어난 꽃 같은 여자와? 아니면 단정한 비즈니스 슈트를 걸친 채 하루의 피로를 풀기 위해 칵테일 잔을 호기롭게 비워내고 있는 수수한 여자와? 대답은 명확하다. 한순간의 호기심이나 불현듯 피어나는 연애감정 따위는 논외로 하자. 진정 비즈니스를 위한 것이라면 누구나 후자를 선택한다.

　실제로 겉보기엔 한없이 풀어져 있는 분위기의 파티장에서일지라도 그 한구석에서는 중요한 비즈니스 상의 협의가 이루어지는 경우가 다반사이다. 화려한 외양의 여인들이 즐거운 비눗방울 같은 웃음소리를 사방으로 흩날리고 있을 때 수수한 비즈니스 슈트의 여인들은 새로 시작될 비즈니스를 위하여 조용한 축배를 들고 있는 것이다. 시간을 아껴쓰는 사람들은 그렇게 산다.

　이 땅 위에서 몇 년을 살아가느냐는 그다지 중요하지 않다. 건강을 위하여 최대한의 노력을 기울여야 한다는 것은 분명하지만 하다못해 예기치 못했던 사고로 급작스럽게 삶을 마감하게 되는 사람들도 많다. 중요한 것은 매일매일을 어떻게 살아가느냐이다. 남들과 똑같이 24시간밖에 배당받지 못한 시간을 어떻게 늘여서 사느냐이다. 그 24시간을 치열하게 살아낼 때 비로소 5년 뒤의 자신의 모습이 보인다. 10년 뒤의 자신의 모습은 저절로 형성되는 것이 아니다. 20년 뒤에 어떤 사람이 되어 있을지를 결정하는 것은 바로 오늘 내가 나의 시간을 어떻게 사용하고 있느냐이다. 그 시간을 아껴써야 한다.

시간이란 참으로 유니크한 존재이다. 내게 지금 남아돈다고 해서 저축해둘 수도 없고 남에게 빌려줄 수도 없다. 남에게서 빌려온다는 것은 더더욱이나 불가능하다.

내가 지금 무엇을 해야 할 것인가를 분명히 인식하고 있는 사람들에게 있어서 시간이란 '언제나 모자란' 것으로 받아들여지는 것은 그 때문이다. 자신에게 주어진 삶을 치열하게 살아내려고 하는 사람들은 그래서 때때로 비장해진다. 오늘 내게 주어진 이 시간이 바로 내게 남겨진 최후의 시간일지도 모른다는 각오로 자신의 일에 몰두할 수밖에 없는 것이다.

그런 뜻에서 시간의 속성을 제대로 드러내는 데에는 아날로그 방식보다는 디지털 방식이 제격인 듯싶다. 아날로그 방식의 시계는 우리에게 다소 나이브(naive)한 인식과 행복한 환상을 심어준다. 오늘 오후 5시가 지나도 시침이 두 바퀴만 더 돌면 다시 오후 5시가 된다는 환상 말이다. 그러나 오늘 오후 5시와 내일 오후 5시는 전혀 별개의 시간이다.

시간의 영역에서 반복이란 없다. 한번 지나간 것은 영원히 지나간 것이다. 디지털 방식의 시계는 바로 시간이라는 것이 가지고 있는 이 냉혹한 일회성을 적나라하게 표현하고 있다. 숫자가 바뀌면 그뿐, 결코 뒤로 돌아가거나 반복되지 않는 것이다. 만약 그 디지털의 불이 꺼져버리면? 그것으로 끝일 뿐이다. 허망하지만 그것이 진실이다.

잊지 말자, 남은 시간은 언제나 많지 않다!

일과 돈과 자유

자신의 일을 사랑해서 누구보다 그 일을 열심히 하고
그 결과 기분좋은 부산물로서의 돈을 벌고
그 돈으로 정신적 육체적 자유를 확보하여 당당하게 살아가는 것.
그것이야말로 일과 돈과 자유가 가장 행복하고
품위있게 맞물릴 수 있는 멋진 삼각관계일 것이다.

 "조안 리 씨, 요즘 경기가 어떠십니까? 여전히 사업이 잘 되나요?"

"그 동안 돈은 많이 벌어놓으셨겠죠? 통장이 두둑하시겠어요?"

"이제 자잘한 일들은 후배들한테 넘겨주시고 큰 일들만 맡아서 하세요. 덩치도 크고 단가도 높은 거, 그런 일만 몇 개 골라서 하셔도 수입은 충분하시잖아요."

때때로 주변사람들로부터 듣게 되는 말이다. 내게 이런 식의 질문을 던지는 사람들이라면 십중팔구 서로 알게 된 지 얼마 되지 않는 사람들일 경우가 많다. 일과 돈을 대하는 나의 태도랄까 원칙 같은 것을 너무도 모르고 하는 이야기이니까.

나를 잘 아는 사람들은 결코 이런 식의 질문을 던지지 않는다. 대신 그들은 이렇게 묻는다. 요즘 하고 있는 일 재미있어? 그리고 그들은 돈 혹은 수입에 관련된 이야기 따위는 아예 꺼내지도 않는다.

우리가 무언가 자신의 일을 하면서 살아가는 이유들 중에는 물론 '돈을 벌기 위해서'라는 것도 있다. 어떤 이에게는 그것이 가장 중요한 이유가 될 수도 있을 것이다. 그러나 적어도 나의 경우는 그렇지 않다. 나에게 있어서의 돈이란 그저 '어떤 일을 하고 났더니 그 결과 부수적으로 생기는 작은 대가' 정도에 지나지 않는다.

가까운 이들 중에는 돈에 대한 나의 이러한 태도랄까 원칙 같은 것이 비즈니스를 하는 사람에게는 치명적인 약점이 될 수 있다면서 안타까워하는 분들도 계시다. 무슨 뜻인지 안다. 그리고 그런 말을 해주는 것도 나에 대한 사랑 때문이라고 받아들이고 고맙게 생각한다. 그러나 이미 고질화되어 있는 성향이라고나 해둘까? 그럼에도 불구하고 돈을 대하는 나의 이러한 태도가 바뀔 가능성은 거의 전무하다고 해도 좋다.

어떤 일을 하는 이유가 다만 '돈을 벌기 위해서'라면 그 일은 너무 쓸쓸하리라는 것이 나의 생각이다. 내가 일을 하는 이유는 단순하다. 그 일이 재미있어서. 그 일을 하는 게 즐거워서. 그 일을 통해서 나의 능력을 마음껏 발휘할 수가 있어서. 그 일을 통하여 나의 자아를 실현시킬 수가 있어서. 물론 단순하고 어찌 보면 순진하달 수도 있지만 내게는 그것만으로도 충분히 훌륭한 동인(動因)으로 작용하는 멋진 이유들이다. 그런 이유들 때문에 나는 일을 한다. 그리고 그 일을 끝마친 다음 부수적으로 따라오는 것이 바로 돈이라는 물질일 뿐이다.

따라서 내가 어떤 일을 하고 안 하고를 결정하는 데에는 돈이라는 것이 그다지 중요한 잣대로 작용하지 않는다. 나는 사람을 보고 일하지 돈을 보고 일하지는 않는다. 때때로 나의 사무실을 찾아온 고객들 중의 몇몇 사람들이 고개를 갸웃거리며 도저히 이해할 수 없다는 표정을 지어보이게 되는 것은 그 때문이다.

"아니, 조안 리 씨, 도대체 왜 이 일을 맡지 않으시겠다는 거죠? 지금 하고 계신 사업보다 훨씬 더 높은 수입을 보장해 드리겠다니까요? 정 미덥지 않으시면 제가 공증인을 불러다가 서명해 드릴 수도 있습니다."

그럴 때 되돌려주는 나의 대답이라는 것은 언제나 똑같다.

"죄송합니다만 그 일의 대가로 어느 정도의 수입을 보장받게 되느냐 하는 문제에 대해서는 저는 관심이 없습니다. 다만 저하고는 맞지 않는 일인 것 같아서…… 죄송합니다. 그만 돌아가 주십시오."

남들만큼만 돈맛을 알았더라도 지금쯤 엄청난 부를 축적했었을 사람…… 가까운 지인들이 지금도 나를 두고 안타까워서 견딜 수 없다는 듯 입맛을 쩝쩝 다시며 하는 소리이다. 내가 놓친 이른바 '빅 딜(Big Deal)'들을 두고 하는 이야기들이다. 그러나 '놓쳤다'고 이야기하는 것은 그들이고 '피해 갔다'고 이야기하는 것은 나다.

그랬다. 아무리 눈 앞에 큰 돈이 어른거려도 그 돈에 이르는 길이 '내가 흔쾌히 동의할' 만큼 올바르지 못하거나, 재미없어 보이거나, 내가 스스로에 대해서 가지고 있는 셀프-이미지와 위배될 때면 두 번 생각할 것도 없이 그 일에서 손을 떼어 버렸다. 그리고 그러한 결정에 대해서 결코 후회해 본 적이 없다. 돈이란 그렇게까지 해서라도 벌어야만 되는 물건은 아니라고 생각하기 때문이다.

언젠가 제3세계의 군부 실력자로부터 군용담요 수십 만 장과 군용 텐트 수만 동을 보내달라는 부탁을 받은 적이 있다. 단가도 상당히 괜찮게 쳐주는 거래여서 제대로 만들어 납품만 한다면 꽤 큰 돈을 만지게 될 것이 확실한 사업이었다. 그러나 나는 그 일을 거절하였다. 그가 원하는 기일에 맞추어 납품을 하는 것이 어렵기도 했지만 독재정권으로 분류되고 있는 제3세계의 군부를 위하여 일을 한다는 것이 영 마음에 걸렸던 까닭이다.

만약 '돈을 벌기 위해서'만 일을 한다면 이런 일이라고 해서 마다할 까닭이 없다. 오히려 가장 짧은 시간에 가장 적은 노력을 들여서 가장 많은 돈을 벌 수 있으니 체면이고 의리고 다 집어던지고 죽자살자 달라붙어야만 할 것이다.

그러나 과연 그렇게까지 해서 돈을 벌어야 하는가? 세상에는 돈보다 더 소중한 것들도 많지 않은가? 흥미, 즐거움, 보람, 나 자신의 셀프-이미지…… 적어도 내게는 이런 가치들이 돈보다는 훨씬 더 소중하다.

이렇게 이야기한다고 해서 내가 돈을 우습게 알고 있다고 지레짐작을 해버린다면 곤란하다. 사실은 전혀 그렇지 않다. 나는 돈을 더없이 소중한 것으로 여기고 있다. 돈 그 자체는 별다른 매력이 없는 물건이지만 그 돈으로 살 수 있는 것들 중에는 멋진 것들이 많다. 돈으로 살 수 있는 것들 중에서 가장 멋진 것은 무엇인가? 자동차도 아니고 모피코트도 아니고 아파트도 아니다. 바로 자유다. 가장 멋진 것인 동시에 결코 없어서는 안 되고 삶의 존재 이유 그 자체이기도 한 자유! 만약 다른 모든 것들을 다 살 수 있어도 정작 자유를 살 수 없다면 그 돈뭉치들은 모두 다 휴지 조각에 불과할 뿐이다.

돈을 전혀 가지고 있지 않으면서도 자유롭게 살아가는 사람들도 있을지 모르겠다. 가령 히말라야 깊은 산속에서 구도에 정진하고 있는 요기(Yogi) 같은 이들이 그럴 것이다. 그러나 나는 그렇게 살아갈 자신이 없다. 그렇다면? 돈을 가지고 있어야 한다. 그래야 자유로워진다. 단순히 무엇을 살 수 있는 경제적인 자유만을 뜻하는 것이 아니다. 육체적인 자유는 물론 정신적인 자유를 위해서도 돈의 존재는 필수불가결하다.

경제적으로 누군가에게 예속된 삶을 살아가면서 진정한 자유에 대하여 이야기할 수 있을까? 없다. 만약 그런 사람이 있다면 그는 행복한 몽상가이거나 하릴없는 거짓말쟁이일 뿐이다. 경제적인 자립이야말로 육체와 정신의 자유를 위한 최소한의 요건이다. 자유로운 삶을 원하는가? 그렇다면 돈을 벌어야 한다. 내가 생각하는 진정한 돈의 가치는 그것뿐이다. 육체와 정신의 자유를 누리기 위한 한 방편!

고등학교 시절부터 집을 나와 자취생활을 해보는 것이 나의 꿈이었다. 나는 대학에 들어가서 얼마 되지 않아 그 꿈을 이루게 되었다. 어떻게? 간단하다. 아르바이트를 해서 모은 돈으로 자취방을 얻은 것이다! 내가 돈을 모을 수 없었더라면 어떻게 되었을까? 그 해답 역시 간단하다. 부모님들의 만류에 못이기는 척 따라 그냥 집에서 생활하면서 가슴속으로만 불만의 소리를 되뇌이고 있었을 것이 뻔하지 않은가?

부부생활과 주부생활에 넌덜머리가 나서 매일매일 이혼을 꿈꾸면서도 이혼이야기를 꺼내보기는커녕 남편에게 큰 소리 한 번 치지 못하고 죽은 듯이 살아가는 사람들이 있다. 왜 그렇게 살아야만 하는가? 숱한 이유들을 주워섬길 수 있을 것이다. 그러나 그 중에서도 가장 핵심적인 이유는 바로 경제적 자립능력이 없다는 것이다. 그렇다. 그것은 냉혹한 현실이다. 경제적 자립 없이는 정신적 자유도 없다.

지난 가을의 어느 날 아침, 나는 회사로 향하던 출근길에 자동차

방향을 갑자기 틀어 김포공항으로 가버린 적이 있다. 가을 하늘이 너무도 아름다웠기 때문이다. 나는 그 길로 제주도까지 날아가 그 가을의 화창했던 이틀을 탐욕스럽게 만끽하고 돌아왔다. 어떻게 그런 자유를 누릴 수가 있었는가? 내가 내 회사의 대표이기 때문이다. 경제적으로 누구에게도 예속되어 있지 않기 때문에 그런 만용과도 같은 자유를 마음껏 누려볼 수가 있었던 것이다.

돈의 노예가 되느냐 돈의 주인이 되느냐? 어쩌면 돈과 관련된 이 모든 문제들의 핵심은 바로 이러한 질문 안에 고스란히 담겨 있는 것인지도 모른다. 돈이 너무 없으면 돈의 노예가 된다. 하루하루 생활을 영위하기에도 빠듯한 벌이를 가진 사람이 자유를 논하고 삶을 즐겁게 살아갈 수 있다고는 생각하지 않는다. 그러나 그 반면 역설적이지만 돈이 너무 많아도 돈의 노예가 된다. 언제나 '더 많은 돈'을 벌기 위하여 삶의 모든 것을 다 바치며 허겁지겁 뛰어다니고 있는 사람들이 우리 주변에는 얼마나 많은가? 나는 그렇게 살고 싶지는 않다. 나는 돈의 주인이 되어 그것을 부리면서 자유를 만끽하며 살아가고 싶다. 그리고 그 돈을 나는 내가 가장 하고 싶은 일을 열심히 한 결과 자연스럽게 생겨나온 부산물로서 받아들인다.

자신의 라이프스타일을 일정한 수준에서 고정시키는 것도 돈의 주인이 되기 위해서는 반드시 필요한 일이다.

"아니, 조안 리 씨 아니세요? 어디 갔다오시는 길이십니까?"

언젠가 공항 출구에서 다소 안면이 있던 한 사업체의 사장을 만나게 된 적이 있다.

"네, 안녕하세요? 뉴욕에 볼 일이 있어서 잠깐 다녀오는 길입니다."

"아니 그럼 저하고 같은 비행기를 타신 것 같은데…… 왜 못 봤을까? 장장 17시간이나 타고 오면서…… 어느 쪽에 앉아 계셨어요?"

"중간 앞쪽이요."

"네? 아니 그럼 비즈니스클래스로 타고 오셨단 말입니까?"

그가 너무도 놀란 표정을 지어 보여서 오히려 내가 민망해질 지경이었다.

"네, 그런데…… 그게 왜 그렇게 놀랄 일이죠?"

"아니, 뭐, 놀란 것은 아니고, 조금 의외라고나 할까요?"

"왜요?"

"저는 조안 리 씨 정도 되면 당연히 퍼스트클래스를 이용하실 줄 알았거든요."

더이상 할 말이 없었다. 물론 내게 퍼스트클래스를 이용할 만한 돈이 없었던 것은 아니다. 실제로 퍼스트클래스를 이용해 여행했던 적도 몇 차례 있다. 그러나 그런 몇 차례의 경험 끝에 내가 내린 결론은 비즈니스클래스만으로도 만족할 수 있다는 것이었다.

내가 이 자리에서 예의 그 사장님까지를 포함하여 퍼스트클래스를 이용하는 사람들을 매도할 생각은 추호도 없다.

내가 내린 결론은 다만 나 개인에게만 해당한다. 비행기로 해외여행을 할 때는 비즈니스클래스 정도로도 족하다고.

나의 라이프스타일이 고정된 것은 비교적 오래 전의 일이다. 아마도 30대 중반쯤이었다고 생각되는데 그때 나는 "이 정도로 누릴 수 있다면 비교적 쾌적한 삶을 살아가고 있다고 자위해도 괜찮을 것 같아" 하는 정도의 수입을 벌어들이고 있었던 것이다.

내게 있어서의 '비교적 쾌적한 삶'이란 그다지 대단한 수준의 것이 아니다. 그저 일 년에 한두 번쯤은 해외여행을 하고, 여행 가서 묵을 호텔은 초호화판의 현대식 건물은 아닐지라도 서비스가 깔끔하고 안전성이 높은 호텔이면 되고, 비행기 좌석은 비즈니스클래스 정도면 되고, 가끔씩은 친구들을 집으로 불러 저녁식사 정도를 대접할 수도 있고, 꼭 그것이 필요한 사람을 알게 되면 조금쯤은 도움을 줄 수도 있는 정도의 삶……. 나는 그 정도의 라이프스타일이면 만족할 수 있다고 생각했다. 그래서 그 이상으로 나의 라이프스타일을 끌어올리려는 노력은 일찌감치 그만두어버렸던 것이다.

보다 더 비싼 것, 보다 더 화려한 것, 보다 더 희귀한 것을 쫓아가기 시작하면 그것은 끝이 보이지 않는 경주가 되어버리고 만다. 소형차를 몰다 보면 중형차를 갖고 싶고 중형차를 몰다 보면 대형차를 가지고 싶어지는 것이 사람의 마음이다. 바로 그렇기 때문에 자신의 라이프스타일을 일정 수준에서 묶어두는 일이 필요하다. 그 수준은 물론 각 개인에 따라 다를 것이다.

그러나 어느 경우에도 "이 정도면 그런 대로 쾌적한 거야" 정도가 되면 그것이 적당한 수준이라고 받아들이는 것이 좋다. 그래야 검소함의 미덕을 체현할 줄 알게 된다. 그래야 진정한 의미에서의 '여유'라는 것을 누릴 수 있다.

자신에게 알맞는 쾌적한 수준의 라이프스타일을 유지하면서도 남는 돈이 있어야 여유로운 것 아닌가? 보다 더 비싼 것, 보다 더 화려한 것, 보다 더 희귀한 것을 쫓아가다 보면 아무리 돈이 많아도 언제나 모자란 듯이 느껴지고 그래서 불만만 쌓이기 마련이다. 진정한 부자는 누구인가? 더이상 필요한 것이 없는 사람이야말로 진정한 부자가 아닌가?

돈의 가치를 결정하는 것은 그것의 많고 적음이 아니다. 그것을 쓰는 사람의 태도가 돈의 가치를 결정한다. 아무리 비싼 물건이라도 알뜰살뜰하게 사용한다면 그 물건은 상대적으로 싼 물건이 되어버리는 것이고, 아무리 값싼 물건이라도 한 번 사용한 다음에 내팽개쳐버리면 그 물건은 턱없이 비싼 물건이 되어버린다.

우리 집에 놀러왔다가 우연히 주방 쪽으로 발길을 돌린 사람들이면 하나같이 내뱉는 경탄인지 한탄인지가 있다.

"아니, 얘, 이게 도대체 뭐니?"

"뭐긴? 보면 몰라? 전자렌지잖아."

"아니, 이게 도대체 언젯적 물건이니? 꼭 뭐 어디 박물관 같은데 전시되어 있으면 딱 알맞을 것 같다!"

"미국에 있을 때 산 거야. 신혼 때 산 거니까…… 벌써 한 25년도더 된 것 같은데?"

"그런데 아직도 이걸 쓴단 말이야?"

"그게 뭐 어때서?"

"너도 참 지독하다. 얘, 가전제품이란 건 말이지, 그렇게 마르고 닳도록 쓰는 게 아니야. 너 같은 애들만 있으면 이 세상의 가전제품회사들은 모두 다 문 닫아야 되겠다!"

번번이 듣는 경탄인지 한탄인지이지만 나는 지금도 그 전자렌지를 새것으로 바꿀 필요를 전혀 느끼지 못하고 있다. 물론 디자인이야 시대에 뒤떨어져도 한참 뒤떨어진 구닥다리이다. 그러나 전자렌지는 음식물을 데우기 위하여 존재하는 것이지 실내장식을 위하여 존재하는 것은 아니지 않은가? 그 단단했던 몸체가 조금쯤 우그러들고 군데군데 칠도 벗겨져버렸지만 음식물을 데우는 데 있어서만은 지금도 25년 전하고 조금도 다름없이 훌륭하게 제 기능을 하고 있다. 도대체 왜 그것을 바꾸어야 한다는 말인가?

옷을 사입는 문제도 마찬가지이다. 몇 년 전에 민망하게도 '올해의 베스트드레서'로 뽑혔던 사실을 기억하고 있는 사람들이 꽤 많아서인지 가끔씩 뜬금없게도 이런 질문들을 던져오는 사람들이 많다.

"정말 옷이 많으시네요, 뵐 때마다 새로운 옷을 입고 계시니…… 도대체 몇 벌이나 되세요?"

"어떻게 하면 옷을 좀 잘 입을 수 있죠? 무슨 비결이라도 있으세요?"

"옷을 고르실 때 주로 뭘 보고 고르세요? 상표? 디자이너?"

내가 옷이 많다는 것은 오해에 불과하다. 단언컨대 내 또래의 비즈니스우먼들이 가지고 있는 옷가지 수에 비한다면 그 반 정도나 될까 의심스러울 지경이다. 옷과 관련하여 내가 혹시라도 잘 하는 것이 있다면 그것은 아마 '코디네이션'일 것이다. 뻔한 가짓수의 옷이라도 그것을 어떻게 배합하여 입느냐가 관건인 것이다. 나는 다양한 코디네이션을 통하여 내가 가지고 있는 옷들을 최대한 이용하는 일에 꽤나 열심인 편이다. 왜? 그렇게 하지 않으면 그 옷들을 사는 데 투자한 돈들이 무가치해져버리기 때문이다.

나는 계절이 바뀔 때마다 유명 디자이너들이 새롭게 내놓은 유행의 조류 같은 것에는 별로 관심이 없다. 화려하고 파격적인 디자인의 옷에 대해서도 마찬가지이다. 내가 옷을 고를 때 그나마 관심을 집중하여 따져 보는 것은 바로 옷감이다. 그리고 좋은 옷감의 옷을 구하기 위해 조금은 비싼 비용을 치러야 된다고 해도 그 비용에 대해서는 괘념치 않는다. 좋은 옷감의 옷은 오래 입을 수 있고 그래서 그것을 구입하는 데 쓴 돈을 가치 있게 만들어주기 때문이다.

몸매를 일정하게 유지하는 것도 '옷을 잘 입는' 방법 중의 하나임에 틀림없다. 나는 신혼시절 입었던 옷들 중의 몇 벌을 아직도 가지고 있는데 지금도 내 몸에 맞는다. 유행이란 결국 돌고 도는 것일까? 특히 요즈음에는 다시 판탈롱스타일의 옷이 유행하는 것을 보고 내심 그 옷들을 안 버리길 잘했다고 즐거워하고 있다. 만약 그렇게 옷을 알뜰살뜰하게 이용하는 사람이 '베스트드레서'라면 나는 기꺼이 그 민망스럽게만 들리는 칭호를 받아들일 생각이다.

일과 돈과 자유에 대하여 이야기하면서 '품위(dignity)'에 대한 이야기를 빼놓을 수는 없다. '품위'라는 표현 대신 '자존심'이라는 표현을 써도 마찬가지가 되는 이야기이다. 나는 이 품위야말로 대단히 중요한 가치라고 생각한다. 자신의 셀프-이미지에 거스르는 일을 하면서 품위를 지킬 수는 없다. 어떤 일을 할 때, 내가 진정으로 그 일이 옳고 바람직하다는 확신을 가지고 있어야, 품위를 유지하면서 일을 할 수 있다. 그래야 그 일의 대가로 돈을 받게 되었을 때도 품위를 유지할 수 있고, 그 돈을 도구로 삼아 자유를 누릴 때도 품위를 유지할 수 있는 것이다. 그런데 이 품위라는 것을 유지하기 위해서는 또 돈이 필요하다. 묘하게도 얽히고설켜 있는 관계들인 것이다.

나는 동료나 후배들과 일에 대하여 이야기할 때마다 언제나 이렇게 말하곤 한다.

"일 년 연봉이 어느 정도 돼?"

"어머, 선생님, 그건 왜 물으세요?"

"연봉이 아니라면 생활비라고 해도 좋아, 그게 어느 정도냐구?"

"아이 창피하게 그런 건.왜……."

"뭐 꼭 액수를 밝히지 않아도 좋아. 내가 말하고 싶은 건 일 년 정도의 생활비 혹은 연봉을 통장에 넣어두라는 거야. 물론 그만큼의 돈을 저축한다는 게 쉬운 일은 아니겠지만 꼭 필요한 일이야."

사랑과 성공은 기다리지 않는다

"어머, 그건 또 왜요?"

"그래야 지금 하고 있는 일이 마음에 들지 않아 직장을 때려치우고 싶을 때 자신 있게 사표를 내던질 수가 있잖아."

일이 편해질 때가 떠나가야 할 때이다. 그러나 아무런 대책도 없이 어떻게 떠날 수 있겠는가? 그러므로 언제든지 떠날 수 있기 위해서라도 일 년 정도 생활을 꾸려나갈 수 있는 액수의 돈을 항상 통장 속에 비축하고 있어야 한다. 그것이 품위를 잃지 않고 일을 해나갈 수 있는 최후의 배수진이다.

반드시 일이 편해서 나태함이 찾아올 때만 그 돈이 필요한 것은 아니다. 부당한 명령을 받게 되었을 때, 양심에 거리끼는 일을 해야만 되는 상황에 처하게 되었을 때, 마음속에서는 절대로 고개 숙일 수 없다고 아우성을 쳐대는데 생각은 닥쳐온 생활비에 대한 걱정 때문에 자꾸만 고개를 숙이라고 윽박질러올 때, 그때 품위를 유지하기 위해서는 다른 방법이 없다. 당장 그 일을 그만두어도 당분간은 밥을 굶지 않을 수 있는 돈을 따로 가지고 있는 수밖에는.

당당한 자유인으로 살아간다는 것은 결코 그 표현처럼 멋진 일만은 아니다. 그것은 혹독한 자기강제와 경제적 자립 위에서만 가능하다. 때로는 엄습해오는 불안과 막막한 고독 앞에서 홀로 눈물을 흘려야 하는 경우에도 맞닥뜨리게 된다.

그 모든 것을 이겨내고 자유인으로 살아가기 위해서는 돈이 필요하다. 그러나 그 돈을 좇아가기 시작하면 어느새 돈의 노예로 전락하고 만다. 내가 돈을 좇아가는 대신 돈으로 하여금 나를 좇아오게 만들려면 자신이 하고 있는 일을 사랑해야 한다.

자신이 하고 있는 일을 사랑해서 누구보다도 그 일을 열심히 하고 그 결과 하나의 기분 좋은 부산물로서 돈을 가지게 되는 것. 그리고 그 돈으로 정신적 육체적 자유를 확보하여 당당하게 살아가는 것. 그것이야말로 일과 돈과 자유가 가장 행복하고도 품위 있게 서로에게 맞물려 있을 수 있는 멋진 삼각관계일 것이다.

일을 할까 결혼을 할까

일을 할까 결혼을 할까? 더 이상 그런 질문은 던지지 말기로 하자.
일을 할까 사랑을 할까? 이것 역시 어리석은 질문이다.
일도 하고 사랑도 하자!
그 둘 중의 어느 것 하나도 뒤로 밀쳐둘 수는 없다.

일을 할까 결혼을 할까? 참으로 구닥다리라는 느낌을 떨쳐버릴 수 없는 질문이다. 여성문제에 있어서는 여전히 후진국 대열에서 허우적거리고 있는 우리나라의 현실에서조차 1970년대나 어울릴 법한 질문이다. 그러나 1990년대도 이제 그 하반기로 접어들고 있는 오늘날에도 그 질문은 끊이지 않고 내 귀에 들려온다. 대개 이십대 후반의 여성들이 잔뜩 정색한 얼굴로 어렵사리 물어 보는 질문이 바로 이것인 것이다.

"선생님, 곧 결혼하기로 한 제 남자친구가요, 결혼하면 직장을 그만두래요. 저는 지금 제가 하고 있는 일이 좋은데…… 어떻게 하면 좋죠?"

"유학을 가서 공부를 더 하고 싶은데 부모님들이 펄쩍 뛰어요. 그렇게 꽉찬 나이를 해가지고 시집갈 궁리는 안 하고 유학이 다 뭐냐는 거죠. 다시 한번 그 따위 소릴 하면 아예 내쫓아버리겠다고 공갈 협박이 이만저만이 아니에요."

"할 수 없지요, 뭐. 결혼을 좀 뒤로 미루는 수밖에. 지금은 일이 재미있고 아직은 혼자서도 살 만한 것 같으니까 일이나 실컷 해서 돈 좀 벌어 놓고 나중에 결혼할 생각이에요. 일단 결혼을 하면 더 이상 직장생활 못하는 거 아니에요? 집에서는 남편 눈치보고 애들한테 볶일 테고 직장에서는 또 직장 나름대로 스트레스 받고…… 그렇게까지 하면서 일할 생각은 없어요. 선생님 생각은 어떠세요?"

내 생각을 피력하기에는 언제나 시간이 없었다. 대개 강연회장에서 마주친 여성들로부터 슬쩍 지나치는 말처럼 내게 건네진 질문들이었기 때문이다. 그러나 시간을 조금쯤 확보할 수 있었더라도 내 생각을 제대로 전달할 수 있었을지는 의문이다. 아마도 어떤 생각이 떠오르기도 전에 내 입에선 한숨부터 내쉬어졌을 것이다. 그런 질문을 던지고 있는 여성들이 한심하다는 뜻이 아니다. 그녀들로 하여금 그런 질문을 던질 수밖에 없도록 만드는 우리의 현실이 한심하다는 뜻이다.

만약 우리가 이십대 후반의 여성들로 하여금 일과 결혼을 결코 양립할 수 없는 두 개의 항목으로 받아들이도록 만들어 놓았다면 그것은 국가적으로도 이만저만한 인력손실이 아닐 수 없다. 그러나 당장 힘겨운 개인적 실존의 문제로 받아들이고 있는 사람에게 국가적인 차원이 어떻고 인력손실이 어떻고 하면서 떠들어봤자 아무런 도움도 되지 못한다.

어떤 문제의 해결이 제도적으로 보장되어 있지 않다면, 불행한 일이지만, 일단은 각 개인의 실존적 결단으로써 그 문제를 헤쳐나갈 수밖에 없다. 선구자적인 자세가 필요하다는 뜻이다. 그리고 모든 선구자들은 언제나 질시와 박해의 뭇매(!)로부터 자유로울 수 없다. 그것을 각오하고서라도 자신의 의지를 관철시킬 용기가 필요한 것이다.

일을 할까 결혼을 할까? 나는 솔직히 말해서 이 양자가 서로 갈등관계에 있어 양립할 수 없는 항목들이라고는 생각하지 않는다. 그러나 그토록 많은 여성들이 여전히 이 문제로 고민하고 있다면(실제로 그렇다!), 그리고 그들 모두가 형편없는 엄살쟁이가 아니라면(그럴 리가 없다!), 그래서 바람직하지는 않지만 현실적인 역학관계상 그것이 진실로 문제가 되고 있다면(슬프지만 그렇다!), 대답은 하나뿐이다. 일을 선택해야 한다! 일이란 해도 좋고 안 해도 좋은 것이 아니다. 그것은 반드시 해야만 되는 것이다. 삶의 필수조건이다. 그러나 결혼은 그렇지 않다. 결혼은 할 수도 있고 안 할 수도 있는 것이다.

일에 대한 이야기에는 이미 너무도 많은 지면을 할애한 것 같다. 여기서는 결혼에 대한 이야기에 초점을 맞추도록 하자. 그러나 초점을 맞춘다고 해도 어디에다 기준을 두고 맞추어야 할지…… 그만큼 거대한 몸체와 육중한 무게를 가지고 있는 것이 결혼이다. 어떤 의미에서는 누군가와 결혼한다는 것 자체가 일생일대의 가장 위험한 도박일 수도 있다. 특히 우리나라와 같이 지극히 보수적인 동시에 피학적인(?) 결혼관이 횡행하고 있는 곳에서 살아가려면 더욱 그렇다. 이 말은 가령 미국이나 유럽에서라면 결혼한다는 것 자체에 우리처럼 엄청난 의미와 무게를 부여하지 않아도 좋다는 뜻이다.

미국이 낳은 세계적인 여배우 엘리자베스 테일러(Elizabeth Taylor)가 곧 또다시 이혼을 하고 아홉 번째 결혼식을 올리게 될지도 모르겠다는 외신보도가 있었다. 어쩌면 이번에 그녀의 신랑이 될지도

사랑과 성공은 기다리지 않는다

모르는 인물은 그녀보다 수십 년이나 연하인 팝싱어 마이클 잭슨(Michael Jackson)이라고 하니 아연실색할 노릇이다. 이쯤 되면 그녀를 부러워하는 사람보다는 비난하는 사람들이 더 많을지도 모른다. 그러나 그녀가 늘어놓는 다혼(多婚)의 변은 귀담아 들을 만하다.

"사랑하면 결혼하는 거예요. 그게 당연하지 않아요? 내겐 남자친구라는 개념이 없어요. 어떤 남자를 좋아하게 되면 곧 사랑하게 되고, 사랑하면 결혼해야 되는 것 아닌가요? 나는 오히려 사랑하지도 않으면서 결혼생활을 계속 유지하고 있는 사람들을 이해할 수 없어요. 물론 그 사람하고도 사랑했으니까 결혼했겠죠. 그러나 이제 사랑이 식었으면 헤어져야죠! 대신 누군가를 새롭게 사랑하게 되었다면 주저할 것 없이 그 사람하고 결혼해야죠! 도대체 뭐가 잘못이라는 거예요?"

다소 억지스럽게 부풀려 있기는 하지만 리즈의 결혼관은 곧 미국인들의 결혼관을 대변하고 있다. 아직은 젊은 나라이기 때문일까? 그들은 그렇다. 단순하다. 그들이 결혼하는 이유는 서로 사랑하기 때문이다.

그들이 이혼하는 이유는 서로에 대한 사랑이 식었기 때문이다. 그래서 그들은, 적어도 결혼생활에 있어서만은, 더없이 뜨겁게 사랑한다. 하루에도 수십 번씩 키스를 하고, 방금 집에서 나와 직장에 도착했어도 전화통을 붙들고 사랑한다는 말을 끝도 없이 쏟아 내고, 귀가할 때는 꽃과 포도주를 한아름 안고 달려가는 것이다.

부부 간의 애정표현이 얼마나 열렬한지 나 같은 사람도 곁에서 바라보고 있자면 얼굴이 화끈거릴 정도이다. 우리나라라면 한참 연애할 때에나 했음직한 애정표현을 결혼생활 내내 계속하고 있다고 생각하면 된다.

그러다가 한쪽에서 한눈을 팔게 되거나 서로가 시들해지면? 그걸로 만사 끝이다. 깨끗하게 갈라서버리고 마는 것이다. 미국의 이혼율이 높은 것은 그 때문이다. 글쎄, 젊다고 해야 할지, 순진하다고 해야 될지, 철딱서니가 없다고 해야 될지…… 여하튼 단순히 이혼율이 높다는 이유만으로 비난할 수만은 없는 어떤 독특한 문화가 그들의 결혼관에 녹아 있다.

유럽의 결혼관은 미국의 그것과는 사뭇 다르다. 그들은 결혼을 쉽게 하려 들지도 않을 뿐더러 일단 하고 나면 여간해선 이혼하지 않는다. 왜? 일단 결혼을 하면 이혼문제는 떠오르지도 않을 만큼 서로를 뜨겁게 사랑하기 때문에? 천만의 말씀! 유럽의 부부들 역시 사랑이 식기도 하고 서로 다른 상대에게 마음이 끌릴 수도 있다. 그럴 때 그들은 그 사실을 그냥 인정해버린다. 공개적으로 박수를 쳐주지는 않아도 암묵적으로 승인해버린다는 뜻이다.

이런 태도는 아마도 오래된 유럽의 전통과 관계가 있을 듯하다. 저 유명한 유럽의 여러 문학작품들에서 보듯 그들 사회에서는 아내이건 남편이건 따로 정부를 둔다는 것이 거의 공공연한 비밀처럼 통용되어 오지 않았던가? 남편 혹은 아내로서의 존재를 존중해 주고 서로 결혼생활 자체를 뒤흔들지는 않는다는 전제 내에서 사랑의 자유를 허락해 주는 방식이다.

어떤 유럽인 부부와 꽤나 속 깊은 이야기를 나눌 만큼 친해졌을 때 그들의 내밀한 사랑방식을 전해 듣고는 커다란 충격에 휩싸인 적이 있다.

남편과 아내가 각각 비공식적인(?) 애인을 가지고 있고, 서로가 그 사실을 모르지 않으면서도, 적어도 겉보기에는 아주 원만한 부부관계를 유지하고 있었던 것이다! 그들은 아이들의 좋은 엄마 아빠졌고, 서로에 대한 배려를 아끼지 않으면서도, 때때로 각자의 애인을 만나 밀회를 즐기고, 함께 다정하게 팔짱을 낀 채 파티장에 나타나곤 했던 것이다.

그런 그들의 결혼생활을 지켜보면서 나는 마음이 착잡해졌다. 아니, 보다 솔직하게 말하자면, 그들의 그런 감정곡선들을 잘 따라잡을 수가 없었다. 글쎄, 이런 경우는 뭐라고 해야 좋을까? 세련되었다고 할까? 노회(老獪)하다고 할까? 음흉하다고나 할까? 어쨌든 그들의 결혼관에는 나름대로의 뿌리 깊은 문화가 깊숙이 배어 있고 그들은 그것을 즐기고 있는 듯했다.

그렇다면 우리나라의 결혼관은 어느 쪽에 가까운가? 미국 스타일인가 아니면 유럽 스타일인가? 그 어느 쪽도 아니다. 미국인들처럼 솔직하고 뜨거운 사랑으로 결혼생활을 유지하고 있는 것도 아니고, 유럽인들처럼 격식을 갖추되 나름대로 삶을 즐기고 그것을 존중해 주고 있는 것도 아니다. 굳이 명명하자면 우리의 결혼관은 한국 스타일이다. 그리고 나는 그것을 '인고(忍苦)의 결혼관'이라고 부른다.

나는 도대체가 우리나라의 어떤 부부들로부터 '우리는 결혼생활을 즐기고 있어요'라는 말을 들은 기억이 없다. 물론 신혼 때는 그렇게들 이야기한다. 그러나 신혼이란 그 기나긴 결혼생활 중에서 과연 몇 퍼센트나 차지할 수 있는 개념일까? 그 짧다면 한없이 짧은 신혼기간을 벗어난 부부들은 남편이건 아내건 따질 것 없이 대체로 이렇게들 이야기한다. 그냥 살지요, 뭐. 이제 와서 어떻게 하겠어요? 그저 별탈 없이 지내면 그게 행복이다 믿고 살아야지요. 지금도 서로를 사랑하느냐고 물으면 대개는 '원 별소리를 다 듣겠네' 하는 표정을 지으며 싱겁게 웃어버릴 뿐이다.

요컨대 서로 뜨겁게 사랑하고 그래서 마냥 행복한 것은 아니지만 어찌 되었건 이 결혼생활을 끝까지 유지하기 위하여 나름대로는 노력하고 있다는 뜻이다. 행여라도 이혼이야기가 나올라치면 불에라도 덴 듯 화들짝 놀라 고개부터 절레절레 젓고 보는 것이 우리나라의 결혼관인 것이다. 그러니 그것을 '인고의 결혼관'이라고 부르지 않을 도리가 있겠는가?

　따지고 보면 당연한 일이기도 하다. 미국이 그들의 짧은 역사에 걸맞게 순진하고 요령 없는 청년과도 같은 결혼관을 가지고 있고, 유럽이 그들의 기나긴 역사에 걸맞게 노회하고 세련된 노인과도 같은 결혼관을 가지고 있는 것처럼, 우리도 우리가 살아온 그 고난의 역사에 걸맞게 그저 당하고 살면서도 체면만은 유지하려 하는 결혼관을 가지고 있는 것이다. 이것은 비단 결혼관에만 한정되는 이야기가 아니다. 우리가 부지불식 간에 교육받아 형성시킨 인생관 자체에도 그 영향력의 그림자를 짙게 드리우고 있는 사고방식이다.

　나는 환한 대낮에, 사람들이 가득 모인 광장에서, 당당하게 이렇게 외치는 우리나라 사람을 보지 못했다. '우리는 행복하게 살 권리가 있다! 우리는 삶을 즐길 권리가 있다!' (그리고 나는 진심으로 바라고 있다. 이제 새롭게 삶을 시작하려는 젊은이들부터라도 그렇게 확신하면서 용감하고 씩씩하게 살아가기를.)

　우리들은 자신도 모르는 사이에 이런 식으로 생각하는 일에 익숙해져 있다. 인생 자체가 원래부터 고해(苦海)이다, 모두가 그렇게 희희낙락거리면서 살고 있겠느냐, 다들 그저 '견디면서' 살아가고 있는 것이다, 주변 사람들의 눈을 무서워할 줄 알아야 한다, 남들이 알면 뭐라고 그러겠느냐……. 한마디로 '인고'와 '체면'의 문화에 깊숙이 침윤되어 있는 것이다.

결혼생활이라고 하여 예외가 될 수는 없다. 적당히 체념하고 적당히 받아들이고 적당히 참으면서 그저 다른 사람들의 구설수에나 오르지 않도록 조신하게 살아가는 것을 미덕으로 알고 있다. 그런 풍토 안에서 생활하면서 '사랑'에 대하여 이야기하는 것은 철딱서니없는 일로 치부된다. 그런 결혼생활이나마 유지해 나가는 데에만 급급해하는 사람들에게 '행복'에 대하여 이야기하는 것은 낯을 붉혀야 할 민망스러운 일로 분류된다.

옳은 일은 아니다. 바람직한 현상도 아니다. 그러나 당장 뒤바꿀 수 없는 일이라면 적어도 그 현실을 직시할 줄은 알아야 한다. 아주 극소수에 해당하는 예외적인 경우를 논외로 한다면, 대체로 '인고'와 '체면'의 문화에 깊숙이 침윤된 채 그저 유지하기에 급급한 결혼생활을 해나가고 있는 것이 우리나라의 대다수 부부들의 에누리 없는 현실인 것이다.

그런 뜻에서 누군가와의 결혼을 감행한다는 것은 일생일대의 도박이 될 수도 있다는 위악적인 농담을 단순히 우스갯소리로 흘려들을 수만은 없다. 도박치고도 대단히 위험한 도박이다. 적어도 '사랑'과 '행복'이라는 것을 결혼생활의 월계관으로 여기고 있는 사람이라면. 그 월계관을 자신의 이마 위에 얹을 승률(勝率)이 매우 낮다는 뜻에서. 더구나 일단 그 게임의 카드를 받아들면 물리기도 힘들고 퇴로를 찾기가 거의 불가능하다는 점에서 더더욱.

내가 결혼이라는 제도 그 자체를 부정적으로 인식하고 있는 것은 아니다. 그 숱한 논란에도 불구하고 일부일처제는 여전히 인류가 지금껏 발견한 남녀 간 결합의 형태 중 최고형태이다(히피들의 결혼에 대한 형식실험이었던 '자유혼'이나 북유럽에서 마을 단위의 정착까지 이루었던 '군혼(群婚)'도 이미 그 내용적 파탄을 검증받은 지 오래다).

그러나 내가 우리나라에서 이루어지고 있는 일반적인 결혼생활의 양태에 대하여 불만을 가지고 있는 것은 사실이다. 사랑과 행복이라는 가치보다는 인고와 체면이라는 가치에 의하여 유지되고 있다는 점에서 그렇다. 그러나 그럼에도 불구하고 사랑과 행복을 꿈꾸며 결혼을 하려는 사람들에 대해서는 언제나 축복과 격려의 박수를 보내야만 한다. 좁은 문은 그것이 좁기 때문에 더욱 더 가치가 있는 것이 아닌가? 다만, 내가 몇 번이고 되풀이하여 강조하고 싶은 이야기는, 그렇게 '위험한 도박(결혼)'을 감행하기 위하여 '성실한 투자(일)'를 내팽개치는 것은 더없이 어리석은 짓이라는 사실뿐이다.

결혼의 월계관은 혼자만의 노력으로 가질 수 없다. 물론 최대한의 노력을 기울여야만 되겠지만 그렇게 했는데도 불구하고 월계관은커녕 면류관을 받아 쓰고 피를 흘려야만 되는 경우도 부지기수이다. 반면 일의 월계관은 전적으로 자신의 노력에 달려 있다. 물론 일의 경우도 직장 내의 관계나 주변 정세의 흐름 따위들로부터 영향을 받지 않는 것은 아니지만 본질적으로는 나 자신의 노력에 의하여 성취되는 것이다.

결혼은, 슬픈 일이지만, 어느 날 아침 갑자기 파탄에 직면할 수도 있다. 그 동안 쌓아온 모든 것이 마치 꿈속에서의 일이었다는 듯 허물어져버리는 것이다. 그때 인생의 계기판은 제로가 아니라 마이너스를 가리킨다. 반면 일은 절대로 배신하지 않는다. 그 동안 쌓아온 모든 것은 언제까지나 나의 영역에 남아 나만의 업적으로 빛을 발한다. 누구도 빼앗아가거나 파괴시킬 수 없는 무형의 성실한 투자가 바로 일이다.

결혼은 할 수도 있고 안 할 수도 있다. 같이 살지 않으면 견딜 수 없을 만큼 좋은 사람과 함께하는 것이 결혼이어야 한다. 적어도 '적령기'가 되었으니까, 집에서 하도 들들 볶아 대니까, 남들이 다 하니까 하는 결혼이어서는 안 된다. 도대체 '결혼 적령기'라는 것이 몇 살인가? 스물셋도 아니고 마흔아홉도 아니다. 스물셋일 수도 있고 마흔아홉일 수도 있다. 같이 살지 않으면 견딜 수 없을 만큼 좋은 사람과 만난 나이가 바로 적령기일 뿐이다. 그런 사람을 만나지 못했으면 차라리 결혼하지 않는 것이 좋다. 혼자 살면서도 자신의 삶을 아름답고 다채롭게 수놓아가고 있는 독신여성(혹은 독신남성)들을 우리의 주변에서 목격하는 것은 이제 그다지 드문 일도 아니지 않은가?

일을 할까 결혼을 할까? 이제 이 문제에 대해서는 더이상 거론할 필요가 없다고 생각한다. 그 답이 너무도 확실하기 때문이다(아니, 답이 하나밖에 없기 때문이다). 그러나 이 문제와 밀접한 관계를 맺고 있으면서도 약간 그 무늬나 결이 다른 문제가 하나 더 남아 있다. 바로 사랑과 결혼에 대한 문제이다.

일을 할까 사랑을 할까? 이렇게 자문해 보는 사람은 없다. 그리고 그것은 지극히 정상적이고도 바람직한 일이다. 일과 사랑은 서로 갈등관계에 놓여 있지 않은 까닭이다. 일에 열심히 매달릴 줄 아는 사람이 사랑도 치열하게 할 수 있고 그 반대의 경우 역시 그렇다.

만약 그 둘이 서로 양립할 수 없는 경우가 있다면, 그러니까 가령 너무도 사랑하기 때문에 일을 버려야만 되는 경우가 있다면, 그 사랑은 잘못된 사랑이다. 건강하지 못한 사랑이다. 떳떳하지 못한 사랑이다. 사랑의 본질(상대방의 삶을 최대한 꽃피울 수 있게 해주는 것)과는 가장 멀리 떨어져 있는 사랑이다. 그러므로 어쩌면 사랑이 아닐지도 모른다. 그러나 일을 할까 결혼을 할까? 라는 고민에 빠져 있는 사람들은 있어도 일을 할까 사랑을 할까? 라는 물음에 빠져 있는 사람은 없다는 사실은 바로 사랑과 결혼 사이의 균열상태를 보여주고 있는 것이다.

"집에서 정해 준 사람이긴 하지만 막상 만나보니까 괜찮더라구요. 집안도 괜찮고 지금 하고 있는 일도 뭐랄까 미래지향적이라고나 할까요? 또, 키도 훤칠하고…… 그러니까 제가 고민이죠. 마음에 들지 않았으면 뭐하러 이런 고민을 하고 있겠어요?"

"물론 이 나이까지 지내면서 왜 애인이 없었겠어요? 하지만 걔는 너무 어리고(저랑 동갑인 걸요) 그래서겠지만 경제적인 능력도…… 저는 유학을 가고 싶거든요. 그런데 때마침 미국에서 유학생활을 하다가 잠시 귀국한 사람을 알게 됐어요. 물론 결혼상대를 찾으러 귀국한 거죠. 원래부터 함께 공부할 수 있는 여자를 아내로 맞고 싶었다고 하고, 또 실제로 그럴 만한 능력도 있고 해서……."

"연애요? 많이 했죠. 하지만 결혼이라는 게 어디 연애하고 같나요? 참 어려워요. 하긴 해야 될 텐데…… 나이가 들어 너무 아는 게 많아서 그런가? 남자를 만나면 결점부터 눈에 들어오니 어떻게 해야 좋을지를 모르겠어요. 이것저것 다 나하고 잘 맞는 그런 남자를 찾는다는 게 애당초 너무 무리가 아닌가, 그런 생각도 요즘 들어서는 해요."

가끔씩 자못 심각한 얼굴이 되어 고뇌하고 있는 젊은 여성들로부터 듣게 되는 이야기들이다. 그런 이야기를 들을 때면 나 역시 심각한 표정이 되곤 한다. 그러나 그들의 고민이 내게 감정이입이 되어서는 아니다. 오히려 그런 이야기들을 듣고 있자면 가슴속에서 옅

사랑과 성공은 기다리지 않는다

은 슬픔 같은 것이 피어오르곤 하기 때문이다. 더욱 솔직히 말하자면 나는 그들의 그러한 사고방식에 대하여 적지 않은 충격을 받고 있다. 그들이 하고 있는 이야기들을 꼼꼼히 들여다보자. 도대체 어디에 사랑이 있는가? 사랑은 없다. 있는 것은 다만 조건들의 나열과 그 대차대조표뿐이다.

사랑과 결혼을 분리시켜 사고하는 것은 이미 걷잡을 수 없는 대세가 되어버렸는가? 이른바 자신의 삶을 살아가는 데 있어서는 더없이 개인주의적이고 진취적이라고 하는 신세대(!)로 내려갈수록 이런 경향은 더욱 더 짙어지는 것 같다고 하면 나의 지나친 억측일까? 그렇지만은 않을 것이다. 그리고 그런 사실들이 나를 슬프게 한다.

너무도 꿈이 없다. 그들을 바라볼 때마다 어쩔 수 없이 드는 생각은 지나치게 현실주의적이라는 것이다. '하고 싶은 일'을 찾아나서는 게 아니라 '할 수 있는 일'의 테두리 안에서만 안주하려 한다. 살아가면서 사랑하고 실험하고 모험하고 모든 일에 긍정적으로 'YES!'라고 말하는 것 대신에 두려워하고 자〔尺〕로 재고 주판알을 튕겨 대차대조표를 작성해 본 다음에 냉랭하게 고개저으며 'NO!'라고 말하는 것이다. 왜 목숨을 바쳐도 아깝지 않을 사람을 만나 그를 사랑하고 그와 결혼할 수도 있으리라는 아름다운 '꿈'을 그렇게도 일찍 내팽개쳐버리는가? 그것이 보다 더 합리적인 방법이어서? 나이가 들어서? 갈 길이 바빠서? 그 모든 것은 핑계일 뿐이다.

나는 이제 오십 줄에 들어서고 있는 사람이지만 아직도 누군가를 열렬히 사랑할 수 있게 되기를 꿈꾸고 있다. 너무 황당무계한 꿈인가? 그럴지도 모른다. 그러나 죽는 순간까지 가슴속에 품고 있을 만한 가치가 있는 꿈이다. 그런 꿈들이 존재함으로 해서 인생은 아름답고 살 만한 것이 된다.

　가난한 애인과의 사랑보다는 부유한 남편과의 생활을 꿈꾼다면 그 꿈이야말로 너무 초라하다. 그랜저를 타고, 모피 코트를 걸치고, 가정부를 부리면서 살아가는 것이 꿈이라면 그 꿈은 너무도 가난하다. 그랜저가 아니라 BMW라고 해도 그 꿈의 옹색함과 초라함을 가릴 수는 없다. 사람과 결혼하는 것이 아니라 조건들의 집합체와 결혼하면서 그 결혼에 사랑을 바란다면 그것은 너무도 파렴치한 바람이다. 더구나 사랑은 바라지도 않으니 조건들만 제대로 갖추어지면 그것으로 만족하겠노라고 마음 독하게 먹고 결심했다면, 그것은 삶에 대한 모독이다. 다른 누구도 아닌 바로 자신의 삶에 대한 혹독한 저주에 다름아닌 것이다.

　조건이 맞는 혼처(婚處)를 찾아 이리저리 떠돌고 있는 사람들을 보면 가끔씩 그들이 적당한 직장(일)을 찾아 면접을 보러 다니고 있는 것이나 아닌가 하는 착각이 들 때가 있다. 냉철하게 따져보자면 과히 틀린 표현도 아니다. 누군가의 아내 혹은 어떤 집안의 며느리가 됨으로써 일정한 부(富)를 보장받고 자신의 생활을 누릴 수 있으니까. 조금 냉소적으로 말해도 좋다면 일을 할까 결혼을 할까? 라는 질문에 대해서 '결혼=일'이라는 탁월한 통일(!)을 이루어냄으로써 멋진 대답을 되돌려 준 경우라고나 할까?

　그러나 이 독특한 직업에서는 스스로 쌓아가는 성취감과 그로 인한 보람을 되돌려 받을 수가 없다. 어디까지나 타인과의 관계들 속에서만 역으로 규정받을 수밖에 없는 일인 것이다. 그 관계가 조건들의 대차대조표 위에서만 유지되는 관계라면 되돌려 받을 수 있는 규정 역시 모래바람이 일도록 삭막할 뿐이다. 하물며 사랑과 행복에 대해서야 무슨 말을 할 수 있으랴? 논할 자격조차 없다.

일을 할까 결혼을 할까? 더 이상 그런 질문은 던지지 말기로 하자. 일을 할까 사랑을 할까? 이것 역시 어리석은 질문이다. 대신 우리 모두는 이렇게 대답하도록 하자. 일도 하고 사랑도 하자! 그 둘 중의 어느 것 하나도 뒤로 밀쳐둘 수는 없다. 일과 사랑이야말로 우리의 삶을 든든하게 떠받쳐 주고 있는 양대 버팀목들이기 때문이다. 결혼은 당장 같이 살지 않으면 도저히 견딜 수 없는 그런 사람이 나타난다면 그 사람과 하자. 그런 사람을 만나지 못하면 안 해도 그만이다.

　그러나 어떠한 경우에라도 결코 포기하지는 말자. 목숨을 바쳐도 아깝지 않을 만큼 사랑하는 사람을 만나 그와 결혼할 수도 있으리라는 꿈을.

비즈니스우먼은 드세어야 하는가

프로 비즈니스우먼이라면 술과 담배를 잘해야 되며
자존심이 강하고, 암팡지며,
모든 일을 끝까지 밀어붙이는 뚝심이 있어야 될 것이라고……

지난 여름의 일이다. 자신이 새로 펼칠 사업을 위한 컨설팅을 하려고 나를 찾아온 한 남성 사업가가 있었다. 몇 차례의 회합을 거치는 동안 대략의 윤곽들을 그려 볼 수 있게 된 우리는 한결 가벼워진 마음으로 레스토랑을 찾아 저녁식사를 함께하게 되었다. 그가 좀 더 근사한 것을 드시라고 몇 번이나 권했지만 나는 언제나 그랬듯이 간단한 요리 하나만을 시켰다. 식사가 끝난 다음에는 술자리가 이어졌다.

"어떤 술로 하시겠습니까? 뭐 특별히 즐기시는 칵테일이라도? 아니면 브랜디 종류로 할까요, 위스키 종류로 할까요?"

"죄송합니다만 저는 술을 잘 못합니다."

나에게는 무척이나 자연스러웠던 그 대답이 그에게는 꽤나 충격적이었던 모양이다. 깜짝 놀라 되묻는 그의 목소리가 한 옥타브는

족히 올라가 있었던 것이다.

"네? 아니, 그럴 리가 있습니까! 자, 그러시지 마시고, 뭐 정 별 생각이 없으시면, 어떻습니까, 가볍게 맥주로 한잔 할까요?"

"아니에요, 정말이에요. 그러니까 저한테 부담 갖지 마시고 사장 님 드시고 싶으신 대로 드세요. 저는 그냥 아이리시 커피나 한잔 하 지요."

뭔가 속고 있는 것이 아닌가 하는 뜨악한 표정이 가시지는 않았 지만 결국 그는 내가 권하는 대로 혼자 술을 마실 수밖에 없었다. 솔직히 말해서 그런 상황이 벌어질 때마다 상대방에 대해서 조금은 미안한 마음이 드는 게 사실이다. 하지만 못 마시는 술을 어떻게 마 시겠는가? 그러나 혼자 마셔도 역시 술은 좋은 것인지 몇 잔을 연 거푸 들이켠 그는 기분 좋은 취기에 젖어 한껏 풀어진 목소리로 이 런저런 사담들을 늘어놓고 있었다. 거기서 끝났더라면 좋았을 것이 다. 그러나 일은 묘한 방향으로 꼬여 갔다. 그가 내 앞으로 자신의 담뱃갑을 불쑥 내밀며 이렇게 말했던 것이다.

"한 대 피우시죠. 뭐 어떻습니까? 일도 다 끝낸 저녁 시간인데, 자!"

나는 부드럽게 웃으며 정중하게 거절했다.

"아니에요, 저는 됐습니다."

그의 권유는 그러나 끈질겼다.

"괜찮아요, 이 선생 연배의 여성들이 담배 피우는 거, 누가 뭐라 고 그럽니까? 더구나 사업을 하시는 분인데요, 자, 한 대 태우세 요."

"하하하…… 이걸 어쩌죠? 뭐 남들 눈을 의식해서 그러는 게 아 니라 저는 원래 담배를 못 피우는걸요."

내가 연거푸 그의 권유를 받아들이지 않자 조금쯤은 자존심이 상했던 것일까? 그는 마주 보기에 민망스러울 정도로 정색한 얼굴이 되어서 담뱃갑을 든 손을 뒤로 물리지 않고 있었다. 그리고는 조금은 시비조의 음색으로 이렇게 되묻는 것이었다.

"저하고 있는 게 그렇게 불편하십니까?"

정작 답답한 사람은 나다. 이런 경우 내가 나 자신의 결백(?)을 증명하기 위해 도대체 뭘 어떻게 해야 된단 말인가? 못 피우는 담배를 받아들고 콜록콜록 기침을 해댐으로써 반증을 보여야 된단 말인가?

"아니, 그런 게 아니라, 전 정말 못 피운다니까요?"

"이 선생, 그러지 마시고…… 앞으로도 저하고 만날 일이 많을 텐데, 우리 편하게 지냅시다. 연배도 비슷하고 하니 그냥 친구처럼 생각하면서 말이에요, 네?"

답답한 마음은 차라리 웃음으로 터져나왔다.

"글쎄, 그 말씀에는 전적으로 동의하는데요…… 하하하, 나 참, 이걸 어쩌죠? 전 정말 담배 못 피운다니까요? 어떻게 하면 믿어주시겠어요? 이런 오해를 하도 많이 받다 보니 이젠 아예 차라리 피울 줄 알았으면 좋겠다, 싶을 정도라니까요?"

비즈니스맨들만 그렇게 생각하고 있는 것이 아니다. 여성들로부터도 나는 가끔씩 그런 이야기를 듣는다.

"아니, 정말이세요? 술 담배를 안 하신다는 게? 어머, 정말 너무 뜻밖이네요. 저는 그렇게 생각했었어요. 자주 드시진 않겠지만 그래도 한번 술을 드시기 시작하면 두주불사 스타일의 폭주를 하실 거라고요. 담배는 하루에 두세 갑쯤 피우는 체인스모커이고…… 그런데 술 담배를 전혀 안 하시면서 아무래도 남자들이 주축을 이루고 있는 국제비즈니스무대에서 활동하신다는 거, 정말 의외네요."

여성이 술을 마시고 담배를 피운다는 것에 대해서 나는 아무런 선입견도 가지고 있지 않다. 가끔씩은 나도 '내가 남들처럼 술을 즐길 수 있다면 얼마나 좋을까?' 하는 부질없는 상념에 빠져 보기도 한다. 술을 마시고 담배를 피우는 것이 문제가 된다면 그것은 여성에 한한 것이 아니라 인간 일반에 관한 것이어야 한다. 남자이건 여자이건 술은 타인들에게 실수를 하지 않는 범위 내에서 마셔야 한다. 또한 남자이건 여자이건 담배를 피우는 것은 건강에 좋지 않은 일이다(그러나 그럼에도 불구하고 피우겠다는 사람이 있다면 말릴 수는 없는 일이다). 단, 여자의 경우, 적어도 임신하기 6개월 전부터 출산 후 1년까지는 피우지 않아야 한다. 태아에게 좋지 않은 영향을 미치기 때문이다.

음주와 끽연에 대한 가당치 않은 선입견이 횡행하고 있는 것은 오히려 엉뚱한 경우에 한해서이다. 바로 비즈니스우먼의 경우이다. 사람들은, 남자이건 여자이건, 그렇게 생각한다. 프로 비즈니스우먼이라면 술과 담배를 잘해야 될 것이라고. 자존심이 강하고, 암팡지며, 모든 일을 끝까지 밀어붙이는 뚝심이 있어야 될 것이라고, 때로는 폭력적인 언사를 구사할 줄도 알고, 남자들과 '똑같이' 행동할 수 있어야 하며, 더 나아가서는 남자들보다 '한술 더 떠서' 행동할 수 있어야 한다고. 한마디로 남성들 '만큼', 아니 '그 이상' 드세어야 한다고.

한동안 텔레비전 화면에서 자주 볼 수 있었던 한 커피 광고는 이러한 잘못된 인식의 단적인 예를 극명하게 보여준다. 그 광고에서는 고참 여상사가 신참 남직원의 얼굴에 새로 디자인된 옷을(옷인지 뭔지를) 사납게 집어던지며 이렇게 내뱉는다. 다시 해요! 그런 것이 프로 비즈니스우먼의 전형적인 모습이어야 하는가? 아니다, 그렇지 않다! 만약 그런 인식이 알게 모르게 우리들 모두의 뇌리 속에 일반화되어 있다면 그것은 참으로 위험한 현상이다.

여성을 남성의 적대적인 위치에 놓고, 그들(남성들)이 주도권을 가지고 있는 세계에서 활동하려면 그들 이상으로 드세어져야 한다고 믿는다면 참으로 불행한 일이다. 불행한 일일 뿐더러 어리석은 일이기도 하다. 그것은 1960년대를 뒤흔들었던 여성해방운동에 있어서도 그 초기의 극히 짧았던 기간 동안만 득세할 수 있었던 유아론적 사고에 지나지 않는다.

여성해방운동이 '남성이 되고 싶은 여자들'의 모습으로 굴절되어서는 곤란하다. 여성에게는 여성만의 '여성성'이 있다. 왜 여성만의 고유한 '여성성'의 가치를 그토록 값싸게 포기해버리려고 하는가? 신참 남직원이 무엇인가를 잘못했다면 고참 여상사는 그의 잘못을 문제삼되 극히 따뜻한 이해와 섬세한 배려로 그를 감싸면서 부드럽게 문제를 해결할 수 있도록 해주어야 한다. 대부분의 남자들이 그러하듯 폭력적인 언동을 시위하면서 윽박지르려고만 한다면 그것이야말로 '남성성'에의 투항이다. 그것도 극히 치졸하고 조야한 '남성성'에의.

비즈니스우먼들의 옷차림(business look)에 대해서도 마찬가지의 이야기를 할 수 있을 것이다. 여성 사업가들이 극히 드물었던 1960년대 즈음에는 '남자처럼 입는 것'이 그들의 유일한 원칙이었다. 남자와 같이 짧게 머리를 깎고, 남자와 같이 투박한 양복을 걸치고, 남자와 같이 큼지막한 구두를 신어야 '실력 있는 여성 사업가'인 것처럼 대우받던 시절이었던 것이다.

그러나 요즈음에도 이런 생각을 하고 있는 사람은 거의 없다. 오

사랑과 성공은 기다리지 않는다

히려 '여성성'을 강조한 옷차림들이 정통 비즈니스룩으로 각광을 받고 있는 시대이다. 화려할 것까지는 없더라도 정성을 들여 머리, 어깨를 살리고 허리를 파낸 맵시있는 수트, 그리고 화사한 치마와 멋진 하이힐의 '실력 있는 비즈니스우먼'들을 목격하게 되는 것이 이제는 그다지 드문 일도 아닌 것이다.

물론 비즈니스 세계에 몸담고 있으면서 그 옷차림에 있어서 지나치게 '여성성'을 강조하는 것도 바람직하지만은 않다. 너무 짧은 스커트나 도발적인 디자인의 옷을 입고 사업을 논하는 것은 조금 어울리지 않는다. 자칫하면 실력은 없는 대신 '소파승진'이나 꿈꾸고 있는 한심한 여자로 비칠 가능성도 없지 않다. 그러나 옷차림에 있어서도 '여성성'의 본령을 자연스럽게 드러내면서 비즈니스에 임하는 것이 맹목적으로 '남성성'을 흉내내기만 하는 것보다는 어느 모로 보나 한수 위의 처신인 것만은 분명한 사실이다.

말이 나온 김에 비즈니스 패션에 대해서 몇 마디 더 늘어놓고자한다. 내게는 옷을 입을 때마다 되풀이하여 상기하는 몇 가지 원칙들이 있다. 그 중의 하나는 '약간의 의도적인 파격'이다. 전체적으로 캐주얼한 옷차림을 할 때에는 비교적 고급스러워 보이는 요소를 하나쯤 끼워넣는다. 청바지에 티셔츠를 입고 그 위에 모피 코트를 걸치는 식이다. 모피코트를 걸치는 대신 조금 화려한 팔찌 하나를 착용하는 것도 좋다.

그렇게 약간의 의도적인 파격을 가미하지 않으면 전체적으로 느껴지는 분위기 하나만으로 단순규정되기 쉽다. 즉 '캐주얼'한 것이 아니라 '빈한한' 것으로 비쳐질 수도 있다는 뜻이다. 반대의 경우도 마찬가지이다. 비싼 비용을 들여 장만한 꽉 짜인 정장을 할 때에도 지갑이나 핸드백 정도는 캐주얼한 것으로 매치시키는 것이 좋다. 상대방에게 위압감을 주는 대신 어딘가 숨통이 트이게 하는 사람이라는 편안함도 함께 선사할 수 있는 것이다.

액세서리는 이용하기에 따라서 호재도 될 수 있고 악재도 될 수 있다. 단색이나 두세 가지 정도의 색으로만 옷차림을 하게 되면 약간은 평범하다는 인상을 주게 된다. 그럴 때 목에 둘러 액센트를 주는 스카프는 전체적인 분위기에 참신한 기여를 한다. 팔찌나 귀걸이의 경우도 마찬가지이다. 있는 대로 다 끼고 달아 요란한 인상을 풍기는 것은 절대 금물이다. 액세서리는 말 그대로 액세서리. 전체적 분위기에서 빠져 있는 부분을 '덧붙여' 강조하는 품목인 것이다. 그 기능의 범위를 넘어서면 오히려 악재로 작용하기가 쉽다. 특히 귀걸이의 경우 지나치게 찰랑거리는 것은 비즈니스룩에서 금기의 대상이 된다. 상대방의 신경이 그 귀걸이로 분산되어 정작 내가 하는 이야기에 정신을 집중시킬 수 없기 때문이다.

내가 즐겨 입는 옷차림은 대개 바지와 재킷을 중심으로 연출된다. 특별한 이유는 없다. 그저 내가 예전부터 바지를 즐겨 입어 왔고, 또 그런 옷차림이 '기능적'이기 때문이다. 비즈니스룩이라면 그 심미성 못지 않게 기능성이 중요시된다. 아무리 멋진 옷이라도 그 기능성이 형편없으면(가령 변변한 주머니 하나 달려 있지 않다면) 비즈니스룩으로는 적당치 않다. 또 매일 똑같은 옷이나 '그게 그거 같은' 옷만 입고 비즈니스에 임하는 것도 바람직하지 못하다. 그렇다고 해서 도대체 옷을 얼마나 사들여야 하나? 하고 걱정할 필요는 없다. 문제는 '코디네이션'이다. 비슷비슷한 옷들이라도 어떻게 코디네이트 하고 어디에 액센트를 주느냐에 따라서 전혀 새로운 분위기를 연출해 준다.

아침 출근 전에 입을 옷을 고르면서 나는 생각한다. 이렇게 입는 것이 과연 '일하는 사람'처럼 보이는 옷차림인가? 이렇게 입는 것이 과연 '여성'처럼 보이는 옷차림인가? 그 두 가지 모두가 내게는 소중하다. 어느 것 하나도 포기할 수는 없다.

비즈니스우먼의 옷차림은 어떠해야 하는가? 간단하다. 편리한 기능성을 갖추고 있으면서도 '일하는 여성'처럼 보이는 옷차림이야말로 우리가 찾아야 할 비즈니스룩의 모범인 것이다. 결코 드센 옷차림을 하고 거리로 뛰쳐나가는 것이 모범이 될 수는 없다. 비즈니스맨을 본떠 터프한 차림으로 사업장을 휘젓고 다닌다고 해서 그녀가 강인한 비즈니스우먼이 되는 것은 아닌 것이다.

진정한 강인함은 어디에서 오는가? 그것은 자신의 본성을 최대한 발휘하는 바탕 위에서만 가능하다. 자신의 본성인 '여성성'을 포기해버리고 자신은 결코 가닿을 수 없는 '남성성'을 지표로 삼아 행동하려 든다면 실패와 좌절은 이미 예약되어 있는 것이나 마찬가지이다. 그것은 마치 남성을 상대로 한 팔씨름에서 이기기 위하여 안간힘을 써대고 있는 것과도 같다. 왜 남성과의 팔씨름에서 이겨야만 하는가? 완력이란 그들에게 훨씬 더 유리할 수밖에 없는 영역이다.

여성에게 유리한 영역은 따로 있다. 따뜻함과 부드러움과 섬세함이다. 그리고 따뜻함과 부드러움과 섬세함의 영역에서 여성들과 맞서 싸우려고 하는 남성은 없다. 그런데 왜 굳이 여성들만 남성들을 닮고 그들처럼 드세어지려고 안간힘을 쓰는가?

비즈니스우먼은 드세어야 한다는 식의 선입견은 바로 남성에 대한 내밀한 콤플렉스의 굴절된 반영에 지나지 않는다. 여성은 그 자신 속에 내재되어 있는 '여성성'만으로도 충분히 풍요롭고 강인한 존재라는 아름다운 진실을 몰각하고 있는 것이다.

자신의 본성을 충분히 발휘하는 바탕 위에서만 진정한 강인함을 표출시킬 수 있다. 자신의 본성을 억압하고 다른 존재의 본성을 모방하려고 하는 바탕 위에서 표출되는 강인함은 이미 강인함이 아니다. 그저 흉내이고 연기이며 허세일 따름이다. 오해하지 말기를 바란다. 나는 지금 '가사일에는 여성이 적격이며 비즈니스에는 남성이 적격이다' 라는 식의 결정론적 역할분담론을 이야기하고 있는 것이 아니다. 오히려 그와는 정반대의 견해를 이야기하고 있는 것이다. 가사일을 완벽하게 해내려면 남성적 가치들의 실현이 불가결하다.

마찬가지로 비즈니스를 완벽하게 해내기 위해서도 여성적 가치들의 실현이 꼭 필요한 것이다. 완력과 추진력과 종합능력과 약육강식의 논리만으로 성공할 수 있는 비즈니스가 있다고 생각한다면 커다란 오산이다. 직감과 감수성과 부드러움과 섬세함을 결여하고 있는 비즈니스는 결코 빛나는 성취를 이룰 수 없다.

남성적 가치와 여성적 가치는 결코 적대적이거나 배타적이어서는 안 된다. 그것들은 서로를 돕고 보완해 주기 위하여 양분되어 있는 존재인 것이다(아무려면 조물주가 그런 배려와 계획도 없이 양성(兩性)을 만들었겠는가?).

비즈니스우먼은 드세어야 하는가? 그렇다, 인간 일반에게 요구되는 드셈의 강도 내에서. 그러나 남성 일반에게서 발견되는 드셈의 정도까지는 아니다. 그럴 필요가 없다. 그보다는 차라리 부드러움으로 승부하는 것이 훨씬 옳고도 유리한 일이다.

비즈니스우먼은 부드러워야 한다. 여성 일반에게서 발견되는 부드러움의 정도 이상으로. 그리고 부드러움이야말로 그녀의 진정한 힘의 원천이다.

적대적 남성관은 열패감의 소산이다

남성에 대한 질투와 선망과 가학의지에 가득차 있는
여성이 아니라 자신의 '여성성'에 대한
자부와 능력과 사랑을 겸비한 여성이 필요한 것이다.

존타(ZONTA : 세계전문직여성클럽)라는 모임이 있다. 각자의 분야에서 일정한 사회적 성취를 이룬 여성들끼리 회합도 가지고 정보도 나누면서 국제적인 봉사활동을 펴고 있는 일종의 친목모임이다. 우리나라에도 그 한국지부가 설립되어 있다. 나는 오래 전부터 이 모임에 관여해 왔고 한동안은 이 모임의 아시아지역 총재로도 활동해 왔다.

존타의 회합은 즐겁고도 유익하다. 딱히 어느 분야를 꼬집어낼 것도 없이 모든 분야에 걸쳐 여성의 참여와 그 성공이 지극히 한정적일 수밖에 없는 우리나라의 현실을 극복하고 그것을 이루어낸 사람들을 만나 이야기를 나누고 우정을 쌓아가는 일은 그 자체만으로도 뿌듯함과 용기를 주는 일이기 때문이다.

동병상련이라고 해야 될까 아니면 전우애라고 해야 될까? 비록 각자 활동하고 있는 분야는 달라도 우리들끼리의 우정과 이해는 남자들끼리의 그 여느 모임에 못지않다. 그래서 정보를 나누고 새로운 프로젝트를 함께 구상해 보는 것이야 더 말할 나위도 없지만 그저 차 한잔을 나누며 한동안 수다를 떨다가 돌아와도 가슴속이 다 후련해지는 것 같은 청량감을 얻곤 하는 것이다.

그러나 대개의 경우 여성들만 모여 있으면 분위기가 조금쯤 사나워진다. 그 자리에 없는 남성들 일반에 대한 성토로 목소리가 모아지는 경우가 많은 것이다. 너무 억눌려서만 살아왔기 때문일지는 몰라도 때때로 성토 그 자체에만 열을 올리다보니 냉정을 잃게 되는 경우도 없지 않은 듯하다.

"이화여대 총장을 여자가 하는 것은 당연하다고 쳐! 거긴 여학교니까! 그런데 여자는 왜 여대에서밖에는 총장을 못 하는 거야? 남녀공학 총장을 하면 왜 안 되냐구? 남녀공학에 다니는 학생들의 반은 여자니까 여자한테도 총장자리를 줘야 하는 거 아니야?"

"뭐 거창하게 대학총장자리까지 얘기할 필요도 없어. 집안일만 해도 그래. 우리 애아빠하고 나하고 벌어들이는 수입? 거의 똑같애. 어떤 때는 내가 더 많을 때도 있어. 그런데 왜 항상 밥하고 반찬 만드는 일은 나만 해야 되는 거지? 벌써 몇 십 년째 이러고 있어. 이젠 아주 넌덜머리가 난다구!"

"호호호…… 최 박사가 집에서 도마 위에 칼을 도닥거리면서 반찬을 만든다? 거 난 영 상상이 안 되는데? 컴퓨터 앞에 앉아서 자판을 도닥거리고 있다면 또 몰라도?"

"자, 자, 얘기를 딴 데로 돌리지 말고…… 지금 우리가 대학총장 자리를 놓고 이야기하면서 너무 거창하다고 말하면 안 되는 거 아니에요? 장관 자리를 놓고 이야기해도 시원치 않을 판에? 지금 현재 우리나라 내각에서 여자가 차지하는 비중이 몇 퍼센트나 되요? 반까지는 안 되더라도 한 3분의 1은 여자들이 차지하고 있어야 되는 거 아니에요? 그런데 고작해야 구색맞추기로 한두 자리를 내어놓고 생색을 내고 있는 걸 보면 하여튼 남자들이란…… 우리가 언제까지 이렇게 당하고만 살아야 되는 거예요?"

"정치에 있어서나 부부생활에 있어서나 남자들 하는 짓이란 건 다 똑같애요. 그저 자기꺼 안 내놓을려고 아득바득 우기고 힘으로 밀어붙이고…… 그러니 머리채를 휘어잡는 한이 있더라도 싸워서 빼앗아야죠. 그 수밖에 더 있겠어요? 말로는 암만 떠들어봤자 소용이 없다구요!"

"호호호…… 남편 설거지를 시키기 위해서 머리채를 휘어잡는 거야 자기 남편이니까 그럴 수도 있다고 치고, 장관 자리 내놓으라고 머리채를 휘어잡을려면 누구 머리채를 휘어잡아야 되나? 어때요, 김 원장? 김 원장이 대통령 머리채 좀 휘어잡을라우?"

이쯤에서는 들고 있던 커피잔을 달그락거리면서 웃음을 터뜨리게 마련이다. 표현이야 좀 거칠어도 여자들끼리만 모여서 나누는 이야기이니 크게 문제될 것도 없다. 또, 말이 그렇다는 이야기이지, 실제로 자기 남편이나 대통령의 머리채를 휘어잡고 내 몫(우리 몫)을 내놓으라고 윽박질러 댈 사람들도 없다. 본질적인 해결방식은 어디까지나 각자의 분야에서 자신의 실력을 기르고, 그 실력들의 총합으로써 우리의 실력을 길러, 그것으로 대세를 가름하는 방법밖에 없다는 것도 우리 모두는 알고 있는 것이다. 그 사실을 알고 있기에 모두들 그렇게 유쾌한 웃음을 터뜨리며 편안한 마음으로 자리를 함께할 수 있는 것이다.

그런데 그 웃음이 씁쓸한 것으로 바뀌고 그 마음이 불편한 것으

사랑과 성공은 기다리지 않는다

로 변하게 되는 경우가 있다. 가령 우리들 중의 누군가가 실제로 장관으로 임용되는 경우이다.

혹시 있을지도 모르는 오해와 논란을 피하기 위해 미리 말해 두는 것이 좋겠다. 이 이야기는 어느 특정 여성을 비난하기 위해서 하고 있는 것이 아니다. 다만 우리 여성들의 내면 깊숙이 자신도 모르는 사이에 똬리를 틀고 들어앉아 있는 어떤 부정적인 경향에 대하여 언급하기 위해서 하고 있는 것이다.

또, 너무도 당연한 이야기이지만, 모든 여성 장관들이나 여성 국회의원들이 그렇다는 뜻도 결코 아니다. 오히려 대부분의 여성 장관들은 그렇지 않았을 수도 있다. 다만 그들 중의 어느 한두 사람이 그런 경향을 내비치곤 했다는 것은 부정할 수 없는 사실이다. 그 '예외적인' 한두 사람의 여성 장관을 편의상 'Z' 씨라고 일반화시켜 부르기로 하자.

장관으로 임용된 Z씨를 우리는 더이상 보기 힘들게 되었다. 물론 장관으로서의 업무가 너무 과중해서 시간을 내기가 어려웠던 탓도 있으리라. 그러나 내가 이야기하고 있는 것은 Z씨의 태도에 대한 문제이지 그녀가 우리에게 배당했던 시간에 대한 문제가 아니다.

장관으로 임용된 이후의 Z씨가 우리를 대하는 태도에는 분명한 변화가 있었다. 조금 과장해서 묘사한다면 이런 식이었다. 나는 이제 너희들하고는 다른 사람이야. 나는 여자로서는 더이상 올라갈 데가 없을 만큼 올라왔어. 나는 남자들의 세계에서 그 남자들과 당당히 어깨를 나란히 하고 있다고. 나는 남자들과 동등하게 된 거야. 나는 이제 더이상 여자들의 잣대로는 잴 수 없는 사람이 됐어…… 나는 남자가 된 거야! 너무 심한 과장일까? 나는 꼭 그렇지만은 않다고 생각한다.

장관으로 임용된 Z씨나 장관으로 임용되기만을 염원하고 있는 Z-to be씨는 같은 여자들을 대할 때에도 늘 묘한 경계심 같은 것을 표출하곤 한다. 이른바 '잘난 여자'들을 대할 때 더욱더 그러하다. 아, 당신이 그 유명한 K씨군요? 말씀 많이 들었어요, 이렇게 만나 뵙게 되어서 반가워요, 하면서 진정으로 마음을 열기보다는 네가 바로 그 K야? 그래, 어디 얼마나 잘났나 한번 두고 보자, 하는 식의 뜨악한 눈초리로 경계를 늦추지 않는 것이다.

왜 그럴까? 아마도 이렇게 생각하고 있는 것은 아닐까? 우리나라의 장관자리는 15개 밖에 없어. 그 중에서 여자들의 몫으로 책정된 것은 고작해야 두세 개뿐이야. 이 여자는 내가 차지해야 될 그 자리에 도전할지도 몰라. 언제나 감시의 눈초리를 떼지 말고 있다가 여차하면 밟아버리기라도 해야 돼! 너무 심한 추측일까? 나는 꼭 그렇지만은 않다고 생각한다.

Z씨가 우리를 다시 찾게 된 것은 그녀가 장관자리에서 물러난 다음이다. 임기를 다 채우고 물러난 경우보다는 거의 해임되다시피 쫓겨난 경우라야 그 만남이 더욱 빨라진다.

이제 '전직장관'이 된 Z씨는 전보다 더욱더 다정한 목소리를 내며 남자들을 욕하기에 바쁘다. 나쁜 새끼들! 도대체가 여자가 장관하는 꼴을 못 봐! 내가 장관자리에 있으면서 얼마나 당하고 살았는지를 알면 여러분들 모두 기가 막힐 거예요! 나 아닌 어떤 다른 여자가 그 자리에 있었더라도 마찬가지였을 거예요. 남자들끼리 저희들 멋대로 짤고 까불어 대면서 나돌아치는 꼴을 보면 정말 내 속이 뒤집혀서…… 이대로 당하고만 살 수는 없어요, 우리 여자들끼리라도 힘을 합쳐야 된다니까요! 여러분들, 나 좀 밀어주세요!

아마도…… Z씨에게는 우리가 자신의 출세를 위한 '표밭' 정도로 보이는 모양이다. 너무 매몰찬 평가일까? 나는 꼭 그렇지만은 않다고 생각한다.

미리 이야기해 두었지만 Z씨는 어떤 특정여성이 아니다. Z씨는 우리들 모두의 내면에 자신도 모르는 사이에 똬리를 틀고 둘러앉아 있는 어떤 부정적 경향의 의인화된 형태(personification)일 뿐이다. 그렇다면 어떤 경향을 가지고 있는 여성이 Z씨로 돌변할 가능성이 가장 많은가?

나는 알고 있다. 오랫동안 반복되어 온 동일한 형태의 경험들을 통하여 체득된 깨달음이다. 누가 Z씨로 돌변할 가능성이 가장 많은가? 바로 '적대적 남성관' 을 가지고 있는 여성이다.

적대적 남성관이란 열패감(劣敗感)의 소산이다. 마음속 깊은 곳에 감추어 둔 콤플렉스의 굴절된 반영이다. 격렬한 여성해방전사의 외양을 갖추고서 남성들을 적으로 몰고 그들과 싸워 이겨야 된다고 말하고 있는 여성의 가슴속에는 바로 자신이 욕하고 있는 그 남성들을 닮고 싶어하는 내밀한 욕망이 꿈틀거리고 있는 경우가 많다. 그 적대감 속에는 그들만큼 누리고 싶고 그들만큼 빼앗고 싶어 하는 질투와 선망이 부글부글 끓어 대고 있는 것이다.

그런 여성이 '출세' 하여 '남자들과 어깨를 나란히' 하게 되면 어떻게 변할까? 자신의 '여성성' 을 부인한다. 자신이 남자가 되었다고 착각한다. 그녀는 더이상 여성을 '대표' 하는 사람이 아니라 남성에 '편입(그것도 거짓편입!)' 되어버린 사람이다. 거짓편입되어 있는 사람이니까 두세 개밖에 안 되는 여성 장관의 자리를 다른 여성에게 빼앗길까 봐 두려워한다. 진정한 여성의 대표라면 그 두세 개 밖에 안 되는 여성 장관의 자리를 두고 아웅다웅 다툴 것이 아니라 그 자리 자체를 일고여덟 개로 늘리자는 주장을 펴야만 한다. 그래야 정상이 아닌가?

적대적 남성관을 가지는 것은 그 누구에게도 도움이 되지 못한다. 굳이 찾는다면 진정한 남녀평등사회가 오는 것을 원치 않는 남성들에게나 도움이 될까? 적대적 남성관이라는 것 자체가 어쩌면 공허한 관념의 유희에 지나지 않는 것일 수도 있다. 진정 남성 일반을 적으로 생각한다면 지금이라도 빨리 총칼을 들고 그들과 싸워 그들을 전멸시키거나 우리가 전멸되거나 해야 할 것이 아닌가? 그것은 사이비 혁명가의 허울 좋은 선전문구에 불과하다. 진실은 다른 곳에 있다.

남성과 여성은 서로 적대적인 존재가 아니다. 이 당연하기 짝이 없는 명제를 우리는 너무도 자주 잊는다. 물론 너무도 오랜 세월을 남성 위주의 사고방식과 사회제도가 횡행해 왔다. 정치분야는 말할 것도 없고 가정생활에 있어서조차 그 불평등과 불균형은 이루 말할 수도 없을 정도이다. 그래서 너무도 당하고만 살다보니 그들을 미워하고 적대시할 수밖에 없게 되는 것도 인지상정이다.

울화가 치미는 부부싸움 끝에 남편을 이가 갈리도록 미워해 본 경험이 없는 부인이 도대체 몇 명이나 되겠는가? 그러나 분명한 것은, 그들을 적으로 규정한다고 해서 문제가 해결되는 것은 아니라는 사실이다. 더구나 그 적대감 속에 자신도 인식하지 못하는 질투와 선망과 가학의지(sadism)가 터질 듯이 넘쳐나고 있다면.

그런 뜻에서 여성운동도 이제는 '인간(human)운동'으로 그 차원을 높이고 지평을 넓혀가야 한다. 그리고 그 운동이 제대로 된 성과를 올리려면 반드시 남성의 참여를 보장해야 하고 그들과의 협력을 확보해야 할 것이다.

본래부터가 남성과 여성은 상호보완적인 존재이다. 각 존재는 상

사랑과 성공은 기다리지 않는다

대방과 상호보완을 할 때에만 비로소 완전한 통일체로 새롭게 태어날 수 있다. 부부생활에 있어서뿐만이 아니라 정치분야 혹은 경제분야에서의 여성참여에 있어서도 그렇다. 두세 개밖에 없는 장관자리? 물론 일고여덟 개로 늘려야 한다. 그러나 너희들이 그 동안 그렇게 해먹었으니까 우리들도 해먹어야 되겠다는 식의 이유 때문이 아니다. 그렇게 되는 것이 내각 전체를 훨씬 더 효율적이고 균형잡힌 것으로 만들 수 있기 때문이다.

그러기 위해서라도 Z 같은 사람이 그 두세 개밖에 안 되는 장관자리를 차지하도록 내버려두어서는 안 된다. 진정한 여성의 대표가 그 자리에 들어서야 한다. 남성에 대한 질투와 선망과 가학의지에 가득차 있는 여성이 아니라 자신의 '여성성'에 대한 자부와 능력과 사랑을 겸비한 여성이 필요한 것이다. 그런 여성만이 진정으로 전체여성과의 연대를 소중히 여길 줄 알고 전체 여성의 권익신장을 위하여 노력할 줄 안다.

내면화된 성차별의 벽

자신이 여성이라는 사실을 핸디캡으로 받아들여서는 안 된다.
마찬가지로 자신이 여성이라는
사실을 무슨 보호막처럼 휘둘러대서도 안 된다.

　적대적 남성관과 쌍생아(雙生兒)의 관계에 있는 것이 바로 '내면화된 성차별'이다. 내면화되어 있지 않은 성차별에 대해서는 따로 언급하지 않아도 좋을 것이다. 눈에 보이는 것이고 따라서 하나씩 하나씩 교정해 나가면 된다(현재의 우리나라처럼 눈에 보이는 거의 모든 현상들에서 성차별을 발견할 수 있는 나라에서는 그 많은 것들을 언제 다 교정할까 한숨이 절로 나오게 되는 것이 문제이긴 하지만). 보다 심각한 문제는 자신도 모르는 사이에 내면화되어버린 성차별의식이다. 그것은 곧 부당한 자기비하로 귀결되곤 하는 까닭이다.

　앞에서 Z씨를 너무 모질게만 대했으니 여기서는 그녀에 대하여 연민을 가져보기로 하자. Z씨는 장관으로 임용된 지 4개월 만에 경질되었다. 그녀 자신의 잘못 때문이기도 하지만 정세의 변화 때문이기도 하다. 어쩌면 정치권의 기류변화가 더욱 큰 요인으로 작용했을 수도 있다. 자신으로서는 어쩔 수 없는 잘못 때문에 장관직을 물러나야만 했던 사람들을 우리는 얼마나 많이 보아왔던가?

문제는 그러한 현상을 바라보는 사람들의 시각이다. 남자들뿐만이 아니다. 여자들도 그렇게 이야기한다. 그러면 그렇지, 여자가 별수 있어? 하여튼 여자들은 안돼, 짧고 까불고 난리를 쳐대더니 꼴좋다! 그나마 4개월이라도 버틴 게 다행이지 뭐. 조금 나은 경우라야 이런 정도이다. 하긴, 얼마나 힘들었겠어? 남자들 틈에 끼어서. 에이 차라리 잘 됐다 생각하고 물러서는 게 상수지.

4개월 만에 경질되는 것은 Z씨가 여자이기 때문은 아니다. 만약 그 자리를 남자 장관이 차지하고 있었더라도 경질되기는 마찬가지였을 것이다. 그러나 남자 장관이 경질되었을 경우에 사람들은 그런 식으로 이야기하지 않는다. 차라리 허, 그 사람 참 운도 없네, 하고 불쌍하게 여길 뿐이다. 어이없는 일이지만 그런 것이 현실이다.

일주일 만에 경질된 남자 서울시장은 운이 없는 것이고 4개월 만에 경질된 여자 장관은 한심한 것으로 받아들여지는 것이다. 왜 똑같은 일을 당해도 남자가 당하면 "그럴 수도 있지"가 되고 여자가 당하면 "여자니까 그 모양이지"가 되어야 하는가?

그것도 다른 누가 그렇게 말하기도 전에 여자들 스스로가 그렇게 받아들여야만 하는가? 아마 다른 누구보다도 앞서 Z씨가 먼저 그렇게 생각했었을지도 모른다. 애초에 장관직 임용을 수락하는 게 아니었는데…… 여자가 하기엔 너무 힘든 일이야…… 그나마 나니까 이만큼이라도 버틴 거지.

이 내면화되어 있는 성차별의 벽을 깨야 한다. 그 벽을 깨기 위해서는 그것이 내면화되어 있다는 사실부터 명확하게 직시해야 한다.

누가 뭐라고 하기도 전에 제 스스로 고개를 끄덕거리며 자신을 비하함으로써 뒤로 물러서는 버릇부터 고쳐나가야 한다. 이 일은 아무도 도와줄 수가 없다. 내 가슴속에 세워져 있고 나 자신조차 그 존재를 느끼지 못하고 있는 벽을 누가 와서 허물어 주기를 바라겠는가?

언젠가 미국의 한 공항에서 출입국 관리를 맡고 있는 한 하급직원과 시비가 붙은 적이 있다. 그 직원이 나에게 관련된 신상명세를 한 서류에 기재하고 있었는데 내가 나의 출발지를 "서울, 코리아"라고 아무리 이야기해줘도 그 말을 알아듣지 못했던 것이다. 나는 결국 '서울'이라는 항목에 대해서는 타협을 했다. 그 직원이 서울이라는 도시의 존재를 모르고 있을 수도 있다는 데 생각이 미쳤기 때문이다.

"서울, 에스, 이, 오, 유, 엘."

"그 다음은?"

"코리아."

"뭐라고?"

"코리아라니까?"

"뭐라고?"

공항의 그 직원은 "뭐라고? 뭐라고?"를 계속 되풀이하더니 화가 나서 못 견디겠다는 표정으로 그 서류를 내 앞으로 홱 팽개치면서 이렇게 말했다.

"네가 직접 써(You spell it)!"

화가 난 것은 나도 마찬가지였다. 신경질이 잔뜩 난 표정으로 나를 쏘아보고 있는 그 흑인 직원의 눈을 나 역시 똑바로 맞바라보면서 차갑고도 냉정하게 말했다.

"이봐, 미국이라고는 어떻게 쓰지(How do you spell United States)?"

그 직원은 내가 보인 뜻밖의 대응에 움찔하는 기색이 역력했다. 나는 내친 김에 더 쏘아붙였다.

"미국과 마찬가지로 그건 나라의 이름이야. 네가 아직까지 못 들어 봤는지는 몰라도 아주 유명한 나라의 이름이라구. 네가 이런 직장에서 일하려면 그 정도는 알아야 마땅해. 만약 모른다면 먼저 죄송하다고 말한 다음 나한테 정중하게 그 스펠을 물어봐, 그러면 내가 가르쳐줄 테니까!"

"……"

"몰라? 그러면 받아써, 케이, 오, 알, 이, 에이."

그 흑인 직원에게는 달리 대꾸할 말이 없었다. 내 기세와 주장에 밀렸던지 얼굴을 조금 붉히더니(아니 조금 더 검게 하더니) 내가 불러준 스펠을 받아쓰고는 서류를 내어주면서 눈길을 내리깔았던 것이다.

만약 그런 경우에 나처럼 대응하지 않고 그에게서 서류를 건네받아 직접 코리아라는 글자를 써넣었더라면 어땠을까? 조금쯤 참담했을 것이다. 그리고 이렇게 생각했었을지도 모른다. 나는 역시 영어가 안 되나봐. 내 발음이 그렇게 형편없는 것일까? 혹은 이렇게 생각했었을지도 모른다. 한국이란 나라가 그렇게 알려지지 않았나? 굳이 잘못이라면 내가 그런 후진국에서 태어났다는 게 잘못이지. 조금 더 예민한 사람이었다면 이렇게 생각했었을 수도 있다. 미국이란 나라 인종차별이 심하다더니 정말이구나. 백인은 고사하고 깜둥이들한테도 이렇게 당하고만 살아야 된다니 참 앞날이 막막하다. 별수없지 뭐, 내가 황인종인 데다가 한국 사람이고 게다가 영어 실력마저 시원치 않은 걸 어떻게 해?

우습지 않은가? 그러나 바로 이런 경우와 똑같은 구조를 가지고 있는 것이 '내면화된 성차별의 벽'이다. 스스로 떳떳하고 자신이 있으면 그런 벽이 내면화될 틈이 없다. 자기 자신을 비하시킬 필요가 없는 것이다.

말이 나온 김에 덧붙여서 말한다면 나는 미국생활을 하면서 한번도 '인종차별'을 당했다는 생각을 하지 않았다. 물론 미국에는 인종차별이 엄존한다. 소수민족에 대한 차별 역시 그러하다. 그러나 나는 내가 당하는 모든 낭패와 수모를 나의 인종이나 민족에서 기인한 것으로 돌리려고 하지는 않았다는 뜻이다. 그것은 내가 그들의 '룰'을 지키지 않아서 당한 것일 수도 있고 그저 '운이 없어서' 실패한 것일 수도 있다. 딱히 내가 한국여자이기 때문에 당한 것은 아니라는 것이다. 그리고 만약 그것이 조금이라도 부당하다고 생각될 때면 나는 주저없이 항의했다. 그런 외로운 항의의 끝에 그들의 오해를 풀고 나의 행동을 인정받게 되었던 적도 한두 번이 아니다.

대학졸업장까지 갖춘 여성에게 커피심부름이나 시키는 것은 잘못된 일이다. 그것이 만약 제도적으로 고착되어 있는 것이라면 그 제도를 뜯어고쳐야만 한다. 터무니없는 성차별일 뿐만 아니라 아까운 고급인력의 손실이기 때문이다. 이렇듯 '눈에 보이는' 제도적 성차별에 대해서는 더이상 언급할 필요도 없다. 그러나 이와는 달리 겉으로는 대동소이해보이지만 속을 들여다보면 조금은 달리 대처해야 할 필요가 있는 경우도 있다.

가령 어떤 대졸 신입 여사원이 남자 상사로부터 커피심부름을 요구받았다고 하자. 가장 나쁜 대응방식은 '할 수 없지 뭐, 여자니까 내가 타야지' 하면서 그대로 받아들이는 것이다. 바로 열패감과 성차별의 벽이 내면화되어 있어서 자연스럽게 자기비하로까지 전락해 있는 경우이다.

그렇다면 '내가 왜 그걸 해야 돼? 이건 여직원을 너무 우습게 보는 처사야!' 하면서 고개를 바짝 치켜들고 대드는 것이 옳은 일일까? 반드시 그렇지만은 않다. 얼핏 보아서는 당당해보이지만 그런 대응방식의 기저에도 성차별의 벽은 어김없이 내면화되어 있는 것이다. 자신이 '여자이니까' 커피심부름을 시켰다고 생각하는 것이 바로 내면화되어 있는 성차별이 아니고 무엇인가?

그 표출되는 모양새는 사뭇 달라도 전자의 경우와 본질적으로 동일한 대응방식인 것이다. 그렇다면? 달리 생각해 보면서 신중하게 대응해야 한다.

커피심부름을 하게 된 것은 어쩌면 그녀가 직장의 최말단사원 혹은 가장 최근에 들어온 신입사원이기 때문일 수도 있다. 그리고 신입사원이 고참사원을 위해 커피를 타주는 것 정도를 가지고 버럭 화를 낸다면 그것은 너무 치졸한 반응일 뿐이다. 그런 정도의 대우랄까 예우는 남자직원들 사이에서도 흔히 발견할 수 있다.

가령 고참직원을 위해서 배달되어 온 자장면의 랩을 손수 벗겨주는 남자신입사원이 그런 일을 가지고 자존심을 상해한다거나 화를 내리라고는 상상조차 할 수 없다. 어찌 보면 당연한 일이라고도 할 수 있지 않은가? 그런 당연한 일을 가지고 제풀에 자기비하에 빠지거나 엉뚱하게도 화부터 낸다면 그것이야말로 '제발 저린 격'이 아닌가?

만약 입사한 첫날부터 커피심부름을 요구받게 되었다면 그대로 하자. 정성을 다해 커피를 타고 상냥하게 웃으면서 갖다 주도록 하자. 그렇게 하는 것이 그 직장의 오래된 관례인지도 모르니까. 그러나 만약 자기보다도 더 늦게 들어온 신입사원이 있는데, 게다가 그

사원은 남자인데, 여전히 자신에게만 커피심부름을 시킨다면 더이상 묵과해서는 안 된다. 그것은 명백한 성차별이기 때문이다. 그럴 경우에도, 우선은 상냥하게 웃으면서, 그 신입 남자 사원에게 커피심부름을 시켜보는 것이 좋다. 어쩌면 그 신입 남자 사원은 마땅히 그래야 되는 줄 알고 기꺼이 그 일을 해줄지도 모른다. 그렇다면 그것으로 모든 것은 해결된다. 설사 그때까지는 언제나 여직원이 커피를 타주는 것을 당연시해왔던 직장이라도 이제부터는 그런 잘못된 성차별의 관행을 고치게 된 셈이니 문제를 깨끗하게 해결한 셈이다. 만약, 다른 모든 것에 앞서, 누가 누구를 위해서 커피를 타주는 것 자체가 잘못되었다고 생각한다면, 모두들 모여 있는 회의석상에서 정정당당하게 자신의 의견을 피력하면 된다. 그것이 올바른 길〔正道〕이다.

자신이 제출한 기획서류가 간부회의석상에서 무참하게 묵살되었다고 하자. 그게 뭐 어쨌단 말인가? 기죽을 필요는 없다. 적어도 화장실에 숨어서 '여자라고 날 무시하는 거야, 내 다시는 그런 일 맡아서 하나 봐라!' 하면서 눈물을 줄줄 흘리고 있을 필요는 없다는 말이다. 그런 일쯤이야 어떤 회사에서든 매일같이 일어나는 다반사이다. 직원들이 모두 보는 앞에서 상사가 내던진 기획서류를 얼굴에 맞는 치욕을 겪는 일도 허다하다.

그러나 그런 경우를 당하더라도 남자들은 '내가 남자니까 이런 치욕을 겪었다'고는 생각하지 않는다. 그런데 꼭 왜 여자들만 무슨 일이 잘 안 풀리면 '내가 여자니까 이런 부당한 대우를 받는다'고 제멋대로 상상하는 것인가? 답은 하나뿐이다. 자신도 모르는 사이에 성차별의 벽이 내면화되어 있기 때문이다.

같은 직급의 남자 직원에 비하여 자신의 실력이 모자란다면 그 모자람을 솔직히 시인하는 것이 옳다. 다음 번 기획회의에서 망신을 당하지 않으려면 그 남자 직원의 실력을 넘어설 만큼 노력하는 수밖에 없다. 그러기 위해서는 그 남자 직원에게 좀 가르쳐 달라고 고개를 숙일 수도 있다. 그것이 뭐가 잘못되었단 말인가? 실력의 격차 때문에 당하게 되는 차등대우마저 지레 성차별에 의한 것이었다고 우긴다면 남들이 보기에도 우스꽝스러울 뿐이다.

같은 직급의 남자 직원들과 함께 식사를 할 경우마다 그들이 자신의 식사비를 대신 내주는 행위를 당연한 것으로 받아들이고 있다면 그것은 파렴치한 행위이다. 왜 그들이 나에게 밥을 사줘야 하는가? 굳이 이유를 찾아보자면 하나뿐이다. 내가 여자니까! 자신에게 불리할 때면 '내가 여자니까' 당했다고 생각하고 자신에게 유리할 때면 '내가 여자니까' 당연하다고 생각한다면 저능아이거나 정신분열자가 아니고 무엇인가?

"우리 회사에서는 생리휴가제도가 완전히 정착됐어요. 물론 시행 초기에는 잡음도 많고 반발도 많았지만 이제는 남자 직원들도 이 문제에 대해서만큼은 아무 말도 하지 않아요. 덕분에 여직원들은 모두 한 달에 하루는 당당하게 쉴 수 있게 된 거죠!"

다양한 직종의 비즈니스우먼들끼리 모여 정보와 우정을 나누는 정기월례오찬회에서 한 외국법인회사의 고참 직원으로 일하고 있는 여성이 자부심으로 가득찬 어조로 그렇게 이야기하는 것을 보고 나는 내심 어이가 없었다. 아니 생리휴가를 따냈다는 것이 그렇게도 자랑할 만한 이야기인가? 과문한 탓인지는 모르나 이른바 그 생리휴가라는 것을 정말 생리 때 써먹는 여성 직업인들을 나는 거의 보지 못했다. 오히려 샌드위치 데이 사이에 끼워넣어서 놀러가는 데 써먹거나 자신에게 급한 일이 생겼을 때 써먹는다는 것은 이미

알려진 비밀이다. 그럼에도 불구하고 그것을 따냈다는 것이 그렇게 도 신나는 일인가? 어떤 일을 위하여 그 휴가를 썼든 상관없이 '나 생리 중이니까 일 못하겠다'고 선포만 하면 모두들 고개를 끄덕거 려주니까?

아니나 다를까! 한참 동안이나 고개를 갸우뚱하면서 그 이야기 를 듣고 있던 외국인 비즈니스우먼이 의아한 표정으로 이렇게 물었 다.

"아니, 생리휴가? 그게 도대체 뭐예요?"

"아니 생리휴가도 모르세요? 여자들은 모두 다 한 달에 한 번씩 생리를 하잖아요! 그때 써먹는 휴가라구요!"

"생리를 한다는 게 휴가의 사유가 된단 말이죠?"

"그럼요! 우리나라에선 그래요. 미국에선 그런 제도가 없나 보 죠?"

"네, 저는 오늘 이 자리에서 그런 제도가 있다는 걸 처음 알았어 요. 당신네 나라…… 참 좋은 나라군요."

미국에만 그런 제도가 없는 것은 아니다. 이른바 여권의 신장이 이미 한 정점에 도달했다는 구미의 선진국들 그 어느 나라에서도 생리휴가라는 제도는 없다. 내가 알기로 그런 제도가 있는 나라는 우리나라뿐이다.

그러나 그것이 과연 자랑해야 될 일일까? 나는 그렇게 생각하지 않는다. 오히려 어떤 의미에서는 여성들이 스스로를 비하시키는 일 이라고도 볼 수 있다. 그것이 어떤 의미를 가지는가에 대해서는 진 지하게 따져볼 생각도 하지 않은 채 그저 '제도적으로' 하루를 놀 수 있게 되었다고 해서 마냥 좋아하기만 한다면 그것은 부끄러워해 야 마땅한 일이 아닌가?

그래서 내게는 그 미국 여성이 말한 "당신네 나라는 참 좋은 나라군요"라는 말이 지독한 독설처럼만 들린다.

생리휴가만이 아니다. 출산휴가라는 것에 대해서도 나는 조금은 다른 생각을 가지고 있다. 물론 출산휴가는 제도적으로 보장되어 있어야 한다. 그러나 '제도적으로 보장되어 있다'는 것이 곧 '반드시 그 휴가를 찾아먹어야 한다'는 것을 뜻하는 것은 아니다. 산후 몸조리가 힘들다면 휴가원을 내어 쉬는 것이 옳다. 그러나 산후 몸조리를 웬만큼만 할 수 있다면 직장에 나가서 일을 하는 것이 옳지 않겠는가? 굳이 일을 하려 든다면 못 할 것도 없는데 단지 '출산휴가가 제도적으로 보장되어 있으니까' 악착같이 집에서 쉬겠노라는 태도의 이면에는 도대체 무엇이 숨어 있는가?

나는 그런 태도를 가지고 있는 사람이 자신의 일이나 자신의 직장을 사랑하고 있다고는 생각할 수가 없다. 그저 주어진 시간만 때우려고 들고, 가능하다면 직장으로부터 도망쳐나올 궁리만을 하며, 일은 열심히 안 해도 월급만은 꼬박꼬박 챙기려고 드는 바람직하지 못한 직장인이라는 생각을 떨쳐버릴 수가 없다.

만약 당신이 사업주가 되었다고 상상해보라. 당신 같으면 그런 태도를 가지고 있는 사람을 기꺼이 자신의 직장에 받아들이겠는가? 이런 태도를 가지고 있는 직장 여성들이 많으면 많을수록 여성이 사회에 진출할 수 있는 기회는 점점 더 줄어들기 마련이다. 어리석게도 스스로 자기가 통과해야 할 문턱을 높이고 스스로 제 무덤을 파는 격이 아니고 무엇인가?

자신이 여성이라는 사실을 핸디캡으로 받아들여서는 안 된다. 마찬가지로 자신이 여성이라는 사실을 무슨 보호막처럼 휘둘러대서도 안 된다. 남자 직원들이 정기적으로 일직 혹은 숙직을 하는 데

반해 여자 직원들은 그런 의무로부터 해방되어 있다면 그 사실에 대하여 고마워할 줄 알아야 한다. 적어도 당연한 일이라고 생각해서는 안 된다.

만약 그들이 그 일의 대가로 조금 더 높은 보수를 받고 있다면 흔쾌한 마음으로 그 차액의 존재를 인정해 줄 수 있어야 한다. 그것이 진정한 평등의식을 구가하고 있는 여성의 자세이다. 그런 여성의 가슴 속에라면 내면화되어 있는 성차별의 벽은 이미 허물어진 지 오래일 것이다. 오직 실력에 기초한 당당한 자존심만이 고요하고 아름다운 빛을 뿜어 내고 있을 뿐이다.

시대를 앞서가는 유쾌한 여걸(女傑)들

아니타가 자유분방하고 반항적인 히피 스타일의 사업가라면
유사이는 냉철하고 영민한 비즈니스우먼이다.

1995년이 저물고 있다. 올해 역시 그 관심사를 국내문
제에 한하건 국제문제에까지 넓히건 여느 해 못지않게 희
비가 엇갈린 파란만장한 한 해였다.

훗날 우리는 이 1995년을 어떻게 기억할 것인가? 물론 사람마다
그 처해 있는 상황과 입장에 따라 각기 다른 방식으로 이 한 해를
기억하게 될 것이다.

그러나 적어도 여성이라면, 이제 저물어가고 있는 1995년을 '세
계여성회의' 가 열렸던 해로 기억해둘 만하다. 중화인민공화국 건국
이래 최대의 국제행사로도 기록될 이 행사는 암울해 보이기만 하는
인류의 앞날(여성의 앞날이 아니라 '인류'의 앞날이다)을 환히 비
쳐주는 아름다운 이정표였다.

지금으로부터 꼭 10년 전인 1985년 나이로비에서 열렸던 세계여

성회의와 올해 북경에서 열렸던 세계여성회의를 비교해 보면 누구라도 감격하지 않을 수 없을 것이다. 그 10년 동안 여성들의 인권과 지위는 실로 맹렬한 기세로 상승곡선을 그려왔다. 이제 여성이 세계를 이끌어 나갈 새로운 시대의 도래는 결코 몽상가들의 백일몽이 아니다. 그 새로운 시대는 실제로 손을 뻗으면 닿을 듯이 우리들의 바로 코앞에까지 다가와 있다. 여성의 이름으로가 아니라 인류의 이름으로 축하해야 마땅할 일이다.

나는 세계여성회의가 열렸던 1995년을 기념하고 자축하는 뜻에서 급박하게 변화하고 있는 시대조류의 맨 앞자리를 굳게 지키며 시대를 앞서가고 있는 두 사람의 유쾌한 여걸들을 이 자리에 소개하고 싶다.

"사실은 나 스스로도 내심 무척 놀랐어. 우리들의 힘이 그렇게 강한 줄은 몰랐다구. 막상 그 회의를 개최한 중국 정부가 벌벌 떠는 모습을 보니 그렇게 통쾌할 수가 없는 거 있지?"

"조안도 같이 갔었으면 신났을 거야! 세상엔 정말 멋진 여자들도 많더라구! 실력 있고 배짱 두둑하고 추진력 있게 밀어붙이는 여자들…… 비록 나라도 다르고 분야도 다르지만 그런 여자들하고 함께 있다고 생각하니 그렇게 힘이 솟을 수가 없었어."

북경 세계여성회의에 참가하고 돌아온 지인(知人)들의 즐거운 회고담이다. 국경과 분야라는 좁은 틀 안에 갇혀 홀로 고군분투해 오다가 국경과 분야를 넘어선 드넓은 광야에서 마음을 탁 트이게 하는 멋진 동지들을 만난 기쁨의 표현이다.

그런데 그들의 회고담 끝에 꼭 떠오르곤 하던 이름이 하나 있다. 바로 회의기간 내내 전세계 언론들로부터 '중국 여성의 꿈', '대륙의 희망'이라는 거창한 수식어와 함께 집중조명을 받았던 유사이

칸(Yuesai Kan)이다.

"정말 멋있는 여자였어. 이건 뭐 영화배우 이상의 인기를 누리고 있는 거 있지? 그 여자가 나타나면 사방에서 중국 여자들이 달려나와 사인해 달라고 난리야."

"이번 회의의 공식 후원자였다는데…… 아마도 중국내에서의 영향력이 대단한 모양이야?"

"아, 참, 그 여자가 조안을 잘 안다고 그러던데? 왜 이번에는 안 왔느냐고 묻기도 하고? 그렇게 각별한 사이야? 어떻게 만났어? 어디 말 나온 김에 그 여자 얘기 좀 해줘."

내가 생면부지의 유사이 칸이 보낸 팩스를 받아든 것은 1989년의 일이다. 그때 그녀는 나와의 인터뷰를 원하니 시간약속을 잡아줄 것을 요청했었다. 그녀가 제작중이던 미국 비즈니스맨들을 위한 교육용 비디오 〈한국에서의 사업 전망(Doing Business in Korea)〉에 나와의 인터뷰를 꼭 넣고 싶다는 것이었다.

하지만 나는 그녀가 원하는 기일 내에 따로 시간약속을 낼 수가 없었다. 당시 존타의 아시아 지역 총재로서 활동하느라 스케줄이 너무도 빡빡했었던 탓이다.

재미있는 것은 그때 내가 보냈던 답신 팩스이다. 나는 유사이 칸이라는 사람이 여자인 줄을 모르고 '미스터(Mr.)'라는 호칭을 써서 답신을 보냈던 것이다. 그녀가 즉시 호탕한 웃음소리가 들려올 것만 같은 어조로 '나는 남자가 아니라 여자예요'라는 짤막한 교정용(?) 팩스를 보내왔던 기억이 새롭다.

그녀를 실제로 대면하게 된 것은 그로부터 몇 개월이 지나서였다.

"오, 조안, 너무너무 만나보고 싶었어요!"

내 사무실의 문을 열고 들어온 그녀가 호기롭고도 다정한 목소리로 내뱉은 첫마디였다. 첫눈에도 그녀는 유쾌하고 거칠 것 없는 사업가였다. 처음 만나는 사이인데도 팔을 내밀어 악수를 청하는 대신 와락 달려들어 뜨거운 포옹을 해댔으니까.

"반가워요, 유사이, 이렇게 미인이신 줄 모르고 내가 '미스터' 라고 했으니…… 그때 실수한 건 이미 용서하셨겠죠?"

"실수는 무슨 실수! 인사가 늦었던 제 잘못이죠. 아니면 제가 아직 조안처럼 국제적 명성을 얻지 못한 것이 잘못이랄까? 하하하…… 얼마 전에 홍콩에서 발행되는 〈MEDIA〉에서 조안의 사진과 기사를 보고 아주 큰 감동을 받았어요. 이 사람, 언젠가는 만나야될 사람이구나, 싶었던 거죠. 자, 어찌 되었건, 이렇게 어렵게 만났으니 비즈니스 얘기부터 시작해 볼까요?"

그녀는 아주 매력적인 여인이었다. 외형만을 본다면 160센티미터가 조금 넘는 키에 아담한 몸매를 가지고 있는 전형적인 중국 여인이었지만, 그 내면은 냉철한 계획과 과단성 있는 승부근성으로 가득차 있는 프로 비즈니스우먼이었다. 다만 빼어난 비즈니스의 승부사이기만 했다면 그 매력은 반감되었을 것이다. 그녀는 강온의 양면을 모두 갖춘 여인이었다.

비즈니스에 대하여 이야기할 때는 최첨단의 복잡한 컴퓨터와 마주앉아 있는 듯한 느낌이었지만, 비즈니스 이외의 것에 대하여 이야기할 때는 애교와 상냥함과 소녀의 미소가 철철 넘치는 사랑스러운 여인이었다. 바늘로도 찌를 틈을 찾기 어려울 정도로 쫙 빼입은 정장을 한 그녀가 거칠 것 없이 환한 웃음을 터트리며 내 팔이라도 부여잡고 상냥스럽게 말을 건네올 때면 내 정신이 다 혼미해질 지경이었다.

"그런데 조안은 몇 년도 생이죠?"

"나요? 1945년. 유사이는요?"

"어머, 1945년? 그러면 나보다 4년 위네? 잘 됐어요, 이제부터 조안, 조안은 내 언니가 되는 거예요. 어때요?"

"언니라…… 그거 부담스러운데요? 그러지 말고 우리 그냥 친구 합시다. 연배도 비슷하고 하니 그냥 서로 편하게 이름을 부르는 친구로 지내자구요."

그렇게 우리는 만나자마자 서로 말을 놓았다. 사실 영어에서는 '말을 놓는다' 는 것 자체가 그리 명확한 개념이 될 수는 없다. 손윗사람이건 손아랫 사람이건 그냥 '유(You)' 라고 부르면 그만이기 때문이다. 그러나 기분상으로는 분명히 '서로 말을 놓는' 사이가 따로 존재한다. 그만큼 격의 없고 편안하게 서로를 대해도 된다는 뜻에서 그렇다. 유사이는 분명 그래도 좋을 만큼 유쾌한 여걸이었다. 덕분에 요즈음 우리는 우리와 자리를 함께한 많은 사람들로부터 심심치 않게 그런 소리를 듣는다.

"어쩜! 두 분은 정말 친자매 같아요!"

유사이 칸의 생애를 조망해 보면 새삼 깨닫게 되는 사실이 있다. 사람에게는 누구나 일생에 세 번쯤 커다란 기회(Big Chance)가 오는데 그것을 적극적으로 이용하는 사람에게는 그에 걸맞는 성공이 주어진다는 것이다.

따져 보면 당연한 이야기이다. 그러나 현실세계 속에서는 그것이 그리 쉽지만은 않다. 우선 지금 내게 기회가 왔다는 사실을 정확하게 포착해 내는 사람이 그다지 많지 않으며(그들은 기회가 온 것인지도 모른 채 그냥 흘려보낸다), 설사 포착했다 해도 그것을 적극적으로 이용하려는 '용기' 를 가진 사람은 더더욱 드물기 때문이다(이

사랑과 성공은 기다리지 않는다

른바 '성공에의 두려움' 혹은 '실패에의 두려움' 때문이다). 그런 면에서 유사이는 탁월한 승부사이자 용감한 실행자였다. 그녀는 자신의 생애에 찾아온 커다란 기회들을 남김없이 타고 넘어 빛나는 성공을 거두었던 것이다.

그녀는 중국의 계림(桂林)에 근거를 두고 있는 유서 깊은 명문가 출신이었다. 그러나 그런 출신 성분 자체가 문제시되는 체제가 있다. 바로 공산주의사회이다. 중국이 공산화되자 그녀는 부모를 따라 홍콩으로 망명하였다가 이내 미국에 자리를 잡게 된다. 그녀가 고등학교와 대학교를 마친 것은 미국에서이다. 그러므로 그녀가 네이티브스피커 못지않은 유창한 영어를 구사하게 된 것은 당연한 귀결이다. 대학을 졸업한 이후 그녀는 뉴욕의 한 케이블 TV에서 서방세계에 동양을 알리는 〈동양을 본다(Looking East)〉라는 프로그램을 만들어 조금씩 경력을 쌓아 나가기 시작한다. 그러나 이때까지도 그녀는 아직 애송이 방송인에 불과했다.

그녀에게 닥쳐온 첫번째 기회는 바로 중화인민공화국 건국 35주년(1984년)에 열린 '전국인민대회'였다. 때마침 급속도로 친밀한 관계로 돌아선 미국에서 그 대회를 생중계하기로 되었는데, 그 프로그램의 동시통역을 겸한 사회자로 일해 보는 것이 어떻겠느냐는 제안을 받게 된 것이다.

유사이의 말에 따르면 그 제안을 받았을 때 머리카락이 쭈뼛 서는 느낌을 받았다고 한다. 이것은 내 인생에 닥쳐온 엄청난 기회다! 그렇게 느껴졌다는 것이다. 그러나 그와 동시에 가슴을 짓누르는 불안과 도피욕 역시 엄청났다. 중국 본토를 떠나온 지가 벌써 얼마 전인가? 유사이의 중국어 실력은 본토의 공산주의 지도자들이 토해내는 언어들을 제대로 통역해 내기에는 크게 역부족이었던 것이다. 도전할 것인가, 도망칠 것인가? 인생의 기로에 선 유사이가 선택한 것은 전자였다.

"기꺼이 맡겠어요! 저는 충분히 그 일을 해낼 능력이 있다구요!"

제안을 받은 것은 전인대가 개최되기 8개월 전이었다. 남아 있는 8개월 동안 유사이는 자신의 모국어이기도 한 본토의 중국어를 마스터하기 위하여 그야말로 혼신의 힘을 다했다고 한다. 전인대의 동시통역사 겸 사회자로 일하기 위해서는 단순히 중국어와 영어에 능통한 정도로는 안 된다. 중국사와 중국공산당사에 정통해야 되는 것은 물론이고 정치·경제·사회·문화 전반에 걸친 신조어들과 그 언어들의 사회적 맥락에도 통달해 있어야 한다.

그녀는 대뜸 떠맡겠다고 한 자신의 약속을 지켜 그 준비를 철저하게 마쳤고 그 결과 미국 PBS의 북경 생중계 시간은 그야말로 유사이의 독무대가 되었다. 그녀가 중국과 미국 양쪽에서 유명인으로 떠오르게 된 것은 그야말로 순식간의 일이다.

두번째의 기회는 그녀 스스로 창출해 낸 것이다. 전인대 생중계를 통해 자신의 얼굴과 능력을 알린 그녀는 곧바로 자신의 프로덕션에서 독자적인 방송 프로그램을 제작하여 중국의 중앙 TV에 공급할 길을 뚫었다. 〈하나의 세계(One World)〉라는 제목의 그 프로그램은 1986년부터 1987년까지 2년 동안 주 1회씩 방영되었는데, 주로 '우물 안에 든 개구리'였던 중국인에게 선진 자본주의 세계를 망라한, 전세계의 이곳저곳을 유사이가 직접 안내하며 소개해 주는 내용이었다.

외국에서 제작된 최초의 중국인 대상 프로그램인 이 〈하나의 세계〉는 유명한 정치가와 운동선수에서부터 이집트의 빈한한 농부에 이르기까지 다양한 인물들과의 인터뷰를 곁들였으므로 당시 '개방

사랑과 성공은 기다리지 않는다

정책'에 크게 호응하고 있던 중국인에게는 그야말로 세계로 열린 창(Window to the World)의 구실을 톡톡히 해냈다. 매주 3억 내지 4억 5천만에 이르는 중국인들이 유사이라는 '창'을 통해서 세계를 조망해 본 것이다. 그녀가 이 과정을 통하여 적지 않은 부를 축적했음은 물론 '중국에서 가장 유명한 여자'가 된 것은 당연한 귀결이었다.

이때 이미 그녀는 '상당히 성공한' 여자였다. 그러나 유사이는 그 정도의 성공으로 만족하고 주저앉을 여자는 아니었다. 자, 이제 무엇을 할 것인가? 나의 체격과 용모는 중국인이다. 나의 언어와 사고는 세계인이다. 나의 얼굴을 모르는 사람은 이제 중국 내에 한 사람도 없다. 그녀는 자신이 축적한 '재산'을 꼼꼼히 따져본 다음 그것으로 할 수 있는 가장 전망 밝은 사업을 찾아 내었다. 그것은 바로 자신의 이름을 그대로 딴 '유사이 칸'이라는 브랜드로 중국 여성들에게 잘 맞는 화장품 회사를 차리는 것이었다!

"어떻게 생각해, 조안?"

"괜찮은 생각인데? 그런데…… 자체 브랜드로 '랑콤'이니 '시세이도'니 하는 브랜드들을 이겨낼 자신이 있어?"

"물론! 사실 그쪽 화장품들은 우리 중국인에게는 안 맞어. 내가 텔레비전에 출연할 때마다 그쪽 화장품으로 메이크업을 하잖아? 그래서 내가 누구보다도 잘 안다구. 우리 피부는 서양의 핑크빛도 아니고 눈동자하고 머리카락도 대부분 검고…… 얼굴 윤곽은 펑퍼짐한 데다가 코도 낮단 말이야. 그런데 그런 용모를 하고서도 서양 애들이 만든 화장품에 자신의 얼굴을 맞추느라고 난리들이야. 우습지 않아? 얼굴에 화장품을 맞춰도 시원치 않을 판에 화장품에 얼굴을 맞추다니! 좀 거창하게 말해서, 개방의 철학적 태도랄까 뭐 그런 것과도 맞물리는 이야기인데, 우리의 의식수준을 바꿔야 해. 내가 나의 브랜드로 화장품을 만들면…… 그런 효과도 있을 거야. 우리 한테는 우리 것이 가장 좋다는. 나, 자신 있어!"

"그렇다면 더 말할 게 뭐 있어? 네 생각대로 밀고 나가는 거야! 다만, 이건 내가 노파심에서 하는 이야기인데, 그렇지 않아도 너무 바쁜 생활을 보내고 있는 네가 또다시 새로운 사업을 시작한다는 게 좀 걱정이야."

"무슨 소리야?"

"네 가정에 대해서 이야기하는 거야. 저번에 내가 뉴욕에 갔을 때 너의 집에서 묵었잖아? 주인도 없는 집에서 그때 네 남편과 이 런저런 이야기를 나누었는데 아무래도 너한테 불만이 조금씩 쌓여 가고 있는 것 같아. 이건 뭐 일 년이면 반 이상을 외국에 가서 보내 니…… 아이라도 낳았었더라면 좀 나았을 텐데…… 혼자 침울하게 앉아서 텔레비전만 들여다보고 있는 모습이 안됐더라구."

"하하하…… 아니, 조안, 다른 사람도 아니고 조안이 그런 이야 기를 하니까 조금 우습네? 나한테 그런 이야기할 수 있어? 비즈니 스도 좋지만 가족 생각도 좀 하라구?"

"하하하, 바로 나니까 그런 이야기를 해주는 거야. 전에도 얘기 했지만 내가 켄 떠나보낸 후에 얼마나 후회했었는지…… 그런 거 다 경험해 본 이 언니가 해주는 말이니까 고깝게 듣지 말라구."

"예, 언니 말씀 명심하겠습니다. 하하하."

유사이가 자신이 개발한 자체 브랜드로 상하이에 화장품 매장을 연 것은 1992년의 일이다. 그리고 1995년 현재 중국 전역에 3개의 지사를 두고 259개의 점포를 가지고 있다. 대규모의 공장을 두 군데 설립했고 종업원 수만도 650여 명에 이른다. 지금 중국에서 팔리는 색조 화장품의 시장점유율이 21.6퍼센트. 불과 3년 사이에 외국의 유명 브랜드 회사들이 혀를 내두를 만큼 엄청난 성공을 거둔 것이다. 중국 내의 시장점유율이 5분의 1을 넘는다면 그것은 놀라운 수치이다. 세계 인구 중의 중국인 비율이 6분의 1을 넘지 않는가? 그렇다면 세계 인구의 30분의 1이 유사이 칸의 화장품을 쓰고 있다는 계산이 나온다. 아니, 세계 인구의 절반을 여성이라고 하면, 15명 중에서 1명이 그녀의 화장품을 쓰고 있는 것이다.

그녀는 지금 '중국 여성의 꿈'이자 '대륙의 여왕'이다. 개방 물결의 최전선을 지키는 전사이자 그 개방을 주체적으로 받아들이는 민족주의의 수호병이기도 하다. 중국인의 자존심을 만방에 떨치며, 그 자존심의 반대급부로서 엄청난 부를 축적하였고, 그 부를 중국 여성들의 인권을 드높이기 위하여 아낌없이 재투자할 줄도 안다.

언젠가 중국 대륙을 방문할 기회가 있으면 그곳의 처녀들에게 물어보라. 당신은 어떤 여자가 되고 싶어요? 그러면 그들은 대답할 것이다. 유사이 칸처럼! 자신에게 찾아온 기회를 사납게 낚아채고 표독스럽다 싶을 만큼의 용기와 투자로 빛나는 성공을 거머쥔 유사이는 비즈니스우먼답게 이렇게 이야기한다.

"여성해방이요? 경제적 독립에서부터 시작해야죠. 경제적 자립 없이 여성들이 스스로의 삶을 선택해 가면서 자신 있게 살아갈 수가 있겠어요? 물적토대의 개편 없이 상부구조가 변해주리라고 생각한다면 참으로 순진한 거예요."

그런데 그 천하의 유사이가 요즈음 골머리를 앓고 있다. 바로 남편의 외도 때문이다. 미국인인 남편은 그 자신 탁월한 비즈니스맨이기도 한데, 아마도 유사이의 너무도 눈부신 성공에 열패감을 느꼈던 탓인지 혹은 유사이의 너무도 잦은 외박(그것도 외박이라고 불러야만 하는지는 의문이다) 때문에 화가 난 것인지, 바람을 피우

사랑과 성공은 기다리지 않는다

기 시작한 것이다. 당연한 일이지만 유사이는 그 일 때문에 몹시도 자존심이 상해 있다. 하지만 그가 사과를 해오면 기꺼이 받아들이고 그를 용서해 줄 작정이라고 한다. 그러나 문제는 그가 전혀 사과할 생각을 하지 않고 있다는 것이다(유사이에 대한 불만이 얼마나 쌓였으면 그럴까!). 그러니, 자, 어떻게 하면 좋은가? 알 수 없다. 중국 대륙을 호령하는 유쾌한 여걸 유사이도 이 문제에 대해서만큼은 그저 속수무책에 가슴앓이만 하고 있는 듯하다. 결혼과 사업에서 동시에 성공하기란 그토록 어려운 것일까?

꼭 그렇지만은 않다. 이것은 결코 희망사항이 아니다. 결혼과 사업 모두를 멋지게 조화시키면서 통쾌한 성공을 이끌어내고 있는 여걸들도 있다. 유사이의 경우를 보면서 결혼과 사업 둘 중의 하나를 선택해야지 하고 지레 뒷걸음질을 치는 젊은이들이 있을까 봐 걱정이 되어서라도 이 여자를 꼭 소개해야만 되겠다.

이름은 아니타 로딕(Anita Roddick), 영국인, 나이는 52세, 직업은 환경주의 화장품 회사 '바디 숍'의 대표이사(이 여자 역시 화장품 회사를 경영하고 있다는 것이 마음에 조금 걸리기는 한다. 그러나 이것은 우연이다. 행여라도 여자가 할 수 있는 사업은 그저 화장품 회사가 전부인 것처럼 생각하지는 말아줬으면 좋겠다). 불과 한 달 전에 알게 된 여걸이다. 우선 그녀의 라이프스토리부터 들여다보자.

그녀는 히피였다. 어떤 의미에서는 '였다'라는 과거형이 전혀 어울리지 않는 여자이기도 하다. 나는 이 여자를 처음 봤을 때 그렇게 생각했다, 아아 이 여자는 '지금도' 히피로구나!

어찌되었건 그녀는 20대의 대부분을 세계를 떠돌아다니며 히피 생활로 보냈다. 권위에 고개 숙이지 않는 대신 자연에 고개 숙이고,

사랑과 성공은 기다리지 않는다

국경과 인종의 벽을 처음부터 인정하지 않고, 부의 축적보다는 자유로운 가난을 기꺼이 선택하며, 평화와 진보를 위하여 자신의 온 몸을 던질 줄 아는 사람. 히피 운동이 한 정점을 이루었던 1960년대는 곧 그녀의 20대이기도 했던 것이다.

그녀가 히피답게 거지행색을 하고서 아프리카며 중남미를 제멋대로 떠돌아다니다가 영국에 있는 고향집으로 잠시 귀환했을 때였다. 어머니가 자신의 집에 머물고 있던(그녀의 어머니는 일종의 여인숙과도 같은 숙박시설을 운영하고 있었다) 또 다른 남자 히피 고든(Gordon Roddick)을 소개시켜 주었다. 아니타는 호주 출신의 그 남자 히피를 보자마자 그렇게 생각했다고 했다. 아, 이 남자의 아이를 낳아야지! 이 남자와 사랑에 빠질 것 같다거나 이 남자와 결혼하고 싶다가 아니었다. 그저 앞뒤 볼 것 없이 그 남자와 사랑을 해서 (make love) 아이를 낳고 싶다는 열망에 사로잡혔던 것이다.

그래서 아니타는 고든의 아이를 낳았다. 물론 결혼식이고 뭐고는 안중에도 없었다. 아이까지 합쳐 셋이 된 히피들은 다시 미국으로 떠났다. 샌프란시스코와 캘리포니아를 전전하는 히피 생활을 계속하게 된 것이다. 그 과정에서 다시 둘째 아이를 낳게 되었다. 이제 넷으로 불어난 히피 가족들은 그러나 일대 시련에 부딪히게 된다. 바로 두 아이의 아빠인 고든이 느닷없이 아메리카 대륙 단독 종단 여행을 선언하고 나선 것이다.

"아니타, 나, 아메리카 대륙을 말을 타고서 종단해 보고 싶어."

"뭐라고요? 아니, 어디에서 어디까지 가겠다는 말이에요?"

"저기 남미 끝에서 북미 끝까지. 대충 계산해 보니까 한 2년은 걸릴 것 같아. 괜찮겠지?"

"……"

"우리 서로의 자유는 구속하지 않기로 맹세했었잖아?"

"그래요, 가세요!"

졸지에 아빠 없는 두 아이의 엄마가 되어버린 아니타는 히피 생활을 집어치우고 고향인 영국으로 돌아갔다. 집도 필요했고 돈도 필요했으며 따라서 직업도 필요해졌던 것이다.

아니타가 몇 달 간 도대체 무얼 해서 돈을 벌어 아이들을 먹여 살릴 수 있을까를 고민하다가 낙착을 본 것이 바로 화장품 사업이었다. 사실 이 단계에서는 '사업'이라는 말을 붙이기도 민망한 수준이었다. 그저 집에서 할머니에게서 배운 전통적인 화장품 제조방식대로 화장품을 만들어 동네의 아주머니들에게 판매하는 수준이었으니까.

화장품을 담는 용기(그릇)를 따로 만든다는 것은 생각할 수도 없어서 그저 쓰다 남은 플라스틱 통에다가 담아서 팔았다. 사는 사람들한테 '다 쓰고 나면 그 그릇은 돌려주셔야 돼요!' 하며 다짐을 받는 것도 잊지 않으면서(요즈음 식으로 이야기하자면 〈벼룩시장〉 같은 매체에 '집에서 만든 참기름 팝니다'라고 광고하면서 장사하는 것을 상상해 보면 틀림없다). 비록 허술하기 짝이 없는 모습이었지만 그래도 그 화장품 그릇에 붙어 있는 스티커에는 어김없이 상표가 찍혀 있었다. 바로 1995년 현재 세계 30여 개국에서 절찬리에 판매되고 있는 그 유명한 브랜드 '바디 숍'이다.

아니타의 '바디 숍'은 요란하지는 않았지만 조용하게 '동네'의 화장품 시장을 잠식해 들어가기 시작했다. 요인은 단순했다. 품질이 좋았고 값이 쌌기 때문이다.

오늘날 세계를 평정하고 있는 '바디 숍'의 기업정신은 그 창업 초기(그것도 창업이라면)부터 확고했다. 즉, 일체의 화학첨가제를 쓰지 않고, 전래의 비방들을 적극적으로 받아들이며, 광고와 포장에 전혀 돈을 쓰지 않고, 용기의 재활용(Recycle)을 의무화하면서, 사업행위와 환경운동행위를 동시에 진행시킨다는 것이다. 어떻게 보면 이것은 현대 자본주의의 흐름과 정면으로 배치되는 기업정신이다. 그러나 바로 그 '반역의 정신'이 알게 모르게 만들어 놓는 파장은 은밀하고도 깊었다. 날이 갈수록 '바디 숍' 애용자들의 숫자가 늘어만 간 것이다.

사업이 슬슬 본 궤도에 오르기 시작하면서 아이들의 아빠인 고든도 돌아왔다. 그가 남미의 안데스 산맥 부근을 넘다가, 다행스럽게도(!) 낙마(落馬)하여 다리가 부러지는 바람에 아메리카 대륙 종주계획이 좌절되어버린 것이다. 아니타를 찾아 영국으로 돌아온 그는 곧 '바디 숍' 사업에 합류했다.

두 사람은 사업에 있어서도 황금의 파트너쉽을 발휘했다. 아니타의 창의성과 모험성이 고든의 경영 능력과 행복하게 융합되면서 사업이 날로 번창해 갔던 것이다. 사업을 확장시켜 나가는 와중에도 두 사람은 예전의 히피 생활을 잊지 못하여 전세계로의 여행을 계속해 나갔다. 물론 이번에는 전에 없던 목적의식이 하나 더 생긴 채로였다. 바로 아시아나 아프리카 등의 오지에서 새로운 화장품용 약초들과 비방들을 찾는 것이었다.

그들이 그렇게 두 아이를 낳고 함께 살면서도 꿈조차 꾸어 보지 않았던 결혼이라는 것(!)을 하게 된 것은 미국의 네바다(Nevada) 주를 여행할 때였다고 한다. 네바다 주에는 리노(Reno)라는 도시가 있다. 라스베이거스를 연상시키는 일종의 도박 도시인데 미국에서도 가장 빨리 결혼수속 및 이혼수속을 해주는 도시로 유명하다. 그 도시에는 커다란 광고판에 이렇게 씌어 있다고 한다.

단돈 25달러! 불과 15분! 결혼수속과 이혼수속은 리노에서!

그 광고를 흘끗 본 고든이 그렇게 말했다. 정말 괜찮은데? 우리 결혼이나 할까? 아니타 역시 깔깔 웃음을 터뜨리면서 대답했다. 그럼 한번 해볼까요? 그래서 그들은 25달러를 내고 15분 만에 정식으로 결혼을 한 합법적인 부부가 되었다.

"더 걸작이었던 것은 그 결혼식을 주재해 주는 시청 직원이에요. 결혼식이 끝나자 내 귀에다 대고 이렇게 말하는 거 있죠? 이혼도 간단해요! 지금 당장은 안되겠지만 3일만 지나면 언제라도 가능해요. 그러니까 아무 걱정하지 마세요, 하하하하!"

나는 '바디 숍'이야말로 참으로 '아름다운' 기업이라고 생각한다. 거기에는 꿈이 있고 정의가 있고 미래가 있다. '바디 숍'은 화학첨가제로 '분식' 하는 것을 거부한다.

그들은 아예 대놓고 이야기한다. 예뻐지는 화장품이요? 그런 것은 없어요. 젊어지는 화장품이요? 그런 것도 없어요. 그저 피부를 보호하고 영양을 공급해 주는 것, 그것이 화장품이 할 수 있는 최대치의 봉사일 뿐이에요! 그들은 자연성분의 화장품을 만들기 위하여 문명의 발길이 닿지 않은 오지의 탐험도 마다하지 않는다. 그들은 오지의 원주민들에게서 인류 전래의 비방들을 배우고 그것을 '바디 숍'에 담는다. 그 과정에서의 '정의' 또한 눈부시다. 그들은 결코 직접 그 원재료들을 채취하지 않는다. 원주민들로 하여금 그것을 채취케 하고 그들로부터 그것을 산다.

"트레이드 낫 에이드(Trade Not Aid)! 이것이 우리 회사의 원칙들 중의 하나예요. 원조를 주는 것? 그것은 실제로 도움을 주기는커녕 그들을 의존적인 인간으로 만들 뿐이에요. 원주민들이 우리 문명인들보다 미개하다고 생각한다면 커다란 오산이에요. 그들은 그들 나름대로 훌륭한 문명을 가지고 있어요. 그런 그들에게 이토록 오염되어 있는 우리가 도움을 주겠다는 것 자체가 건방진 생각인 거죠."

'바디 숍'의 환경주의는 유명하다. 용기의 재활용을 의무화하고 일체의 화학첨가제를 거부하는 것 이외에도 절대로 '동물임상실험 (Animal Testing)'을 하지 않는다거나 제3세계에 공장을 건설할 때 그 무엇보다도 '환경보존'을 가장 우선시 한다는 점에서 그들의 환경주의는 이미 국제적인 정평을 얻고 있다.

기업의 사회적 공헌에 있어서도 '바디 숍'은 한 전형을 창출하고 있다. 아니타는 주위의 온갖 반대에도 불구하고 영국의 슬럼가에 본공장을 세웠다. 그곳을 배회하는 불량 청소년들에게 일자리를 주기 위해서이다. 인도나 네팔에 공장을 세울 때에도 그런 원칙은 여전히 유효하다.

아무런 예비 지식 없이 '바디 숍' 매장에 들어선 사람이라면 그 매장의 분위기에 압도되어버릴 것이다. 매장의 벽 전체가 환경운동과 관련된 포스터나 격문으로 가득차 있기 때문이다. 이건 도대체 화장품 가게인지 환경운동 단체의 사무실인지 알 수가 없을 지경이다. 그만큼 아니타는 환경운동에 신명을 다 바치고 있다.

그리고 '바디 숍'의 애용자들은 자신들이 지불하는 돈이 환경운동에서도 한몫을 담당하게 되리라는 생각에 커다란 자부심을 느끼고 있다.

아니타의 '바디 숍'은 현대 자본주의 사회에서 어쩔 수 없이 도드라지는 존재이다. 도대체 포장과 광고에 한 푼의 돈도 들이지 않는 회사가 어떻게 세계시장을 제패하고 또 날이 갈수록 그 세력을 확장할 수 있는가? 이 불가사의한 신화를 도대체 어떻게 설명해야 좋을 것인가?

아니타는 참으로 절묘한 방식으로 그 신화를 만들어 냈다. 그것은 바로 '홍보'이다. 그리고 그 홍보가 결코 자신의 회사에서 생산한 제품에 대한 홍보가 아니었다는 점에서 놀랍다. 아니타는 언제나 매스컴의 주목을 받아왔다. 그 스스로가 끊임없이 뉴스를 만들어내는 사람(newsmaker)인 것이다. 그리고 그가 뉴스를 만들어 내는 방식은 바로 환경운동을 통해서였다.

예를 들어보자. 일전에 브라질의 오지를 방문한 아니타는 그곳에서 행해지고 있는 열대우림의 벌목 현상에 커다란 분노를 느꼈다. 그녀는 즉각 전세계의 '바디 숍' 매장에 격문을 써 붙인다. 열대우림을 보호하자! 불법 벌목자들에게 저주를! 그리고 '바디 숍'의 애용자들에게 브라질 정부에 항의서한을 써 보내자고 호소한다. '바디 숍'의 애용자들이라면 기꺼이 항의서한을 써줄 것이다. 전세계에서 모인 그 항의서한의 부피는 엄청날 수밖에 없다.

아니타는 '바디 숍'의 경영진들과 함께 그 항의서한들이 든 커다란 자루를 등에 짊어지고 브라질 대사관으로 시위를 벌이며 전진한다. 어찌 매스컴이 이런 시위를 주목하지 않을 수 있겠는가? 매스컴은 커다란 자루를 낑낑대며 짊어지고 가는 아니타의 사진과 함께 이렇게 대서특필한다. 아니타와 '바디 숍' 애용자들, 브라질 정부의 열대우림 파괴에 격렬하게 항의하다!

나는 아니타야말로 참으로 멋진 여자라고 생각한다. 그녀는 성공한 히피이다. 성공했음에도 불구하고 여전히 히피 정신을 간직하고 있는 여자이다. 아니다. 히피 정신을 끝까지 밀고 나가서 마침내 신화적인 성공을 이룩한 여자이다. 권위에 고개 숙이지 않는 대신 자연에 고개 숙이고, 국경과 인종의 벽을 처음부터 인정하지 않고, 부의 축적보다는 자유로운 가난을 기꺼이 선택하며, 평화와 진보를 위하여 자신의 온몸을 던질 줄 아는 사람. 참으로 멋지지 않은가? 그녀는 자유인이다. 사랑에서도 성공하고 사업에서도 성공했으며 참으로 정의롭게 사회에 기여하고 있는 자유인.

이 유쾌한 여걸과 나는 가을이 깊어가던 지난 11월 인사동의 한 한정식집에서 마주앉았다. 행여라도 한정식이 입에 맞지 않으면 어쩌나 하던 나의 걱정은 그야말로 기우에 불과했다. 지나온 수십 년간 아시아와 아프리카의 오지를 누비며 원주민들과 함께 생활해온 여자가 과연 못 먹을 음식이 있겠는가?

"오, 너무 너무 맛있어요, 조안! 이 나물, 이름이 뭐예요? 더 달라고 해도 되죠?"

"물론이지요! 여기 취나물 좀 더 갖다 주세요."

그녀는 참으로 맛있게 밥을 먹었다. 나이 오십을 넘긴 자그마한 영국여자(키는 160센티미터 정도 되는 것 같았다)가 책상다리를 하고 앉아 한국의 토속 음식들을 신나게 먹고 있는 장면이란! 화장을 거의 안 한 맨얼굴에다가 제멋대로 뻗친 머리카락들이며 아무렇게나 꿰어입은 청바지를 보면 그녀가 바로 그 세계적인 화장품 회사 '바디 숍'의 창업자이자 대표라는 사실은 믿기 어려웠다. 그러나…… 바로 그래서 더없이 아름다웠다.

"아니타, 왜 하필이면 나죠?"

"무슨 이야기예요?"

"왜 '바디 숍'의 한국 내 홍보 문제를 나에게 맡기려고 하느냐 말이에요? 내가 듣기로 당신이야말로 홍보 전문가라고 들었는데."

"하하하, 내가 한국 내에서도 뉴스메이커가 될 수 있다고 생각해요?"

"네?"

"한국은 영국이나 미국하고는 문화 풍토가 다르잖아요? 여기서 내가 설치고 돌아다녀 봤자 고개를 끄덕여주는 사람보다는 눈살을 찌푸리는 사람이 더 많을 걸요? 안 그래요?"

"……하긴!"

"그래서 우리 스텝들한테 부탁했죠. 한국에서 나하고 제일 닮은 사람을 찾아 달라고. 그래서 그들이 찾아준 게 바로 조안이에요."

"제가요? 별말씀을! 저를 어떻게 아니타 같은 세계적인 사업가와 견줄 수 있겠어요?"

"하하하, 조안, 내가 사업가처럼 보여요? 난 아직도 애라구요, 나이만 많이 먹은 어린애! 우리 엄마는 아직도 뭐라고 그러는지 알아요? 얘, 아니타, 너도 이제는 뭔가 좀 진짜 사업 같은 걸 해볼 나이가 되지 않았니? 그런다니까요!"

"아니 그게 무슨 말씀이죠? '바디 숍'이 뭐가 어때서!"

"엄마가 보기에는 여전히 애들 장난처럼만 보인다는 거죠, 뭐! 아직도 남편하고 트레킹이나 다니고, 길거리에서 시위나 하고, 맨날 청바지 쪼가리나 꿰입고 다니고 하니까……. 하하하! 사실 우리 엄마 말이 과히 틀린 것도 아니죠. 엄마만 그러는 게 아니에요, 얼마 전에는 우리 집 가정부 아주머니로부터 해고까지 당했다니까요?"

"그건 또 무슨 소리예요? 가정부로부터 해고를 당하다니?"

"그 아주머니는 아주 정식으로 가정부 교육을 받은 분이셨나 봐요. 왜 있잖아요, 정장을 차려입고, 우아한 말만 쓰고, 깍듯이 예를 갖추는…… 그런 정통 영국식 가정부! 그런데 우리 남편하고 나는 집에서 껑충껑충 뛰어다니고, 옷도 아무데나 벗어 던지고, 손님이 와도 반바지차림으로 나와 보고 하니까, 어느 날 도저히 그 스트레

사랑과 성공은 기다리지 않는다

스를 견딜 수 없었던지 정색한 얼굴로 그러는 거예요. 당신들은 해고야(You're fired)!"

아니타와 식사를 하고 차를 마시는 동안 내내 나는 배를 잡고 웃었다. 그녀는 어느 모로 보나 히피였다. 어떤 것에도 얽매이지 않는 유쾌하고 자유분방한 히피. 그 히피가 보여준 유머는 그러나 인생을 달관한 자만이 들려줄 수 있는 것이었다. 두 살 차이 나이 때문이 아니다. 나는 그녀와 이야기를 나누면서 그녀가 진정으로 나의 언니뻘 되는 여인이라고 생각하지 않을 수 없었다.

그만큼 그녀는 깊었고 강했다. 부드러움과 자유와 유머의 밑바닥에는 결코 고개 숙일 줄 모르는 이상주의와 그것을 실천해 보인 자의 여유가 도도하게 흐르고 있었던 것이다.

"정말 파란만장한 인생을 살아오셨군요."

"뭐 조안의 살아온 인생도 만만치는 않던데?"

"아니, 저에 대해서 뭘 알고 계시는데요?"

"한국에 오기 며칠 전에 조안의 저서 ≪스물셋의 사랑 마흔아홉의 성공≫을 읽었어. 물론 나의 비서가 영어로 요약해 준 것이기는 하지만. 통쾌한 이야기더군, 멋진 인생이었어! 그런데…… 좀 이해가 안 가는 부분이 있기도 하더군."

"어떤 부분인데요?"

아니타가 짐짓 심각한 척 이맛살을 찌푸리고 있던 얼굴을 확 펴면서 너털웃음을 터뜨려 댄 것은 그 대목에서였다.

"결혼말이야, 뭘 그렇게 결혼을 못 해서 안달이었지? 안하고 그냥 살던가, 아니면 그냥 해버리던가! 아까 내가 얘기했잖아, 네바다의 리노에 가면 단돈 25달러에 15분이면 그 자리에서 오케이라니깐? 하하하!"

아니타와 유사이. 모두 다 시대를 앞서가는 여걸들이다. 한 사람은 젊은 시절의 이상을 끝까지 펼쳐 나가면서 전혀 새로운 개념의 사업을 창출했고, 또다른 한 사람은 시대의 흐름을 정확히 읽고 그 선두에 올라타 엄청난 성공을 이룩했다.

아니타가 자유분방하고 반항적인 히피스타일의 사업가라면 유사이는 냉철하고 영민한 비즈니스우먼이다. 그들 중의 어떤 이가 더 뛰어난 인물인가 하고 자문해 보는 것은 어리석은 일이다. 차이가 있다면 그들 각자의 개성에서 비롯된 것일 뿐이다. 두 사람은 모두 다 시대를 앞서갔고 자신의 삶이 내포하고 있던 가능성을 활짝 개화시킨 유쾌한 여걸들인 것이다.

1995년이 저물어가고 있다. 1995년을 기억하는 방식들 중의 하나는 그것을 10년 만에 '세계여성회의가 열렸던 해'라고 기억하는 것이다. 그 세계여성회의가 열렸던 해를 기념하여 나는 내 책의 적지 않은 지면을 두 여자에게 할애했다. 그들과 같이 시대를 앞서가는 유쾌한 여걸들이 있기에 세상은 보다 더 살 만한 곳으로 바뀌어 갈 것이다.

나는 소망한다. 앞으로 10년 후 또 한 번의 '세계여성회의'가 개최되는 해에는 한국 여성들 중에서 숱한 아니타와 유사이가 출현해 있기를! 그래서 내가 아닌 다른 누군가가 2005년을 기념하는 뜻으로 그들의 이름을 명기하면서 같은 여자로서의 뿌듯한 마음과 흔쾌한 동의로 스스로 충만해질 수 있게 되기를!

파격(破格)의 자유인들

파격이 **흥**이 되기는커녕 오히려 멋져 보이는 진정한 자유인
내게는 그런 자유인의 풍모를 지닌 친구가 두 사람 있다.
바로 주매분 수녀님과 일지암의 여연 스님이다.

《스물셋의 사랑 마흔아홉의 성공》에 나오는 여러
명의 인물들 중에서 특별히 독자들의 궁금증과 관심을
불러일으킨 사람이 있다. 바로 내가 감히 '내 인생의 길잡이 늑대
(guiding wolf)'라고 명명했던 주매분 수녀님이시다.

책 전체를 놓고 보면 아주 적은 지면밖에는 할애하지 못했지만
그럼에도 불구하고 그분의 지혜와 사랑이 깊은 감동을 불러일으켰
던지 그렇게 물어 오곤 하는 사람들이 많다. 그 수녀님은 그후로 어
떻게 되셨어요? 얼핏 들리는 소문으로는 수녀복을 벗고 고국인 중
국으로 돌아가셨다고도 하던데 그게 사실인가요?

그분이 자신의 조국인 중국으로 돌아가셨다는 것은 사실이다. 그
러나 수녀복을 벗었다거나 신앙 생활에서 물러나셨다거나 하는 소
문은 사실이 아니다. 어떤 연유로 그러한 소문들이 나돌았었는지에

대한 저간의 사정을 나는 잘 알고 있다. 그리고 그 과정에서 거듭나기 위하여 수녀님께서 보여주신 혼신의 노력은 내게 전혀 예기치 못했던 감동을 안겨 주었다. 그것은 끊임없이 자기 자신을 혁신해 가려는 사람만이 보여줄 수 있는 아름다운 모습이었다.

수녀님이 자신의 조국으로 돌아가야겠다고 결심하신 것은 성심여대 학장으로 재직하실 때의 일이니 꽤나 오래된 생각이다. 공산화된 조국에서 살 수가 없어 스스로 나오셨고, 한국에서의 수녀 생활에 전념하기 위하여 귀화까지 하셨으나, 아무래도 자신의 태를 묻은 땅인 조국을 영영 외면할 수만은 없었던 것 같다. 그러나 한번 떠나온 조국으로 돌아가는 길은 멀고도 멀었다.

당시 우리나라와 중국 사이에는 국교가 수립되지 않았음은 물론 서로를 일종의 적성국가 정도로 여기고 있었으니 한국 국적을 가지고 있는 수녀님으로서는 그곳으로 돌아갈 방법이 없었던 것이다.

서해 바다만 건너면 가 닿게 되는 대륙, 비행기에만 올라타면 불과 한 시간 만에 디딜 수 있는 땅. 그 한없이 가까우면서도 한없이 멀기만 한 중국땅을 밟기 위하여 수녀님은 몇 년에 걸쳐 지구를 몇 바퀴 돌아야만 했다. 한동안 시카고에서 수녀 생활을 하시다가 홍콩으로 적을 옮기셨고, 그곳에서도 중국으로 들어갈 방법을 찾아낼 수 없어 다시 캐나다로 이주하셨다가, 결국에는 한국 국적을 포기하고 캐나다 국적을 취득한 다음에야 자신의 고국인 중국으로 돌아가실 수 있었던 것이다.

지금 그분은 여전한 신앙심으로 아니 전보다 더욱 더 돈독해진 신앙심으로 북경에서 수녀 생활을 계속하고 있다. 그리고 그 과정에서 아주 미세하지만 엄청난 변신을 보여주셨다.

"아니 수녀님, 무슨…… 일이 있으세요? 며칠째 계속 아주 안색이 안 좋으신데요?"

성미가 갓 돌을 지났을 때의 일이다. 그때 그분은 시카고의 한 수녀원에서 생활하고 계셨을 무렵이어서 우리 가족들과도 자주 만남의 시간을 가질 수 있었다. 그런데 오직 단아한 표정 하나밖에는 가지고 있지 않은 것처럼 보였던 그분의 얼굴 위로 옅은 먹구름이 끼어 있는 나날들이 몇 주씩 계속되었다.

"응, 조안…… 사실 나 요새 아주 큰 고뇌를 하나 품게 되었어."

"네? 아니 수녀님 같은 분께서 무슨……?"

"사실…… 입밖에 내기에도 부끄러운 일이야. 어떻게 잘 되겠지, 그러니까 조안도 그냥 모르는 척해 줘."

"그러지 마시고 제게 다 털어놓으세요, 마음에 담아 두면 병이 된다고 수녀님께서도 늘 말씀해오시지 않으셨어요?"

"글쎄……."

"아이 그러시지 마시고, 어서요!"

"사실은…… 내가 지금 소속되어 있는 성당에 아주 연로하신 수녀님이 한 분 계셔. 그런데 그분께서…… 내가 영 못마땅하신지 사사건건 내게 화를 내시곤 하시는 거야. 물론 내가 무언가를 잘못했기 때문이겠지, 하지만…… 얼굴만 마주치면 언제나 화를 내시거나 야단을 치시니…… 견디기가 힘들어. 문제는 나한테 있어. 그분이 하시는 말씀을 가려 듣고 그에 따라 잘 처신하면 되겠지만 자꾸 그분이 미워지기만 하는 거야. 오오, 부끄러워라, 수녀가 되어 가지고 다른 수녀님을 미워하는 마음을 품게 되다니! 조안, 나 어떻게 해야 좋을지를 모르겠어. 내 마음속에서 미움을 걷어 내고 그분을 사랑해 드려야만 하는데 그게 정말 쉽지가 않아…… 이러다가 정말 미쳐버릴 것만 같아."

사실 내게는 그 말씀이 무척이나 충격적이었다. 수녀님 같이 훌륭한 인품을 가진 분도 누군가에 대한 증오를 품을 수가 있다니…… 더구나 그 대상이 같은 수녀분이라니…… '미쳐버릴 것만 같다'는 수녀님의 말씀은 내가 보기에도 과장이 아니었다. 그 해맑던 얼굴에 수심만이 가득하고 그 따스하던 웃음도 잃어버린 채 날이 갈수록 자꾸 야위어만 가셨다.

수녀님께서 택한 해법은 결국 전문가와의 상담이었다. 정신분석학과 심리학에 밝으신 상담 전문 수녀님과의 기나긴 대화에 들어가셨던 것이다. 속세의 우리들이 신경정신과를 찾아가 의사와의 상담을 통하여 자신의 상처받은 정신세계를 치유하는 것과 조금도 다를 바 없는 방식이었다. 아마도 그 길고 고통스러웠던 상담 과정을 통하여 수녀님께서는 자신의 삶과 정신세계에 대하여 전혀 새로운 이해를 얻는 데 성공하신 것 같다. 한 계절이 다 지나갈 즈음 예의 그 따스한 웃음과 해맑은 표정을 되찾기 시작한 것이다.

"어머, 수녀님! 아니, 웬일이세요? 그렇게 화사한 치마를 다 입으시고?"

"호호호, 조안, 너무 그렇게 쳐다보지 마. 나 얼굴 빨개지잖아. 그런데…… 이런 옷이 나한테는 그렇게 안 어울리나?"

"아니에요, 무슨 말씀이세요! 너무너무 잘 어울려요, 정말 너무 예쁘다니까요! 아니, 카운셀링을 받고 계시다더니, 사실은 패션 수업을 받으셨던 거 아니에요?"

"호호호…… 사실…… 패션 수업이기도 하지."

"네? 무슨…… 뜻이죠?"

"때로는 너의 욕망을 그대로 따라가라…… 요즈음 나의 상담 수녀님께서 내게 해주시는 말씀이야. 네 마음속 가장 은밀한 곳에 숨

겨둔 자그마한 욕망들, 때때로 그것들을 확 풀어주기도 해라, 그런 말씀이신데…… 내 마음을 아주 편안하게 만들어줘."

"아니 상담 수녀님께서 그렇게 말씀하셨단 말이에요? 참 멋지네요! 어디 그 얘기 좀 더 해주세요!"

수녀님은 문득 소녀처럼 얼굴을 붉히더니 자분자분 말을 잇기 시작하셨다.

"내가 살아온 이야기를 다 했어, 네 발로 방바닥을 기어다니던 까마득한 유년시절로부터 지금에 이르기까지…… 정말 내가 원했던 것은 무엇이었던가, 정말 내가 하기 싫었던 것은 무엇이었던가, 정말 내가 자랑스러워 했던 것은 무엇이었던가, 정말 내가 부끄러워 했던 것은 무엇이었던가…… 후후후, 우습지? 꼭 뭐 마치 친구와 함께 밤을 보내게 된 여자 중학생처럼 그런 사소한 일들을 모두 시시콜콜 다 털어놓았던 거야. 상담 수녀님께서는 나와 함께 울고 웃으며 그 모든 이야기를 다 들어주시다가 어느 순간 문득 이렇게 반문해 주시는 게 아니겠어? 자매님, 자매님은 너무 혹독한 삶을 살아왔다고 느끼시지 않으세요?"

"혹독한 삶이라……."

"그래, 너무 계율 그 자체에만 충실하려고 하다가 자기 자신 속에서 우러나오는 자연스러운 감정들에게까지 족쇄를 물리는…… 그런 삶 말이야."

"…… 하지만 계율을 지킨다는 것은 성직자 생활을 하려면 어쩔 수 없는 일이 아닌가요?"

"물론 그래, 하지만 때로는 아주 사소한 자신의 감정에도 마음을 열어 주라는 거지. 그래, 이게 본래의 나다, 나는 원래 웃을 줄도 알고 울 줄도 아는 평범한 사람이다, 누가 칭찬을 해주면 기분이 좋아지고 누가 야단을 치면 기분이 나빠지는…… 그런 '정상적인' 사람이 바로 나다……. 요컨대 나를 좀 풀어주라는 말씀이셨어."

"참 멋진 처방이네요! 그럼 그…… 수녀님을 괴롭히시는 다른 수녀님에 대해서는……."

"화를 내래. 나도 그분과 똑같이 대들어서 화를 한 번 벌컥 내보라는 거야. 물론 일단 화를 낸 다음에는 차분하게 대화를 나누어서 그걸 풀어주기는 해야겠지. 문제의 핵심은 여전히 나야, 감정을 풀어줄 줄도 알고 묶어둘 줄도 알아야 하는데 나는 지난 몇 십 년 동안 너무 묶어 두고만 살아와서, 이제 그것이 마음의 병을 일으키고 있다는 거지."

"그래서 정말 그분께 대들고 소리도 지르고 그러셨어요?"

"응, 호호호, 몇 번이나 리허설까지 해두었다가 나도 한 번 앙칼지게 쏘아붙였지!"

"어머머! 저는 상상이 안 가요! 그랬더니……?"

"뭐가 그랬더니야? 속이 다 후련해졌지 뭐! 호호호…… ."

나도 수녀님을 따라 마음껏 웃어댔다. 그렇게 몸가짐이 바르고 한 번도 감정이 흐트러진 모습을 보여주시지 않으셨던 주매분 수녀님께서 자신의 상관인 수녀님께 앙칼지게 대들면서 소리를 지르시다니! 솔직히 그 말씀을 듣고 나서도 나는 그 장면을 상상할 수가 없었다. 상상할 수가 없었던 변신이셨기에 터져나오는 웃음은 더욱 통쾌하기만 했다.

"상담 수녀님께서 나한테 그렇게 물어보시더군. 자매님, 어렸을 때, 정말 너무너무 해보고 싶었는데 끝끝내 하지 못했던 일이 뭐였나요? 나는 한참을 망설이다가 얼굴이 빨개져 가지고는 솔직히 대답했어, 귀고리요."

"네?"

"귀고리가 하고 싶었다고. 내 또래의 젊은 처녀들이 모두 멋진 귀고리를 달고 그것을 찰랑찰랑 흔들면서 걸어다니는 것이 그렇게 도 부러웠어. 하지만 차마 그런 소리는 입밖에도 못 냈었지. 신앙 과 봉사에 모든 것을 다 바치기로 맹세한 수녀가 귀고리라니! 말도 안 되는 소리 아니야? 그런데…… 그렇게 말씀드리고 나니까 그분 이 그러시더군. 주매분 자녀님, 이제부터는 귀고리를 하세요. 내가 원장 수녀님께 특별히 부탁을 해서라도 귀고리 하시는 것을 허락해 드리도록 하겠어요…… 조안, 믿을 수 있어? 나, 솔직히 말해서, 그 분께서 그렇게 말씀해 주실 때 펑펑 눈물을 흘렸었어. 왜 그렇게 눈 물을 하염없이 흘렸는지 나도 몰라. 그냥…… 어린애처럼 그렇게 한바탕 울고 나니까 속이 그렇게 후련할 수가 없었어."

그렇게 말씀하시는 수녀님의 눈을 나는 똑바로 쳐다볼 수가 없었 다. 내게 그 말씀을 전해주시면서도 두 눈자위에 눈물이 그렁그렁 고여 있었다. 나는 잠시 먼 하늘을 멍하니 바라보다가 지나가는 말 처럼 그렇게 물었다.

"…… 제가 아주 예쁜 귀고리 하나 선물해 드릴까요?"

수녀님은 손수건을 꺼내어 눈물을 훔치시더니 아주 부끄러운 소 녀처럼 어설프게 웃으시면서 대답했다.

"사실은…… 지금 내 주머니 속에도 하나 있어."

"어머! 정말이요? 그럼 왜 안 하세요? 빨리 달아 보세요!"

"아이, 아무래도…… 다 늙어서 새삼스럽게 귀고리를 하려니까 영……."

"안돼요, 빨리요! 어디 있어요? 제가 달아 드릴게요!"

"아이, 조안! 왜 이래? 알았어, 알았어! 내가 달게."

사랑과 성공은 기다리지 않는다

얼굴이 새빨개져서는 뒷걸음질치며 손을 홰홰 내젓기만 하던 수녀님이 결국 자신의 가디건 주머니에서 귀고리 한 쌍을 꺼냈다. 아무런 장식도 없는 자그마한 은귀고리였다. 그 은귀고리 두 개가 부끄러워하는 손끝에서 바르르 떨리더니 이윽고 수녀님의 양쪽 귀에 예쁘게 매달렸다. 나는 한참 동안이나 그 귀고리를 바라보고 있다가 수녀님을 와락 끌어안고 말았다.

"축하해요, 수녀님! 너무너무 예뻐요!"

주매분 수녀님의 은귀고리……. 나는 그것을 아름다운 파격이라고 생각한다. 그것은 오직 계율을 준수하고 봉사 활동을 펼쳐 나가기 위해 혹독한 자기 통제로만 일생을 살아온 수녀님이 자기 자신에게 허락한 단 하나의 숨구멍이다. 수녀님의 귓불에 매달려 예쁘고 수줍게 찰랑거리고 있는 그 은귀고리는 자유의 상징이다. 옭아매고 외면하는 것만으로는 결코 사멸시킬 수 없는 은밀했던 욕망의 깜찍한 분화구이다. 신앙과 사랑을 위한 삶을 더욱더 크고 든든한 것으로 만들어 주는 실존적 존재의 저울추이다.

그래서였다. 혹시 그분이 신앙 생활을 접어두고 환속해버렸다는 터무니없는 소문이 잠시나마 세간에 일었던 것은. 그것이 전부였다. 때때로 평상복을 입고 귀고리를 한 채 거리를 산책했었던 것. 그것이 과연 잘못인가?

나는 결코 그렇게 생각하지 않는다. 아름다운 변신이었다. 아주 작은 파격이었고 엄청나게 커다란 혁신이었다. 그것은 환속의 지표가 되기는커녕 성직의 방향타와도 같은 것이었다. 그 귀고리를 통해 자신의 통제당하기만 했던 크고 작았던 욕망들 전체에 상징적인 해방을 선언한 수녀님은 그 이후로 더욱더 신앙 생활에 몰두할 수 있었고 봉사 활동에 전념할 수 있었으니까.

귀고리를 다는 일. 우리들이 매일매일 아무렇지도 않게 하고 있는 그 일이 그분께는 전혀 불가능한 그래서 더욱더 안타깝기만 한 꿈과도 같은 일이었다. 그랬던 수녀님께서 귀고리를 다셨다. 엄청난 자기혁신이다. 몇 십 년 동안 굳어져 온 자신의 이미지에 근원적인 대수술을 감행하신 것이다. 진정한 자유인이 아니라면 그토록 용감하게 자기변신을 행할 수 없다. 고정된 것처럼 보이는 자신의 스테레오타입을 과감하게 때려부수고 더 넓은 세계를 향하여 나아가는 것. 그 자유인의 파격이 더없이 아름답게만 보였다.

　주매분 수녀님은 현재 북경에서 성직 생활을 계속하고 계시다. 얼마 전 나는 가까운 성심 동문들과 함께 그분을 나의 집으로 초청하였다. 다른 이유는 없다. 그저 보고 싶었을 뿐이다. 나는 그분의 이름으로 성심여고에 장학금을 전달할 때 뿌듯한 행복감에 몸을 떨었다. 언제나 나를 이끌어 주시고 삶의 자세를 밝혀 주신 수녀님에게 조그마한 보답이라도 했다는 감격 때문이었다. 물론 보답치고는 너무도 약소하다. 그러나 돈도 지위도 명예에도 연연치 않으시는 그런 분에게 달리 어떻게 성의를 표시할 것인가? 성심여고에 주매분 장학금이 남아 있는 한 우리의 후배들도 그분의 향기로운 이름 석자를 오랫동안 기억할 수 있을 것이다.

　동문들과 함께한 저녁식사가 끝난 다음 수녀님께서는 조용히 나를 한쪽 구석으로 불러내셨다.

　"네 책은 잘 봤다. 나를…… 너의 가이딩울프였다고 표현해 놓았더구나……, 고맙다."

　"아이 수녀님, 별말씀을! 고마워해야 되는 것은 오히려 저죠."

　"그런데…… 네 책을 읽고 난 다음 오랫동안 생각했다가 하는 이야기인데…… 이런 얘기를 해도 좋은 건지 모르겠구나."

"아니 저하고 말씀을 가리실, 그런 사이 아니잖아요? 무슨 말씀이신데요? 어서 해보세요."

"신부님께서 천주님 곁으로 가신 지가…… 벌써 오래 전의 일이다. 이제는…… 새로운 사람을 찾아 새 생활을 꾸릴 때가 되지 않았니?"

"……"

"고깝게 들을 건 없다. 다만 내 생각이 그렇다는 것뿐이다. 너는 아직도 젊어, 살아가야 할 날도 많고. 언제까지나 혼자 지내겠다는 것은 만용일 뿐이야. 또, 그것이 신부님께서 원하시는 일도 아니고. 누구보다도 네가 신부님의 성격을 잘 알잖니? 그러니까…… 이제 마음의 문을 열고 새로운 사람을 찾아 보려무나."

"…… 무슨 말씀이신지 잘 알겠습니다. 고맙습니다, 나의 가이딩 울프님!"

천주교도인 사람에게 재혼을 권유하는 것은 결코 예사로운 일이 아니다. 더구나 그 권유의 당사자가 수녀님이라면 더욱 그렇다. 파격치고도 대단한 파격이다. 그것은 끊임없이 자기 자신과 생각을 혁신해 나가는 일에 게으르지 않은 진정한 자유인만이 보여줄 수 있는 파격이다. 나는 그 파격의 아름다움을 내 가슴속에 고이 담아 두었다. 누구보다도 나를 사랑해 주시는 수녀님의 마음이 그 파격 속에 담겨 있기 때문이다.

파격이 흉이 되기는커녕 오히려 멋져 보이는 진정한 자유인. 내게는 그런 자유인의 풍모를 지닌 친구가 두 사람 있다. 바로 주매분 수녀님과 일지암의 여연 스님이다. 그 사람도 성직자이다. 그러나 천주교도가 아니라 불교도이다. 그와 알게 되고 그래서 유쾌한 우정을 나누게 된 것도 벌써 사오 년이나 된다. 그것은 내게 축복과도 같은 우정이었다.

　그 축복을 내게 선물해 준 사람은 존타 회원이자 동국전문대의 학장을 지내고 있는 이영상 씨였다.

　"조안, 이번엔 어디로 등산을 간다고 그랬지?"

　"두륜산이요."

　"두륜산?"

　"네, 전라남도 해남 쪽에 있는 산이에요. 거 왜 대흥사라는 커다란 절이 들어서 있는……."

　"대흥사라고? 그거 잘 됐네. 거기 가면 꼭 일지암에 들러요. 아주 멋진 스님이 한 분 계시니까."

　"어떤 스님이신데 그래요?"

　"아, 여연이라는 분인데…… 아 이거 뭐라고 해야 되나? 뭐, 말로는 잘 설명할 수 없고, 하여튼 만나만 봐, 절대로 후회하지 않을 테니까! 내가 미리 연락을 해놓을 테니까 꼭 들러야 돼?"

　이 학장은 대구에 '유진문화회관'이라는 문화 공간을 경영하고 있다. 그 회관의 문화 프로그램들 중에 '다도(茶道)'가 들어 있었는데, 그 강좌를 맡아 줄 최적임자를 찾다가 알게 된 사람이 바로 여연 스님이라는 것이었다. 그런 인연으로 만나게 된 여연 스님에게 이 학장은 홀딱 빠져(?) 있었다. 덕분에 여연 스님을 찾아 일지암을 오르고 있는 나 역시 어느 정도는 그런 열광에 감염(?)되어 있었던 것도 사실이다.

　일지암에 오르려면 짧지만 가파른 비탈길을 올라가야 한다. 크고 작은 자갈들이 와글와글 몸부딪는 소리를 내지르고 있는 비탈길이다. 코가 땅에 닿도록 헉헉대면서 5백 미터쯤을 기어올라 가니 불현듯 앞으로 한 발 나서 자리잡은 아담한 정자와 초당 하나. 바로 일지암과 동다정(東茶亭)이다.

그러나 시야보다도 먼저 나를 사로잡았던 것은 바로 음악소리였다. 산중의 한적한 암자에서 스피커를 울리며 나와 귀가 쟁쟁하도록 온 산을 쩡쩡 울리고 있는 음악은 바로 오페라 아리아였다! 아, 저 노래……. 그것은 나도 익히 잘 알고 있는 노래로 바로 '미뇽' 중의 그 유명한 아리아 '그대는 아는가 남쪽 나라를'. 내 가슴은 그 기괴하다면 기괴한 풍경과 마주쳐 낯선 감격에 휩싸였다. 정작 스님은 만나기도 전에 그가 틀어놓은 음악소리에 압도되어 버린 것이다.

스님은 햇볕이 잘 드는 마당 한켠에서 차잎을 말리고 있었다. 내게는 음악에 심취한 채 다도에 몰두하고 있는 그분의 모습 자체가 이미 명상에 든 수도승처럼 보였다. 나는 그 감흥을 깨지 않기 위하여 살금살금 발자국 소리를 줄여 그분에게로 다가가 조심스럽게 인사말을 건넸다.

"저, 여연 스님이시죠? 저는 서울에서 내려온……."

활달하고 거칠 것 없는 스님은 내가 말을 다 맺기도 전에 뒤를 돌아보면서 큰 소리로 인사말을 받았다.

"아, 조안 리 씨군요? 어서 오세요, 그렇지 않아도 기다리고 있던 참입니다! 어서 저리로 올라가십시다. 이 학장이 하도 칭찬을 해대길래, 도대체 어떤 여자이길래 그러나 하고 아주 가슴 설레면서 기다리고 있었다구요. 자, 뭐하세요? 어서 올라오시라니까!"

스님과의 만남은 그렇게 시작되었다. 그분과의 대화와 우정이 어떻게 깊어져 갔는가를 나는 기억해 낼 수가 없다. 그분과 마주앉아 있으면 마음을 열려는 노력 혹은 친해지려는 노력 따위가 모두 부질없어진다. 바람처럼 탁 트인 사람에게 다가간다는 것은 도대체 어떤 경로를 통해서인가? 없다. 그 사람 자체가 바람인 바에야 다가가고 말고 할 것도 없지 않은가?

그만큼 그분은 자유분방했고 호탕했으며 꾸밈이 없었다. 만나는 바로 그 순간 상대방을 간단하게 무장해제시켜버리는 그런 사람이다. 우리는 어느새 마치 아주 오래된 친구를 다시 만난 듯 향기로운 차를 한잔 사이에 두고 편안한 마음으로 이런저런 이야기를 나누고 있었다.

스님을 만나면 언제나 즐겁다. 그분은 도대체 에둘러 말한다거나 에둘러 행하는 경우가 없다. 언제나 직격탄이다. 그 거칠 것 없는 자유인의 몸짓과 말씀을 접하다 보면 나도 몰래 웃음이 터져나오기가 십상이다.

≪여성동아≫에서 나와 그분 간의 대담기사를 싣기 위하여 사진 기자 한 명과 취재기자 한 명을 딸려보냈을 때의 일이다. 이야기에 빠져 시간 가는 줄 모르고 있다가 해를 꼴까닥 넘겨서 저녁상을 받게 되었을 때이다. 스님에게서 다도를 전수받느라고 암자에 머물고 있는 민간인 청년이 들고 들어온 저녁상을 보자 내 눈은 휘둥그래졌다. 진수성찬이었다는 뜻은 아니다. 조촐하고 정갈한 음식들이었다. 다만 막연히 채식만으로 이루어져 있으리라 상상했던 것이 깨어졌을 뿐이다. 저녁상 위에는 생선도 있고 닭도 있었던 것이다.

"어머, 육해공군이 다 올라왔네요?"

스님의 대답은 언제나 짧고 명료하다.

"암말 말고 그냥 먹어둬요."

말은 그렇게 했지만 물론 스님의 젓가락은 밥그릇과 나물그릇을 벗어나지 않았다. 아마도 나를 포함한 외부의 손님들을 위한 특별 배려였던 듯싶다. 여연 스님은 그런 사람이다. 자신만 옳다면 남들이 뭐라고 하든 전혀 개의치 않는 사람. 절집 식탁에 생선과 고기가 올라왔다는 사실 자체만으로는 전혀 흔들리지 않는 사람.

　저녁상을 물린 다음에도 선입견의 허를 찌르는 그분의 파격은 그치지 않았다. 그때가 여름철이었고 암자 자체가 산속 깊은 곳에 자리를 잡고 있었던지라 방 안에는 모기가 몇 마리 날아다니고 있었다. 나는 그 모기들이 성가셔 신경이 쓰였지만 아무 말도 하지 않고 있었다. 살생을 금하는 불가의 오래 된 계율을 잘 알고 있었기 때문이다. 그래도 왱왱 소리를 내며 눈가를 맴도는 모기에는 당해낼 재간이 없다. 나는 나도 모르게 손을 휘저어 모기를 쫓았다.

　"왜 그러세요?"

　"아니에요, 그냥…… 모기가……."

　"모기요?"

　스님은 무심한 표정으로 선반 위에 올려놓았던 에프킬라를 꺼내더니 모기들을 향하여 칙칙 내뿜었다. 불의의 기습을 받고는 핑그르르 돌며 방바닥으로 떨어져 내리는 모기들……. 내가 더이상 참지 못하고 웃음을 터뜨려버린 것은 그때였다.

　"아니 왜 웃어요?"

　"진작 좀 그럴 걸 그랬네요. 아주 성가시고 신경쓰여서 괴로웠는데."

　"아 진작 말씀을 하시지!"

　"하하하…… 전 또 스님이시라 살생은 못 하시는 줄 알고……."

　"쓸데없는 소리! 아, 그것도 경우에 따라 다 다르죠! 도대체 모기한테 피 빨려서 좋을 게 뭐 있어요?"

　여연(如然) 스님은 어떤 면에서 '탤런트'라고도 할 수 있다. 매스컴에 등장하는 연예인이라는 뜻이 아니라 원뜻 그대로 '다양한 재능을 가지고 있는 사람'이라는 뜻에서. 그는 연세대학교 철학과를 다니다가 홀연 불문에 든 사람이다. 다도에 깊은 관심을 가져 스님이 직접 기르고 덖은 차가 그의 이름을 그대로 딴 '여연반야차'로 시중에서 귀하게 팔리고 있고, 불교계의 저명한 잡지인 〈해인〉지의 창간 동인이며, 몇 권의 자작 수필집도 갖고 있는 에세이스트이고, 음악에도 일가견이 있는 것으로 알려져 있다.

"내가 참 저놈의 음악 때문에…… 절에 들어올 때도 딴 것은 다 괜찮은데 음악을 못 듣게 된다는 것이 제일 괴로웠어요. 그래서 어떻게 해? 몰래몰래 듣는 수밖에. 그러다가 걸려서 경을 친 게 한두 번이 아니에요. 한동안은 절의 주부격인 원주 스님의 트랜지스터 라디오를 훔쳐다가 국군장병 위로음악 방송을 듣곤 했는데, 꼬리가 길면 잡힌다고, 취침시간에 화장실에 숨어서 듣다가 선배 스님한테 걸려갖고는 혼이 쑥 빠질 만큼 벌을 받았는데……."

"네? 하하하…… 취침시간에 화장실에 숨어서요?"

"아 글쎄 그랬다니까요. 그때 얼마나 된통 혼이 났던지……. 그게 뭐 그렇게 큰 죄인가 싶어서 억울하기도 하고 서럽기도 하고…… 당장에라도 죽고 싶은 심정이었어요. 그래서 폭풍우가 막 치는데 밖으로 달려나가 땅바닥에 누워서 한참 동안을 울었어요. 그런데 그렇게 폭풍우를 맞으며 누워 있자니…… 갑자기 내 귀가 열려 음악소리가 들려오는 게 아니겠어요? 쿵쿵 천둥치는 소리가 팀파니 소리로 들리고, 시냇물이 불어서 빨리 흐르는 소리는 피아노 소리로 들리고, 나뭇잎에 듣는 낙수 소리는 하프 소리 같기도 하고, 어디 그뿐인가요? 오보에 소리, 첼로 소리, 트럼펫 소리…… 하하하, 하여튼 그렇게 멋진 오케스트라는 그때 처음 들어 봤다니까요? 하하하……."

여연 스님의 삶 역시 파란만장했다. 홍등가 한가운데에 위치한 포교원에서 승려 생활을 시작한 그는 그곳의 불합리한 운영체계를 견디다 못 해 태백산으로 도망갔다가 우연히 스님 한 분을 만나 해인사 앞으로 된 소개장을 받아들고는 서울을 거쳐 곧장 걸어서 해인사까지 갔었다고 한다. 그가 본격적으로 불문에 입문한 것은 해인사인 셈이다. 승가대학 시절에는 불교학생 회원이었던 한 여학생과 사랑에 빠져 절집을 박차고 나오기까지 했다. 그 사랑의 도피행은 결국 그가 절로 되돌아옴으로써 마감되어 버렸지만 그는 그때의 그 체험을 소중하게 확장시킬 줄도 아는 사람이었다.

"젊은 중의 불장난이라고 매도해도 할 말이 없어요. 하지만 그때 그렇게 고통스러운 경험을 해보지 않았더라면 나는 어쩌면 중생들의 애욕과 번뇌를 끝끝내 이해하지 못하는 한낱 먹물승려로 남았을지도 모르죠."

그는 그 이후 인도와 스리랑카로 유학을 떠나 3년 간을 경전읽기에 몰두했다. 학승으로도 이름을 떨쳐 해마다 심포지엄이다 세미나다 해서 세계 전역을 누비고 다닌다. 그러나 그의 근거지는 어디까지나 일지암이다.

그는 그곳을 지키며 다도를 바로세우는 일을 자신의 가장 중요한 활동 중의 하나로 여기고 있다. 일지암은 큰 암자는 아니다. 그러나 우리나라 다도의 성인(聖人)으로 꼽히는 초의선사의 이백여 년 전 일지암을 복원한 초당도 관심거리이거니와 순하게 누운 두륜산 죽지로 달이 덩실 떠오르는 것을 감상할 수 있는 동다정의 전망도 장관이다. 사람들의 발길을 일지암으로 이끄는 것은 그러나 그러한 경치들이 아니다. 바로 그곳을 지키고 있는 여연 스님인 것이다.

걸직한 입담과 얼핏 느슨한 것 같지만 옹골찬 그의 수행 태도 때문에 팔도에서 찾아드는 친구들의 발길이 끊이지 않고 있는 것이다.

이 파격의 자유인이 불교계의 전면에 급부상했던 적이 있다. 바로 1994년에 있었던 조계종 사태 때의 일이다. 서의현 조계종 종정의 3선파동(!)을 평정하고자 결성되었던 불교계의 혁명군 '불교개혁회의'의 중책을 맡아 그간의 잘못된 관행들을 일소해 나가는 일에 소맷자락을 걷어붙이고 나섰던 것이다. 어떻게 보면 전혀 어울리지 않는 모습 같기도 하다.

그러나 나는 그때 서울 한복판의 조계사를 들락거리면서 사자후를 토해 내고 있는 그분의 모습을 보면서 그렇게 생각했다. 맞아, 진정한 자유인처럼 강인한 사람은 없어! 그 자신이 넘쳐나는 자유 그 자체이니까 불의를 참지 못하는 거야!

"승려로서 산중에 머물면서 수행을 해나가는 것과 불교운동가랄까 사회운동가랄까 하는 입장에서 저잣거리로 뛰쳐나가 무언가를 외치고 현실 속에 적극적으로 개입하는 것……그 두 가지의 일 사이에……뭐랄까 혹시 어떤 갈등 같은 것을 느끼지는 않으시나요?"

"그 두 가지가 본래 하나예요. 그런 질문을 하는 사람들이 많은데 그건 처음부터 불교를 너무 개인적인 수양의 차원으로만 받아들이는 데서 나오는 오해지요. 불교의 근본이념이 뭡니까? 하화중생 상구보리(下化衆生 上救菩提), 위로는 마음을 닦고 아래로는 중생을 구제하는 거라구요! 결국 도를 닦는다는 것도 나 혼자 깨닫자고 하는 것이 아니라 중생의 슬픔을 덜어주고자 하는 일인데, 사회참여가 불도와 갈등을 일으키다니 말도 안 되는 소리지요. 잘못된 것은 뜯어고치고 불의에는 항거하고! 진정한 불교도라면 그런 일에 목숨이라도 바칠 각오가 되어 있어야 하는 거라구요!"

사랑과 성공은 기다리지 않는다

그분이 맡고 있었던 직책은 아마도 개혁회의의 재무부장관(?)쯤 되는 것 같았다. 혁명군의 자금을 관리하는 일이었으니 불교계에서도 가장 깨끗하고 분명한 인물이 맡을 수밖에 없는 일이다. 그분은 일지암을 뒤로 하고 해인사로 들어가 그 일을 맡았다.

그런데 그 모습이 또 한번 내 배꼽을 잡게 한다. 해인사에 있는 그분의 방에 들어가 봤더니, 다른 것은 여느 승방과 조금도 다를 것이 없었는데, 벽 한쪽 구석을 꽉차게 차지하고 있는 그 엄청나게 커다란 철제금고의 모습이라니!

"맙소사, 저게 뭐예요?"

"뭐긴 뭐예요? 금고지!"

그분은 정신없이 핸드폰을 눌러 대며 업무를 처리해 대느라 정신이 없는 와중에도 나의 우문에 대한 간결한 현답을 그렇게 내놓았다.

그는 또한 그 바쁜 와중에도 내가 해인사를 구경시켜 주려고 데려간 북아일랜드 산업개발청(IDB) 부청장 프랭크 휴이트(Frank Hewitt)를 위하여 팔만대장경을 직접 보고 만져 볼 수 있게 하는 호의를 베풀어 주었다.

말로만 듣던 세계 최고의 목판 불경을 자신의 두 손에 받아든 프랭크는 감격에 겨워 어쩔 줄을 몰라했다. 그는 그 감격을 영원히 간직하기 위하여 사진을 찍어 달라고 했다. 나는 기꺼이 팔만대장경을 들고 있는 프랭크의 모습을 카메라에 담았다.

그러나 이 일을 어쩌랴! 훗날 알게 된 것이지만 사진은 제대로 나오지 않았다. 아마도 너무 희미했던 조명 탓이리라. 프랭크는 두고두고 그 사진에 대하여 안타까워했다. 그러나 이미 여연식 사고방식(?)에 익숙해져버린 나는 대수롭지 않은 어조로 이렇게 말해

주었을 뿐이다.

"사진이 도대체 뭐가 중요해요? 모르겠어요? 팔만대장경은 불경이라고요! 불경은 가슴속에 묻어두는 거라구요!"

여연 스님은 이제 다시 일지암으로 돌아가 평상시의 수행 생활을 계속하고 있다. 불교개혁회의의 개혁 성과가 어떻게 되었는지에 대해서는 나는 모른다.

내가 알고 있는 것은 다만 일지암에 가면 언제라도 멋진 파격의 자유인을 만날 수 있다는 사실뿐이다. 이 글을 쓰고 있자니 다시 그분이 그립다. 책이 출간되면 증정본을 건네준다는 핑계로 다시 한 번 그곳을 찾아가 보고 싶다.

생텍쥐페리는 말했다. 별이 아름다운 것은 그것이 어딘가에 꽃을 숨기고 있기 때문이라고.

나는 이렇게 말하고 싶다. 남도가 아름다운 것은 그것이 어느 산자락엔가에 여연 스님 같은 파격의 자유인을 품고 있기 때문이라고.

와인의 향기

날씨가 차가운 날의 산행에서 능선에 올라
맛보는 레드와인 한 잔! 얼었던 몸에 다시 온기가 돌고 가슴이
따뜻해지면서 삶은 돌연 살아볼 만한 어떤 것으로 변한다.

　　　술은 긴장을 풀어주고 마음을 부드럽게 한다. 분위기를
화기애애하게 만들어 주기도 하고 어색한 대치 상태를 편
안한 화합 상태로 변화시켜 주기도 한다. 너무 지나치게 마셔 실수
를 연발하는 일만 없다면 그처럼 좋은 물건을 찾는 것도 쉽지는 않
을 것이다. 그런 뜻에서 술을 즐길 줄 모르는 사람은 조금쯤 불행하
다고도 할 수 있다. 나는 내가 술을 즐길 줄 모른다는 사실을 대단
히 유감스럽게 생각하고 있다.

　　그러나 단 하나의 예외가 있다. 바로 와인이다. 그것도 레드와인
(적포도주). 화이트와인(백포도주)도 괜찮지만 아무래도 너무 맑아
보이고 달착지근한 것이 어딘지 모르게 가볍고 얍삽한 느낌을 준
다. 그에 비하여 레드와인은 그 은근하고 깊은 텁텁함으로 인하여
거칠게 익은 포도의 농익은 속살들을 가식없이 그대로 전해 준다.

사랑과 성공은 기다리지 않는다 255

화이트와인 예찬론자들이라면 또 다른 근거를 대며 나의 이 어설픈 비교분석론을 비웃을지도 모르겠다. 개성의 차이일 뿐 그것은 중요하지 않다. 어차피 이런 문제에 있어서는 정답이 따로 없는 것이 아닌가?

이따금씩 레드와인을 즐기는 것이 먹고 마시는 문화에 관한 한 나의 유일한 즐거움이다. 물론 그나마도 많이는 못 한다. 기껏해야 한두 잔 정도를 마시면 나의 주량(?)은 풀가동되었다고 봐야 한다.

자아가 너무 강하고 그것을 통제하는 일에 너무 익숙해져 있는 탓일까? 무리를 해서라도 더 마시면 기분좋게 취할 수도 있을 텐데 그것이 영 어렵다. 한 번쯤 완전히 술에 취해 흐트러져 봤으면⋯⋯ 하는 생각은 오래되었으나 한 번도 이루어 보지 못했고 앞으로도 결코 이루지 못할 것 같은 나의 슬픈 욕망들(!) 중의 하나이다.

그러나 지금도 괜찮다. 텁텁한 레드와인을 두 잔 정도 마시면 가슴을 휘도는 피는 더워지고 얼굴은 발그스름하게 달아올라 편안하게 풀어진 상태로 접어든다. 레드와인이 존재하고 내가 그것을 조금쯤 즐길 수 있다는 것은 분명 숨통을 트이게 하는 축복임에 틀림없다.

이 축복을 내게 선물한 이는 켄이었다. ≪스물셋의 사랑 마흔아홉의 성공≫에서 밝혔듯이, 어느 겨울날의 신새벽, 다짜고짜로 내 집의 문을 두드려 나를 깨운 다음 내 손목을 붙잡고 '자신이 발견한 모래사장'으로 이끌고 갔던 그 황홀했던 날이 바로 레드와인과 내가 첫만남을 가진 날이기도 하다. 그러나 첫만남부터 우리의 궁합이 잘 맞았던 것은 아니다. 무어라고 형언하기도 힘든 그 텁텁한 맛이 혀끝에 닿아오자 나는 나도 모르게 얼굴을 찌푸리면서 그렇게 이야기했던 기억이 난다.

"이 술은…… 원래 맛이 이래요?"

"원래 맛이 이렇다니? 어떤데?"

"너무 텁텁한 게…… 좀 이상하지 않아요? 이걸 왜 마시죠?"

"허허허, 조안, 너무도 낭만이 없군요. 자, 이렇게 한번 상상해 봐요, 끝이 안 보이는 바다 한복판에 배를 띄우고 이 술을 한 잔 마신다, 하고. 어때요? 그런 상상을 하면서 이 레드와인의 맛을 음미해 본다면 적어도 이걸 왜 마시냐는 말은 안 나올 텐데?"

와인의 역사는 그렇게 시작되었다. 내가 신수동의 자취방에서 생활하던 시절, 가끔씩 그곳을 찾아 주었던 켄의 손에는 언제나 잘 익은 레드와인 한 병과 사딘(Sardine) 통조림 그리고 치즈나 크래커 따위가 들려 있기 마련이었다. 사딘이란 올리브유에 담겨져 있는 일종의 생선젓갈 같은 것인데 그 비릿한 맛이 와인의 텁텁한 맛과 기가 막히게 조화를 이룬다.

술이라곤 입에도 못 대던 내가 어느새인가 "레드와인과 함께 즐길 만한 안주로는 사딘이나 치즈가 최고야!" 하는 말까지 내뱉을 줄 알게 되었으니 발전치고도 엄청난 발전이다. 그 짙게 농익은 레드와인만큼이나 우리의 사랑도 익어가던 시절이었다.

레드와인과의 사랑이 생활의 일부분이 되다시피 했던 것은 미국에서 생활할 때였다. 캘리포니아는 와인의 고장이다. 청명한 하늘과 맑은 날씨가 포도 재배에는 더없이 훌륭한 조건들을 제공해 주고 있기 때문이다. 그러나 우리 집에서 레드와인이 떨어질 날이 없었던 보다 더 근원적인 이유는 다른 데 있다. 단순하다. 그것이 무척 싼 술이었기 때문이다.

그런 뜻에서 레드와인은 멕시코 수박과도 같다. 싸고 양이 많아서 빈한한 살림을 사는 부부에게는 더없이 좋은 먹을 것과 마실 것.

사랑과 성공은 기다리지 않는다

캘리포니아의 레드와인은 정말 쌌다. 우리의 항아리처럼 생긴 저그(jug)에 갤론 단위로 담겨 있는 레드와인이 고작해야 3달러 정도였으니까 코카콜라보다도 더 싸다는 결론이 나온다.

덕분에 레드와인에 대한 나의 입맛은 캘리포니아 산(産)으로 굳어져버렸다.

"조안 리 씨가 레드와인을 좋아하신다는 말을 들었습니다. 제가 근사한 것으로 한 병 선물해 드리고 싶은데 뭐 특별히 좋아하시는 브랜드라도……?"

"아니, 어디서 그런 얘기 들으셨어요? 그렇게 신경써 주실 필요는 없는데……."

"아닙니다, 제 성의의 표시니까 꼭 좀 그렇게 하도록 허락해 주십시오."

"정 그러시다면…… 캘리포니아 레드와인이요."

"네? 그건 브랜드 이름이 아니라 그냥 지역 이름이 아닙니까? 그런 거 말고 좀 이름 있는 브랜드로는……"

"아니에요, 저는 캘리포니아 산이면 그걸로 족해요. 물론 유럽 쪽의 레드와인들 중에는 무척 비싼 것도 있고 또 국제적으로 정평이 난 것들도 많다는 얘기는 알고 있지만 저하곤 무관한 얘기죠. 저는, 조금 촌스러운지는 몰라도, 그저 캘리포니아 레드와인 한잔이면 금방 행복해질 수 있다니까요"

와인 이야기를 하자면 자연스럽게 떠올라 나를 웃음짓게 하는 사람들이 있다. 그들 중의 한 사람은 내가 ≪스물셋의 사랑 마흔아홉의 성공≫에서 소개했던 적이 있는 프랑스의 쉬드로(Sudreau) 씨이다. 어느 모로 보나 전혀 흠을 잡을 수 없었던 멋쟁이이자 우아한 노신사였던 쉬드로 씨가 어느 날 아주 진지한 얼굴로 내게 그렇게 이야기한 적이 있었다.

"조안, 사실은 나 아주 큰 비밀이 하나 있어요."

"네? 그게 뭔데요? 뭐 아주 심각한 이야기인가 보죠?"

"네, 참 내가 왜 조안한테 이런 이야기까지 다 하나 모르겠네?"

너무도 곤혹스러워하는 그분의 표정을 보자 나는 너무나 궁금해 안달이 날 지경이었다.

"뭔데 그러세요? 궁금해 죽겠어요!"

"사실은 말이요, 나……."

쉬드로는 주변을 한 번 흘끗 살피더니 몸을 숙여 자신의 입을 내 귀에 바짝 대고는 낮은 목소리로 말했다.

"…… 샴페인을 못 마셔요."

"네?"

나는 그 전혀 뜻밖의 고백을 듣고는 어이가 없어 그렇게 큰 소리로 되물었다.

"쉿! 샴페인을 못 마신다고요, 그게 아주 부끄러워 죽겠어요."

"아니, 쉬드로 씨, 그게 비밀이에요? 나 원 참 별것도 아닌 일을 갖고…… 하하하!"

샴페인은 탄산가스가 든 무색투명한 와인이 아닌가. 세련된 매너의 프랑스 정객에게는 그것이 그렇게도 커다란 허물이 될 수 있는 것일까? 하긴 굳이 정객이 아니라 하더라도 먹고 마시는 문제에 있어서만큼은 세상에서 둘째 가라면 서러워할 미식가들의 나라가 프랑스이니 그것이 조금쯤은 약점(?)으로 작용할 수도 있겠다. 더구나 프랑스야말로 와인으로 유명한 나라가 아닌가? 어찌 되었건 지금도 그렇게 진지하고도 곤혹스러운 표정으로 자기가 와인을 마시지 못한다는 이야기를 털어놓던 쉬드로 씨를 생각하면 절로 웃음이 난다.

오스트리아 호텔 체인의 부사장 군돌프(Gundolf) 씨도 와인과 관련된 추억을 꼽자면 빼놓을 수 없는 사람이다. 그는 내게 자신이 직접 오스트리아 관광을 시켜주려고 시도때도 없이 전화를 걸어 왜자기 나라에는 다녀가지 않느냐고 성화를 부려 대던 사람이었다. 내가 가까스로 시간을 내서 오스트리아를 방문하자 그는 정말 고맙게도 자신의 업무마저 뒤로 미뤄 놓은 채 마치 소년처럼 즐거워하며 나를 끌고 이곳저곳을 함께 여행해 주었다. 그는 자신의 조국인 오스트리아에 대한 자부심이 대단한 사람이었다.

"스위스에는 알프스밖에 없어요. 하지만 우리 오스트리아에는 알프스도 있지만 다른 것도 있죠, 바로 예술과 문화예요!"

그는 빈부터 시작해서 유채꽃 만발한 서부 알프스에 이르기까지 오스트리아의 멋진 곳은 하나도 빼놓지 않으려는 듯 나를 끌고 바쁘게 돌아다녔다. 그 때문인가? 내 기억 속의 오스트리아는 더없이 검소하면서도 기품과 화려함을 동시에 갖추고 있는 멋진 나라로 남아 있다. 아우토반을 달려 도착한 서부 알프스 지역의 어느 산장에서였다. 그림엽서에나 나올 법한 깜찍하고 예쁜 산장이었는데 거기서 문제가 생긴 것이다. 나더러 그곳에서 생산되는 유명한 술 슈냅스(Schnapps)를 마셔 봐야만 된다고 졸라 댔던 것이다.

"아니 군돌프 씨, 정말 농담이 아니에요, 나는 술을 못 한다니까요."

"전혀 못 해요? 그럴 리가 있나요!"

"정말이에요, 술이라면 레드와인이나 홀짝대는 수준이라니까요?"

"레드와인? 그건 이 슈냅스에 비하면 술도 아니예요. 이건 정말

기가 막힌 술이라고요! 오늘 맛보지 않으면 평생 후회할걸요?"

나는 결국 그의 호의어린 강권에 못 이겨 그 슈냅스라는 술을 한 잔 마셨다. 목구멍을 넘어갈 때부터 끔찍했다. 아마도 보드카나 소주와 비슷한 성분의 술인 것 같았다. 맑은 무색의 그 '기가 막힌' 술은 결국 재앙을 불러일으켰다. 돌아오는 차 안에서 나는 맥없이 곯아떨어져 내내 잠만 자고 말았다! 끊임없이 창 밖의 풍경들을 가리키면서 자부심에 가득찬 칭송을 계속하는 것을 나와의 여행에서 유일한 즐거움으로 삼았던 군돌프 씨의 입장에서 보면 이 얼마나 한심한 사태였을 것인가!

군돌프 씨와의 해프닝은 거기서 끝나지 않는다. 하룻밤을 그가 운영하는 호텔에서 푹 쉬고 났더니 이번에는 레드와인을 대접하겠다고 나섰다. 아마도 전날의 실수(?)를 만회하고 싶었던 모양이다.

"프랑스 와인하고는 또 달라요, 우리 오스트리아 레드와인에는 그것만의 독특한 맛이 있죠. 마침 최고의 레드와인이 딱 한 병 남아 있어요. 1936년 산인데 정말 귀한 거요. 오늘 조안을 위해서 그것을 따겠소."

"아니 그렇게 귀한 와인을 저한테…… 안돼요! 그런 술이라면 부담스러워서 마실 수가 없어요. 그냥 놔뒀다가 다른 귀빈들께서 오시면……."

"무슨 소리! 나한테는 조안보다 더한 귀빈이 있을 수 없소. 여봐, 지금 그 술 좀 가지고 와봐. 호텔 지하의 와인 창고 알지? 거기 제일 깊숙한 곳에 보관해 놨어. 레테르를 잘 보고 가져와야 돼? 딱 한 병 남아 있는 1936년 산이야!"

결국 군돌프 씨는 내 앞에서 그 하나 남은 1936년 산 레드와인의 코르크 마개를 땄다. 유럽인들이 귀한 와인을 얼마나 소중하게 생각하는지 잘 아는 나는 너무도 송구스럽고 고마워서 어찌할 바를 모를 지경이었다. 맑은 핏빛의 레드와인이 내 앞에 놓여진 잔에 찰랑찰랑하게 채워졌다. 군돌프 씨는 자신의 잔을 들어 내 잔에 부딪치면서 호기롭게 외쳤다.

"와인의 진정한 주인은 그 맛을 아는 사람일 뿐이오. 마침 조안이 레드와인을 좋아한다니 더이상 기쁜 일이 없소. 자, 건배!"

"고맙습니다, 건배!"

그러나 와인 잔을 내 입술에 갖다 대려던 나는 나도 몰래 얼굴을 찌푸리지 않을 수 없었다. 시큼한 쉰내가 후각을 마비시킬 듯 달려들었기 때문이다. 무언가 잘못되었다는 느낌은 나보다도 군돌프 씨가 먼저 가진 것 같았다. 그는 핏기가 다 빠져나간 듯 새하얀 얼굴이 되어 당황스러워 했다.

"가만 있어 봐, 이게 좀……."

"그렇죠? 뭔가 잘못된 것 같은데……."

그는 내 잔을 내려 놓게 한 다음 호텔 소속의 전문 시음가를 불러왔다. 시음가 역시 얼굴부터 찌푸리더니 한 모금을 마셔본 다음에는 고개를 절레절레 흔들었다.

"죄송합니다만 변질되어버렸군요. 아마도 보관 상태에 문제가 있었던 것 같은데…… 쉬었습니다, 드시지 마십시오."

아아, 그때 군돌프 씨의 그 일그러지던 표정이라니! 당장에라도 울어버릴 것만 같은 표정이었다. 나도 함께 울어 줘야 할 것 같은데 실상은 그 반대였다. 웃음이 터져나올 것만 같았던 것이다. 가까스로 웃음을 참고 있던 나와 안간힘으로 울음을 참고 있던 군돌프 씨의 두 눈이 마주쳤다. 먼저 자제력의 고삐를 놓쳐버린 것은 나였다. 웃음을 터트려버린 것이다.

"하하하, 미안해요, 군돌프 씨. 하지만 참을 수가 없는걸요."

"허, 조안, 이거 뭐라고 사죄를 해야 할지 모르겠소. 허, 나, 참 이거……."

"하하하, 사죄하실 게 뭐 있어요? 그 병을 제 앞에서 따주셨다는 것 하나만 갖고도 저는 충분히 감격했어요! 그러니까 이제 잊어버리세요, 네? 저 정말 아주 기분이 좋다니까요? 하하하……."

"그렇지! 웃어야지 어쩌겠소? 허허허……."

그렇게 난감해하는 표정을 하고서도 나를 위해 웃음을 보여준 군돌프 씨…… 내 비록 슈냅스에 뻗고 상한 와인에 후각을 망쳤지만 그의 그 따뜻했던 마음 씀씀이와 감격할 만한 친절함만은 언제까지고 잊지 못할 것이다.

지금도 나는 누군가가 아주 귀한 와인을 따려고 들면 조마조마한 가슴이 되고 만다. 제발, 저 와인이 가지고 있는 명성 그대로, 제대로 된 맛을 유지하고 있기를!

내가 레드와인과 가장 잘 어울린다고 생각하는 안주는 치즈이다. 그 중에서도 스위스제인 에만텔 치즈. 스위스의 에만텔 지방에서 생산되는 이 치즈는 구멍이 숭숭 뚫려 있는데 무척이나 오랫동안 숙성시킨 것이어서 치즈에 웬만큼 익숙해져 있는 사람이 아니고서는 입에 대기가 그리 쉽지 않다. 조금 위악적으로 표현한다면 오래 신은 양말 같은 데서 풍기는 짙은 고린내(!) 같은 냄새가 나기 때문이다. 그러나 그 맛만은 정말 일품이다. 그 진하고 깊은 맛이 레드와인의 텁텁한 맛과는 정말 천생연분처럼 잘 어울리는 까닭이다.

내가 에만텔 치즈를 볼 때마다 떠올리곤 하는 사람은 스위스 무역진흥청 국장으로 일했던 수터(Sutter) 씨이다. 그는 스타커뮤니케이션 최초의 국제행사였던 스위스 산업박람회의 총책임자로 내한

사랑과 성공은 기다리지 않는다

한 적이 있어 나와는 막역한 사이가 되었다. 그 인연이 아름답게 발전되었던 덕에 스위스에 들를 일이 있을 때마다 나는 수터 씨의 집을 방문하기를 잊지 않는다. 그 역시 검소하고 근면한 스위스인답게 레스토랑에서 나를 대접하기보다는 자신의 집에서 함께 식사하기를 더 선호하는 사람이다.

수터 씨 부인의 요리 솜씨는 대단하다. 접시에 담겨진 요리 하나하나마다 그 정성과 맛이 여느 일류 레스토랑의 주방장도 제대로 해내기 어려울 지경이라고 말해도 전혀 과장이 아닐 정도이다.

그러나 그렇게 잘 차려진 저녁상을 받으면서도 나는 내심 조금쯤은 의아해하고 있었다. 스위스 음식이라면 우선 치즈부터 떠올리는 것이 상식 아닌가? 그런데 그 저녁상 위에서는 치즈를 단 한 조각도 찾을 수가 없었던 것이다. 그러나 안 차려진 음식을 굳이 내놓으라고 할 수는 없는 일……. 그래서 나는 식사가 거의 끝나갈 즈음 지나가는 말처럼 물었다.

"정말 너무 맛있었어요. 그런데 댁에서는…… 치즈를 안 드시나 보죠?"

나를 깜짝 놀라게 한 것은 바로 그들의 반응이다. 수터 씨와 부인 모두 눈을 동그랗게 뜨고는 이렇게 되묻는 것이 아닌가?

"아니, 조안! 치즈도 좋아해요?"

"네 즐기는 편이긴 한데…… 왜요?"

수터 씨 부부의 얼굴에 낭패감이 스쳐 지나가는가 싶더니 이내 비 온 뒤의 가을 하늘처럼 활짝 개었다.

"이런! 우린 또 일부러 안 내놨던 건데…… 그렇지 않아도 식사하는 내내 치즈 생각이 간절했건만!"

"아니 왜 일부러 안 내놓으셨어요?"

"동양인들 중의 어떤 이들은 그 냄새를 아주 역겨워해서 포크도 가져가지 않는 사람들도 많거든요!"

그 말을 듣자 단박에 이해가 되었다. 스위스인에게 있어서의 치즈는 우리에게 있어서의 김치와도 같다. 그리고 나 역시 우리 집에 외국에서 누군가가 찾아와 함께 식사를 하게 될 때면 김치를 내놓을까 말까에 대하여 한참 동안을 망설이게 되곤 한다. 못 먹는 사람은 인상만 찌푸릴 뿐이니까.

"자 그렇다면 이러고 있을 게 아니오. 여보, 뭐해요? 빨리 치즈들 좀 내오지 않고!"

"아니 그렇다고 해서…… 식사도 다 끝났는데……."

"아니예요! 조안도 치즈를 좋아한다니까 툭 터놓고 얘기하자면, 치즈 없는 식사는 식사 같지도 않소! 우리, 지금까지 먹은 것은 없던 일로 하고, 어디 지금부터 걸판지게 한번 먹어 봅시다!"

정말 우리는 수터 씨의 말처럼 '처음부터 다시' 식사를 하게 되었다. 다양한 종류의 치즈들과 다양한 종류의 요리법들이 우리의 식탁을 다시 채웠다. 올리브유와 함께 식탁 위에서 끓이다가 빵 종류들을 찍어 먹도록 하는 치즈 퐁듀(Cheese Fondu)와 달아오른 강판 같은 것에 치즈를 갈아 그것을 빵 위에 발라 먹도록 하는 라클레(Raclee)와 김치 못지않게 시큼한 숙성도를 자랑하는 예의 그 에만텔 치즈와……. 참으로 유쾌하고 포만감이 느껴지는 식사였다.

그들 부부는 자신들과 똑같이 그 모든 치즈 종류들을 맛있게 먹는 나를 바라보면서 함박웃음을 거두지 못했다. 생각해 보면 그럴 만도 한 일이다. 배추김치와 물김치와 총각김치를 너무너무 맛있어하며 잘도 집어 먹는 외국인을 만나게 되면 공연히 기분이 좋아지고 그 사람과 친해진 것 같은 느낌이 들면서 가슴 또한 뿌듯해지지

사랑과 성공은 기다리지 않는다

않은가?

　그런 나의 식성이 무척이나 마음에 들었던지 수터 씨는 내가 떠나던 날 공항에까지 치즈를 싸들고 나왔다. 그것도 포장되어 팔리고 있는 그런 손바닥만한 치즈가 아니라 우리나라의 맷돌만큼 커다랗고 무거운 진짜배기 에만텔 치즈를. 얼마나 무거웠던지 내가 두 손으로 들기에도 버거울 정도였다. 부피나 중량도 문제였지만 그 지독한 냄새 때문에 그것을 서울에 있는 나의 집까지 가지고 오는 과정에서 고생도 숱하게 했다. 몇 겹이나 포장을 했지만 워낙 냄새가 독하기 때문에 주변 사람들에게 참지 못할 괴로움(?)을 끼칠 수밖에 없었던 것이다. 파리의 한 호텔에서 묵을 때는 그것을 객실에 둘 수가 없어 호텔 식당의 주방장에게 특별히 부탁하여 따로 보관해야만 했고, 파리에서 도쿄로 가는 비행기 안에서는 나조차도 그 냄새에 진력이 나서 인상을 써야만 했으니 주변 사람들이야 얼마나 괴로웠을지……. 그러나 나는 오직 집에 가서 이걸 다 먹고야 말겠다는 꿋꿋한 일념(!) 하에 그 맷돌만한 에만텔 치즈를 끝끝내 내 손에서 놓지 않았다.

　내가 그렇게도 좋아하는 에만텔 치즈 한 덩이를 집에 들여 놨으니 그 다음 상황이야 불을 보듯 뻔하다. 와인이 있으니 치즈를 먹고, 치즈가 있으니 와인을 마시고……그 즐거운 악순환이 한동안 그치질 않은 것이다. 그 커다란 치즈 한 덩이가 흔적도 없이 사라질 때까지 걸린 시간이 그다지 길지 않았으니(무언가 좀 겸연쩍은 기분이 들어 차마 그 기간을 명시할 수는 없다) 그 동안 비운 와인 병들도 꽤나 많으리라. 구멍이 숭숭 뚫린 그 에만텔 치즈를 수북이 쌓아놓고 아름다운 빛깔의 레드와인이 담긴 잔을 한 손에 들 때마다 나는 마치 식사 직전의 보육원 아이처럼 수터 씨를 떠올리며 이렇게 되뇌이곤 했다. 수터 씨, 오늘도 일용할 에만텔 치즈를 주셔서 감사합니다!

레드와인 한 잔은 이제 내 생활에서 떼어낼 수 없는 것이 되었다. 산행을 할 때도 내가 어김없이 챙기는 것은 레드와인이다. 자그마한 병에 담긴 레드와인과 잘게 썬 에만텔 치즈 그리고 크래커 몇 쪽……그것이 산행에서 내가 취하는 음식의 거의 전부이다. 그리고 그것으로 충분하다. 날씨가 차가운 날의 산행에서 능선에 올라 맛보는 레드와인 한 잔! 얼었던 몸에 다시 온기가 돌고 가슴이 따뜻해지면서 삶은 돌연 살아볼 만한 어떤 것으로 변한다. 와인의 향기를 폐부 깊숙이로 빨아들이면 홀로 하는 산행도 그리 외롭지만은 않다.

이 글을 쓰고 있는 지금도 내 곁에는 두텁게 농익은 레드와인 한 잔이 놓여 있다. 그 와인이 내게 여유를 준다. 코끝을 맴돌고 있는 은근하고도 진한 와인의 향기가 나를 미소짓게 만든다.

* 저자와 협의하여 인지는 생략합니다.

사 랑 과 성 공 은 기 다 리 지 않 는 다

지은이	조안리
펴낸이	권은정
펴낸곳	(주)문예당
편 집	황영심 · 최윤주
마케팅	김 욱 · 오광수 · 이혜숙 · 김태은 · 이은기
	배진순 · 김해광 · 한상훈 · 정기욱 · 김경회
홍 보	김창옥 · 이영희
총 무	김미영 · 최현진
인 쇄	한양정판사
제 본	대흥제본
등 록	13-641
초판 1쇄	1995년 12월 11일
초판 38쇄	1996년 12월 30일
주 소	150-010 서울시 영등포구 여의도동 15-11 금영빌딩 6층
	전화 782-9968 팩스 782-9969
천리안	LOVEBOOK

ⓒ 조안 리. 1995

값 6,000원

ISBN 89-85975-21-8 03810